Wer mit dem Ball tanzt …

EUROPA
VERLAG

SEPP MAIER

WER MIT DEM BALL TANZT...

EUROPA VERLAG
Hamburg · Wien

Der Verlag dankt Edwin Klein für seine
zuverlässige und schnelle Mitarbeit.

Für die Abdruckgenehmigung sämtlicher Fotos
danken wir Fred Joch, Poing bei München.

Die Deutsche Bibliothek – CIP-Einheitsaufnahme

Ein Titelsatz für diese Publikation ist bei
der Deutschen Bibliothek erhältlich.

Umschlaggestaltung: Kathrin Steigerwald, Hamburg
Redaktion: Anne Stalfort, Text + Stil, Hamburg
Innengestaltung: H & G Herstellung, Hamburg
Druck und Bindung: Wiener Verlag, Himberg bei Wien
ISBN 3-203-80011-X

Informationen über unser Programm erhalten Sie beim
Europa Verlag, Neuer Wall 10, 20354 Hamburg
Anfragen für Sepp Maier leiten wir weiter.

Vorwort

Seit vier Jahrzehnten befasse ich mich mit Fußball. Klar, dass ich da oft ins Schwitzen gekommen bin. Aber die letzten fünf Monate waren besonders hart: Neben dem Training mit dem FC Bayern und der Nationalmannschaft hatte ich unzählige andere Verpflichtungen und habe dabei jede freie Minute für dieses Buch benötigt. Viele Menschen haben mir dabei auf ihre sehr persönliche Weise geholfen. Dafür möchte ich ihnen danken:

- Meiner Monika für unzählige Portionen Schnupftabak, viele Liter Hefeweizen und ihren guten und ehrlichen Rat
- meinem Co-Autor Edwin Klein für seine gute und verständnisvolle Mitarbeit (was ein alter Sportler ist …)
- meinem Bruder Hans für das Fotoalbum – ja, du bekommst es auch zurück …
- Vito von Eichborn – ohne seine Idee würde es dieses Buch nicht geben
- allen MitarbeiterInnen des Europa Verlages für die tolle Zusammenarbeit, besonders Tatjana Kirchner
- und meinem Freund und Medienberater Ralf Seßelberg für die Gesamtkoordination und das „Reich-Ranicki-Wochenende“ …

Und nun genug der Vorworte und viel Spaß beim Lesen …

Es ist nie vorbei

Es ist wie sonst auch. Gemeinsam mit der Mannschaft bin ich in einem Trainingslager und bereite mich auf eine Begegnung vor. »Sepp, du spielst heute«, hat mir der Trainer gesagt. Aber das ist nichts Neues. Eigentlich spiele ich immer. Außer wenn ich verletzt bin.

Ich gehe in den Umkleideraum, hänge sorgfältig meine Kleidung auf, als würde ich noch etwas Bedenkzeit brauchen, und ziehe mein Sportzeug an. Noch einen Blick in den Spiegel, dann laufe ich hinaus auf den Platz und wärme mich auf. Zwei, drei Runden in lockerem Tempo, einige Spurts und anschließend Gymnastik oder Stretching, wie man heute dazu sagt. Zum Abschluss meine speziellen Torwartvorbereitungen, Abrollen aus allen Körperpositionen, Hochspringen aus der Bauchlage, Drehungen und Hechten zur Seite. Konzentriert gehe ich zum Tor, streife die Handschuhe über, nehme einige Bälle in die Hand, prüfe den Druck und lasse sie auf dem Fuß hüpfen. Ein skeptischer Blick zu den Pfosten und zur Latte – nein, das Tor ist leider über Nacht nicht kleiner geworden. Fast achtzehn Quadratmeter, manche haben noch nicht einmal ein Wohnzimmer, das so groß ist. Und überall kann ein Ball durchschlüpfen.

Ich stelle mich auf die weiße Linie und bin bereit. Lothar schießt ein paar Bälle, halbhoch und noch nicht allzu fest. Anschließend Franz und auch Mehmet. Die sind schon härter und ich muss mich strecken, um sie aus dem Winkel zu fischen. Aber die vom Gerd sind ansatzlos und richtig tückisch. Da habe ich einiges zu tun, um mein Wohnzimmer sauber zu halten.

Nach einer halben Stunde, mir steht der Schweiß auf der Stirn, gehe ich zurück in den Umkleideraum, ziehe die verschwitzte Trainingskleidung aus und ein frisches Trikot über. Wo ist mein Pullover? Ich frage Manni Drechsler, den Zeugwart, aber er hat nicht den richtigen Pullover dabei. Derjenige, den ich anprobiere, passt mir nicht und die Farbe kann ich auch nicht ausstehen. Ich will den blauen, mein Markenzeichen. Oder zumindest einen gelben. Aber Manni kann keinen finden. Ein schlechtes Omen. Ich suche und suche und wühle in dem Kleiderberg, bis ich endlich einen finde, der mir halbwegs gefällt.

Es kann losgehen, ich freue mich aufs Spiel und will ins Stadion. Ich laufe durch Gänge, verwinkelte, endlos lange Gänge, biege um Ecken, steige Treppen hoch und finde nicht den richtigen Weg. Plötzlich stehe ich oben auf der Tribüne, wo ich überhaupt nicht hin wollte. Als ich hinunter ins Stadion blicke, das mir irgendwie seltsam vorkommt, anders als sonst, bizarr und in einem sonderbaren Licht, zucke ich zusammen. Die sind ja schon aufgelaufen. Ohne mich aufgelaufen. Konnten die denn nicht warten? Mensch Sepp, jetzt musst du dich sputen, sonst kommst du zu spät.

Ich sprinte hinunter, zwei, drei Stufen auf einmal – nur jetzt nicht umknicken und den Fuß verstauchen – und sehe Erich Ribbeck.

»Musst du denn immer der Letzte sein? Los, mach voran, Ottmar wartet schon.« Er meint Ottmar Hitzfeld.

»Wieso sind die schon eingelaufen?«, will ich wissen. Aber ich bin bereits um die Ecke und der Erich kann das nicht mehr hören.

Sepp, das hast du jetzt davon, schimpfe ich mit mir selbst, weil du immer der Letzte sein willst, der einläuft. Immer auf den letzten Drücker. Jetzt warten sie auf dich. Das gibt Ärger. Und kostet dich mindestens eine Runde.

Ich hechele weiter, auf einmal wird der Raum so eng, ich komme mir wie in einem Labyrinth vor und sause in den Gängen herum und möchte endlich aufs Spielfeld. Wo aber ist der Ausgang? Es kann doch nicht möglich sein, dass du aufgestellt bist und das Spielfeld einfach nicht findest. Die brauchen dich doch. Wenn ein Spieler fehlt, das kann man verschmerzen. Aber ohne Torwart geht es einfach nicht. Endlich komme ich irgendwo heraus, bin allerdings schon wieder oben auf der Tribüne und sehe, dass die da unten schon am Spielen sind.

Erneut sause ich runter, finde nach langem Suchen ins Stadion, da sagt der Trainer: »Sepp, wo bist du geblieben? Wir haben auf dich gewartet. Und weil du nicht gekommen bist, haben sie das Spiel einfach angepfiffen.«

Und als ich aufs Spielfeld laufen will, hält mich Manni Drechsler zurück: »Sepp, bei dir fehlen ja zwei Stollen am Schuh.«

»Dann mach sie drauf.«

Er kramt in seiner Tasche und kramt und kramt, kann aber die richtigen Stollen nicht finden. Als er sie dann endlich doch gefunden hat, bringt er sie nicht ins Gewinde rein, und vom Platz her schreien meine Mitspieler: »Los, mach schon, Sepp, wir warten!«

Und Hitzfeld kommt dazu, und Ribbeck, beide sind ganz aufgeregt. »Komm jetzt endlich, sonst kannst du nicht spielen.«

»Moment, ich bin gleich fertig.« Und zum Zeugwart: »Manni, was ist denn los? Schraub mir endlich die Dinger rein.«

»Es geht nicht.«

»Dann spiele ich eben ohne Stollen.«

»Nein, nein, die Stollen musst du schon drauf haben.«

Und Manni beginnt am Gewinde herumzufeilen, probiert erneut, aber die Stollen passen einfach nicht. Ich habe die Nase voll, laufe einfach zum Spielfeld, aber der Schiedsrichter deutet auf meinen fehlenden Stutzen und lässt mich nicht zur Mannschaft. Ich mache kehrt, suche einen Stutzen, ziehe ihn an, warte ungeduldig, aber der Schiedsrichter lässt mich trotzdem noch nicht aufs Feld. Es ist doch immer dasselbe. Ich darf spielen, Erich und Ottmar haben mich aufgestellt, aber wenn ich dann endlich herauskomme, bin ich immer zu spät dran.

An dieser Stelle wache ich stets auf, rucke hoch, bin aufgeregt und hektisch und sitze im Bett. Meine erste Reaktion ist: Was hast du denn jetzt schon wieder für einen Scheiß geträumt? Aber mein Herz pocht vor Aufregung, ich habe tatsächlich Schweiß auf der Stirn und bin enttäuscht. Ich hätte spielen können, endlich wieder spielen können, war aber zu blöd, habe zu lange rumgetrittschelt und war deshalb zu spät dran. Weil etwas an der Ausrüstung nicht stimmt oder ich nach meinem Zeug suche oder sonst was Banales mich stört, komme ich nicht zu meinem Einsatz. Weil ein Stutzen fehlt oder ein Stollen und der Schiedsrichter sagt: »Nein, Sie müssen korrekt gekleidet sein.«

Nur noch ein Spiel, dann hätte ich sechsundneunzig, genauso viele Länderspiele wie Berti. Endlich hätte ich ihn eingeholt. Seit zwanzig Jahren versuche ich ihn einzuholen. Jedes Mal bin ich kurz davor, komme aber zu spät. Berti ist immer noch in der Rangliste vor mir. Er hat 96 Länderspiele, ich eins weniger. Schon wieder bin ich von Erich Ribbeck aufgestellt worden und habe es vermasselt!

Und während ich dann so im Bett sitze, in mich hineinhorche, meinen Pulschlag registriere, die Anspannung fühle, so als wäre ich wirklich aufgestellt und zum Spielfeld hingelaufen, weiß ich genau: Es ist noch nicht vorbei. Es wird nie vorbei sein, auch nicht in zwanzig oder dreißig Jahren, wenn sie mich vielleicht im Rollstuhl zum Stadion schieben müssen. Immer wieder werde ich diesen Traum haben, der mir signalisiert, was Fußball für mich bedeutet. Fußball ist ein Teil meines Lebens, der wesentliche Teil meines Lebens. Eine Bindung, die ich nie auflösen kann und auch nicht möchte. Zu sehr bin ich vom Fußball geprägt worden, zu viel habe ich ihm zu verdanken. Ich bin ihm verfallen, und mein Traum zeigt mir deutlich, wie sehr ich ihm verfallen bin.

Ich spiele mit meinen alten Kollegen aus der Nationalmannschaft, dann auch wieder mit den jungen Spielern der Bayern, mit Mehmet und Lothar, obwohl er doch auch nicht mehr so jung ist, und mit Oliver Kahn, meinem Torwartkollegen. Zwischendurch taucht der Franz auf, Bomber Gerd kommt hinzu,

Wolfgang Overath, alle, die mich in meinem Sportlerleben begleitet haben. Ottmar Hitzfeld stellt mich auf und auch Erich Ribbeck. Wo genau ich spiele, das verschwimmt und ist auch nicht so bedeutungsvoll. Ob für den FC Bayern oder die Nationalmannschaft, wichtig ist nur, dass ich überhaupt spiele.

Und wenn ich dann aufstehe, um ein Glas Wasser zu trinken, fühle ich mich leicht und ausgeglichen und um Jahre jünger. Regelrecht beschwingt. Und ich weiß, ich habe eine schöne Sportlerzeit hinter mir, mit viel mehr Höhen als Tiefen. Mit Kameradschaft und Freundschaft, mit Anerkennungen und Ehrungen. Das kann mir keiner nehmen. Die Erinnerungen bleiben mir.

Ich frage mich schon lange nicht mehr, aus welchem Grund der Fußball auf mich eine solche Faszination ausübt. Früher wollte ich immer wissen, warum ich so motiviert war und mich jeden Tag gequält habe, warum ich mit dem Fahrrad bei Wind und Wetter zum Training gestrampelt bin. Heute nehme ich es einfach hin wie das Essen in einem guten Restaurant. Ich lasse es mir schmecken und gehe nicht in die Küche, um dem Koch über die Schulter zu schauen oder um jede Zutat einzeln zu probieren.

Was die Faszination des Fußballs angeht, es haben schon viele versucht, hinter das immer währende Geheimnis zu steigen. Weshalb manche aufspringen, als hätten sie eine Nadel im Hintern, die Arme hochreißen und wie wild zu schreien beginnen. Als könnten sie dem Stürmer, der gerade den Ball eng am Fuß führt und durch die Abwehrreihe tanzt, dabei helfen, das Ding in die Maschen zu hauen. So emotional verhalten sich die typischen Fans, sie lassen sich mitreißen, fiebern, leiden, toben, buhen, schreien und würden den Schiedsrichter, falls er nicht in ihrem Sinne pfeift, am liebsten lynchen oder mindestens in den Schwitzkasten nehmen.

Andere dagegen sind kühler, reservierter, klatschen zögernd, als koste es sie Überwindung, und achten darauf, dass die Nachbarn auch die schöne goldene Uhr sehen. Und sie achten auf die messerscharfe Bügelfalte der schicken Hose, der sie nur ungern den harten Sitz zumuten. Sie sind nur dabei – selbstverständlich auf den teuersten Plätzen –, weil man es von ihnen erwartet und sie es sich nicht leisten können, bei bestimmten Anlässen nicht gesehen zu werden.

Und dann fällt ein Tor. Die Grenzen verschwimmen, die echten Fans fallen sich um den Hals, machen auch vor den Spitzen der Gesellschaft nicht Halt, die durch die Freude angesteckt werden und vergessen, dass solche Gefühlsausbrüche eigentlich unter ihrem Niveau sind. Sie lachen mit, klatschen übermütig, schlagen dem Nachbarn, vielleicht einem Staatssekretär, kumpelhaft auf die Schulter, wofür sie sich normalerweise eine Anzeige wegen Körperverletzung eingehandelt hätten. Und wieder einmal kann man sehen, dass Fußball vereint und verbindet. Wie oft schon habe ich selbst solche Situationen als Zuschauer erlebt, wenn menschliche Eisberge in Sekundenschnelle dahingeschmelzen, weil Bayern oder die Nationalelf endlich ausgeglichen haben oder in Führung gegangen sind.

Ich mache mir auch keine Gedanken mehr darüber, welchen Stellenwert der Fußball in der Gesellschaft hat, und ob er geeignet ist, pädagogische Momente an die Jugend weiterzugeben oder nicht.

Natürlich ist Fußball Unterhaltung und Show. Natürlich auch Theater, Machogehabe, übertriebene Selbstdarstellung, eine Zurschaustellung von körperlichen Attributen, die viele, die ihren untrainierten Körper unter teuren Anzügen verstecken, neidisch werden lassen. Gemeint sind Leute, die genau wissen, dass sie körperlich nicht mithalten können, und die deshalb ihre scheinbare Intelligenz geballt gegen den Fußball auffahren. Die jedes Wort eines Spielers, das er in einem Interview sagt, auf die Goldwaage legen und daraus auf dessen Intelligenzquotienten schließen wollen.

Fußball, das sind aber auch Tränen von hartgesottenen Männern, wenn sie gewonnen haben. Das sind stolze Gesichter, zuckende Mundwinkel beim Abspielen der Nationalhymne und Lippenbewegungen, die so gar nicht zum Originaltext zu passen scheinen. Zumindest in meinem Fall stimmt das, denn ich habe immer die bayerische Hymne gesungen: »Gott mit dir, du Land der Bayern.« Und manchmal, wenn die Zuschauer aufstehen und das gesamte Stadion die Nationalhymne mitsingt, dich fünfzigtausend Kehlen mit einem Lärmteppich zu erdrücken scheinen, dann kriegst du eine eiskalte Gänsehaut auf dem Rücken.

Fußball ist ein Sport, der Spieler innerhalb von einer Sekunde zu Riesen wachsen oder zu Zwergen schrumpfen lassen kann. Fußball, das ist Wut, Freude, Trauer, Überschwang, Schmerz und was weiß Gott noch alles. Und jedes dieser Gefühle habe ich Hunderte von Malen erlebt. Auch die weniger schönen, wenn man verliert und sich allein gelassen fühlt. Selbst sie möchte ich nicht missen. Erst wenn du das Gefühl der Niederlage kennst, kannst du dich richtig über deinen Sieg freuen. Erst wenn du weißt, wie anfällig dein Körper gegen Verletzungen ist, gehst du mit ihm pfleglich um, denn dein Körper ist dein Kapital.

Aber Fußball ist auch eine gefährliche Konkurrenz für jede andere Veranstaltung, sei es nun Kino, Theater oder ein Popkonzert. Es gibt keinen Dramaturgen, der in zwei Stunden so viel an Aktion und Handlung zu Wege bringt, wie die Zuschauer es in einem guten Spiel miterleben können. Ob live oder vor dem Fernseher, das spielt keine Rolle. In zwei Stunden kannst du als Spieler einige Male sterben und wieder geboren werden. Kannst im Boden versinken und über Wolken laufen. Wirst ausgebuht und verschrien und wenig später mit stehenden Ovationen bedacht, dass dir ein Schauer den Rücken herunterläuft. Und du bringst nicht nur deine Gegenspieler auf die Palme, sondern auch viele Tausende auf der Tribüne, wenn du zur Gastmannschaft gehörst und gerade, trotz Überlegenheit der Heimmannschaft, ein Tor erzielt hast. Dann schwillt deine Brust und deine Kameraden fallen im Überschwang über dich her, drücken dich zu Boden, als wollten sie dich zerquetschen, sodass der Trainer schon Verletzte fürchtet.

Die Unerklärlichkeit des Seins

Ende des 19. Jahrhunderts haben Kritiker den Fußball als englische Krankheit bezeichnet, die sich schneller ausbreite als ein Grippe-Virus. Und wer sich infiziert, so meinten sie, sei der unheimlichen Seuche auf Leib und Seele ausgeliefert. Eine Epidemie ohne Gegenmittel. Und die Symptome seien: Mehr oder minder verrückte Anhänger treffen sich auf Plätzen, Wiesen und in Parks, um mit ähnlich kranken Menschen nach Regeln, die ein Außenstehender nicht kennt, mit den Füßen gegen etwas Rundes zu treten. Und plötzlich reißen einige die Arme hoch und schreien »Tor!«, während die anderen, gleich viele in der Anzahl, den Kopf hängen lassen und wie gebrechlich über den Platz schleichen.

Ich gebe den Kritikern des 19. Jahrhunderts Recht, und zwar in allen Punkten, nur ist Fußball inzwischen eine Weltkrankheit geworden. In England geboren, als »Proletarier-Sportart« und als Gegensatz zu Tennis und Golf und Reitsport, schwappte dieses Spiel wie eine gewaltige Invasion zu uns auf das Festland herüber.

Fußball ist seitdem ein Phänomen der Massen, ein Bazillus, der Arbeiter und Professoren, Junge, Alte, Arme und Reiche gleichermaßen befällt, in letzter Zeit sogar Frauen. Oft wurde er totgesagt, um dann wieder wie Phönix aus der Asche zu steigen.

Fußball, das ist ein Machtfaktor, politisch, sozial und wirtschaftlich gesehen. Fußball, das sind Diskussionen, stundenlang und mit unterschiedlicher Lautstärke in den Stammkneipen über das gerade zu Ende gegangene Spiel. Oder über das nächste. Diskussionen über Spieler, diese faulen Säcke, wenn sie verloren haben oder über Genies, falls wider Erwarten ein Sieg errungen wurde. War es nun ein Tor oder nicht? Stand er abseits oder nicht?

Fußball kann aber auch sein, dass sich zwei Mannschaften treffen, um den Deutschen Meister zu ermitteln, und es ist kein Ball da. So etwas gibt es nicht? Gab es doch. Und zwar 1903 in Hamburg. Um 16 Uhr sollte das Spiel zwischen VfB Leipzig und DFC Prag beginnen, angepfiffen wurde es mehr als dreißig Minuten später. Weil der Ball fehlte. Als man schließlich den Platzwart gefunden hatte, konnte die Begegnung endlich angepfiffen werden.

Und 1922 konnte sogar überhaupt kein Meister ermittelt werden. Die erste Begegnung zwischen Nürnberg und Hamburg wurde am 18. Juni 1922 nach 190 Minuten beim Stand von 2 : 2 abgebrochen, die zweite am 6. August nach 115 Minuten, als es 1 : 1 hieß und nur noch sieben Nürnberger auf dem Platz standen. Nach der regulären Spielzeit waren es noch neun gewesen, Mittelstürmer Böß war wegen Nachtretens vom Platz gestellt worden und Verteidiger Kugler hatte sich verletzt. Ein weiterer Nürnberger, der Torschütze Träg, wurde in der Nachspielzeit vom Platz gestellt, und Halbstürmer Popp verletzte sich ebenfalls. Trotz großer Feldüberlegenheit und Überzahl konnten die Hamburger kein weiteres Tor erzielen. Elfmeterschießen und Losentscheid kannte man noch nicht, und Schiedsrichter Dr. Peco Bauwens, der spätere DFB-Präsident, brach die Partie aus Mitleid ab. Bei 27 Grad im Schatten wollte er nicht länger auf das entscheidende Tor warten und den Spielern und sich selbst eine Ruhepause gönnen. Alle waren mit den Kräften am Ende. Satzungsgemäß erklärte der DFB den Hamburger SV wegen seiner zahlenmäßigen Überlegenheit zum Meister, der 1. FC Nürnberg protestierte. Auf dem DFB-Bundestag verzichtete der HSV auf den Titel. Eine für mich sportlich faire Geste.

In Nürnberg gab es zur damaligen Zeit einen ausgezeichneten

Torwart. Ich kann damit leben, dass die Nürnberger Fans oder Nostalgiker ihren 1966 verstorbenen Heiner Stuhlfauth immer noch für den besten deutschen Torwart des Jahrhunderts halten. Aber ein bisschen wurde er – auch wegen seines Outfits, der Schirmmütze und den Knieschützern – zur Legende, weil er in den Jahren von 1920 bis 1927 in fünf siegreichen Endspielen um die Deutsche Meisterschaft keinen Treffer zugelassen hat. Mut, sich in das Getümmel zu werfen, und Instinkt, die Flugbahn eines Balls zu erahnen, sagte man ihm nach. Einem gewissen Sepp Maier aus München ein halbes Jahrhundert später aber auch.

Als Spieler habe ich viele Jahre genau mittendrin gesteckt. Wie oft habe ich Streitigkeiten schlichten müssen: Hätte der Ball gehalten werden können oder nicht? Hat Helmut Schön die richtige Mannschaft aufgestellt, oder hätte er doch besser noch zwei weitere Spieler von Gladbach oder vom HSV berücksichtigt? Hätte Ottmar Hitzfeld sich nicht doch mit dem Helmer arrangieren können?

Gute Fußballspiele sind Straßenfeger. Dabei laufen, wie Kritiker meinen, gerade mal zweiundzwanzig Mann – eigentlich sind es nur zwanzig, denn jeweils einer traut sich nicht so recht – in mehr oder weniger bunten Trikots mehr oder weniger geordnet über den Platz, mal von links nach rechts, dann auch wieder umgekehrt. Und diese Herumlaufenden versuchen, ohne die Hände zu benutzen, einen Ball in ein Geviert aus Stangen und einem Netz zu bugsieren. Und in diesem Ding steht ein echter Spielverderber, der das zu verhindern sucht und dabei als Einziger seine Hände benutzen darf. Drei weitere Männer gibt es auch noch, einer, der sich unter die zwanzig gemogelt hat, und zwei, die an den Seitenlinien mitlaufen. Deren Outfit, wie es jetzt heißt, unterscheidet sich jedoch ziemlich von dem der anderen. Und wenn es mal gerade spannend wird, dann hebt der überflüssige Mann auf dem Platz eine Hand zum Mund, pfeift, und alles steht still oder beginnt zu toben.

Aber wie war das noch mal 1990 bei der Weltmeisterschaft, als Deutschland im Finale gegen Argentinien spielte und 1 : 0 gewann? Als Franz Beckenbauer nicht nur 1974 als Spieler Weltmeister wurde, sondern auch als Trainer, pardon, Team-Chef? Auf 65 Prozent schnellte die Einschaltquote hoch. Phantastische 65 Prozent. Eine so starke Unterschicht, wie einige meinen, wenn man sie fragt, wer sich den überhaupt für Fußball interessiere, haben wir nun aber doch nicht in Deutschland.

Und 1954 gegen Ungarn in Bern war die Quote wohl noch höher, und zwar am Radio, weil es das Fernsehen in der Art noch gar nicht gab. Aber wer erinnert sich nicht an das impulsiv herausgeschriene »Tooooor!«, als Helmut Rahn den Siegtreffer schoss? Mir klang es wie eine Siegesposaune im Ohr, denn ich klebte mit meinen zehn Jahren direkt am Radio. Oder mehr als ein Jahrzehnt später Frankfurt gegen Real? Bayern gegen Atletico? Deutschland gegen Holland?

Nun gut, solche Quoten wie im WM-Endspiel von 1990 gibt es nicht jeden Tag; mittlerweile müssen sich die Sendeanstalten mit wesentlich weniger zufrieden geben. Aber bei uns in München sind es auch 70 000 Zuschauer, die eine gute Begegnung sehen wollen und meistens nicht enttäuscht werden. Schon vor über dreißig Jahren, als es in München noch kein Olympiastation gab, kamen 80 000 in Berlin zum Spiel Hertha gegen Köln. Schon 1920 zählte man in einer Begegnung 40 000 Zuschauer.

Auf Wembley einzugehen und die Frage zu stellen, ob es nun ein Tor war oder nicht, das erübrigt sich. Es war keins. Woher ich das weiß? Ich war live dabei. Zwar hat Hans Tilkowski im Tor gestanden, aber trotzdem war es keins.

Wenn ich auf ein Bier gehe und die anderen Gäste nach einigen Minuten ihre Scheu verloren haben, dann kommt es oft vor, dass man Fragen an mich richtet. »Sepp, sag mal, wie war das denn ...?« Und nicht selten werde ich Zeuge, dass ein Fußballbegeisterter sämtliche Nationalspieler der letzten zwanzig Jahre aufzählen kann, mit Anzahl der Länderspiele und Tore, oder den gehaltenen todsicheren Chancen, wenn es um einen Torwart geht. Viele haben alle Treffer der Saison ihrer Lieblingsmannschaft im Kopf, wissen, wer, wann, wo, wen gefoult hat – oder ob es überhaupt ein Foul war – wissen, wer, wann, wo und weshalb eine gelbe oder eine rote Karte bekommen hat.

Es sind weiß Gott keine Deppen, die jedes Wochenende in die Stadien pilgern und sich eine Begegnung anschauen. Viele Zigtausende in der ersten Bundesliga, manchmal gerade eine Handvoll in den untersten Spielklassen. Unter ihnen der Hauptsponsor und vielleicht ein Kfz-Meister, der unentgeltlich die Autos der Akteure repariert. Und es gibt Spiele, bei denen hätten vierundzwanzig auf dem Platz gestanden, wenn ich dort als Zuschauer aufgetaucht wäre, Spieler und Schiedsrichter und ich als einziger Zuschauer zusammengezählt. Weil es keinen Linienrichter gab und der Trainer zugleich Spieler, Masseur, Sanitäter und Sportwart war.

Ich sage es noch einmal: Das sind bestimmt keine Deppen. Das sind Begeisterte, das sind Motivierte, die den gleichen Virus in sich tragen wie ich. Und dieser Virus macht keinen Unterschied zwischen Nationalmannschaft, Bundesliga oder dritter Kreisklasse.

Vergeblich habe ich mich bemüht, hinter das Geheimnis zu kommen, warum Fußball diese Begeisterung auslösen kann. Schön, es ist nun mal das verbreitetste Kampfspiel auf unserem Globus. Niemand weiß, wie viele Spieler es gibt. Hundert Millionen? Fünfhundert? Oder noch mehr? Aber das allein genügt nicht als Erklärung, genauso wenig wie das einfache Regelwerk, das stets dann herhalten muss, wen man eben keine Erklärung findet. Sicherlich helfen die weltweit verbreiteten Regeln in ihren simplen logischen Grundzügen, schnell zu diesem Spiel zu finden. An vier Ecken ein T-Shirt, zwei weitere für jedes Tor, Augenmaß ersetzt die Querlatte und schon geht es los. Ohne Schiedsrichter und Zuschauer. Barfuß auf holprigem Acker.

Oder mit Straßenschuhen vor der Haustür, billigen Turnschuhen auf der Wiese, so wie bei mir vor vielen Jahren.

Irgendwo habe ich mal gelesen, dass sich ein Zyniker über das Stumpfsinnige und das Triviale beim Fußball mokierte. Aber nur Stumpfsinnige schauen bei so etwas Stumpfsinnigem zu, oder? Andere, die sich für gebildet halten, beschweren sich über die Brutalität, die mehr und mehr im Fußball um sich greife. Manchmal kommt die Kritik zu Recht, wenn es um Hooligans geht. Und genau diese Brutalität, argumentieren sie, wollen die Zuschauer sehen, so wie sie einen Boxkampf sehen wollen. Eins verstehe ich dabei jedoch nicht: Warum sind dann die Zuschauer so von den Brasilianern begeistert, die manchmal wie Derwische durch die Reihen der Gegner spazieren, ein Tor schießen und noch nicht einmal einen Gegenspieler berührt haben? Da stimmt doch was nicht.

Ein weiteres unerklärliches Phänomen für mich ist die Unberechenbarkeit eines Spiels. Wie oft sind in den vergangenen Jahren schon Amateure beim Pokal bis kurz vors Endspiel gekommen, haben die Profis ausgespielt und abblitzen lassen? Wie die Jungs aus Trier.

Ich erinnere mich auch, dass in der Jugend- und Amateurzeit, aber auch noch später, meine Mannschaft wiederholt bis zur 89. Minute feldüberlegen war, mit Druck gespielt hat und wir dann noch in letzter Sekunde ein Tor eingefangen haben.

Ich sage es immer wieder: Im Fußball ist alles möglich – Gott sei Dank. Tausend Minuten ohne Gegentor und plötzlich in einer Begegnung gleich fünf. Und es gibt keine Garantie auf die Zukunft. Hast du mit deiner Mannschaft über Wochen fantastisch gespielt, heißt das nicht automatisch, sie wird auch wieder im kommenden Spiel auftrumpfen. Oder in der nächsten Saison erneut Meister werden.

Dortmund hat das zu spüren bekommen. Vor zwei Jahren Sieger in der Champions League, Trainer Skibbe mit einem Etat von fünfzig Millionen ausgestattet, um die richtigen Spieler einzukaufen, und dann in der Liga kurz vor der Winterpause 1999/2000 neun Spiele ohne Sieg, unter anderem gegen Unterhaching verloren. Das kann schon sehr deprimierend sein, besonders wenn der Börsengang kurz bevorsteht und man auch noch im UEFA-Cup mit 0 : 2 in Glasgow heimgeschickt wird. Alle Experten waren sich einig, das schafft Dortmund zu Hause nie und nimmer gegen die starken Schotten. Da fallen schon die Kurse, bevor es überhaupt einen gibt.

Vom Vereinsvorstand kommt die endgültige Entscheidung, an die Börse zu gehen. Und Glasgow kommt. Dortmund schießt zwei Tore, in der 28. Minute durch den Nigerianer Ikpeba und in der 90. Minute auf den letzten Drücker durch Fredi Bobic. Damit steht es nach der regulären Spielzeit 2 : 2. Die Verlängerung bleibt torlos, es geht ins Elfmeterschießen. Was dann geschieht, freut mich besonders, weil es die Dortmunder ihrem Tormann Jens Lehmann, dem Ex-Schalker, zu verdanken haben, dass sie weitergekommen sind. Hält doch dieser Tausendsassa die Elfmeter der Schotten Bronckhorst, Numan und Reyna.

Vierzigtausend Zuschauer sind aus dem Häuschen, sie haben einen Fußballkrimi live gesehen, Dortmund gewinnt im Elfmeterschießen 3 : 1 und, alles zusammengezählt, 5 : 3. Wenn Spieler ihren Trainer auf den Schultern tragen, so wie Skibbe, dann wissen sie, was er wert ist. Eine höhere Auszeichnung und Anerkennung gibt es nicht. Mit einem Schlag waren auch die sieglosen Begegnungen in der Bundesliga vergessen. The winner takes it all! Aber nur vorübergehend, denn Anfang des Jahres 2000 trennte man sich schließlich doch von Skibbe. Wegen Erfolglosigkeit – eine schon oft strapazierte Formulierung.

Auch die Bremer machen zu Hause vor nur zehntausend Zuschauern – mehr haben den Weserstädtern ein Weiterkommen ohnehin nicht zugetraut – ihre 0 : 3 Schlappe vom Hinspiel wett und gewinnen in der regulären Spielzeit mit 4 : 0 gegen Lyon. Da wird sich mancher Fan später ärgern, bei dieser Begegnung nicht dabei gewesen zu sein. Aber die, die dabei sind, machen Krach für dreißigtausend und schreien die Mannschaft beim typischen Werder-Wetter – es regnete wie aus Kübeln – nach vorn: »Steh auf, wenn du Bremer bist ...« Werder Bremen und Trainer Schaaf haben Grund zur Freude, denn zum ersten Mal seit Rehhagels Fortgang »überwintert« die Mannschaft wieder in einem internationalen Wettbewerb.

Über das glückliche 2 : 1 der Bayern gegen Kiew in der Champions League brauchen wir nicht viel zu reden. Wenn Spieler vergessen zu laufen, können sie auch keine Tore schießen.

Über Leverkusen, Wolfsburg und besonders Kaiserslautern, die alle an einem Donnerstag unter die Räder kamen – Lautern verlor nach einem 2 : 1-Auswärtssieg gegen den französischen Verein Lens zu Hause sogar 1 : 4 –, erübrigt sich auch jeder Kommentar. So ist Fußball nun mal. Unberechenbar wie eine Diva.

Diese Beispiele zeigen: Es gibt keine Garantie auf einen Sieg oder eine Niederlage, auf ein Weiterkommen oder ein Ausscheiden. Genau das macht den Reiz aus. Genau das ist der Grund, warum die Fans ihren Clubs die Treue halten, über Jahre und Jahrzehnte, und warum sie zu allen Auswärtsspielen reisen, auch schon mal in einen anderen Kontinent.

Im Fußball gibt es auch keine Garantie, dass ein Trainer, der zu Beginn einer Begegnung auf der Bank sitzt, auch noch nach dem Schlusspfiff Trainer ist. Toni Schumacher hat das zu spüren bekommen. Er ist der erste Trainer in der Geschichte der Bundesliga, der während der Halbzeitpause vom Präsidenten der Fortuna Köln, Jean Löring, gefeuert wurde. Wie peinlich! Toni, das hast du wirklich nicht verdient.

Bei allem Hin und Her, Auf und Ab, bei allen Querelen und Streitigkeiten, bei Stress und Ungereimtheiten freut mich eines besonders: Immer mehr Frauen kommen zu den Begegnungen. Früher konnte man sie an einer Hand abzählen. Es hieß, sie hätten kein Interesse und würden nicht verstehen, was auf dem Rasen vor sich geht. Oder sie würden sich nicht trauen, weil Fußball zu brutal und machohaft sei.

Jetzt spielen mehr und mehr Frauen in Mannschaften und da habe ich schon viele ausgezeichnete Matches gesehen. Respekt! Und auf den Rängen werden es auch ständig mehr, die vor Aufregung an den Fingernägeln knabbern.

Natürlich gibt es auch mal weniger gelungene Begegnungen. Es sind ja auch nicht alle Mädchen Schönheitsköniginnen. Deutschland gegen Österreich bei der WM 1982 in Spanien war zum Beispiel auch keine Schönheitskönigin. Ich würde sagen, es war ein zweckmäßiges Spiel, weil es beiden Mannschaft genau das gebracht hat, was sie brauchten, nämlich das Weiterkommen in die nächste Runde. Das Maximum erreichen mit dem Minimalaufwand, denn es ging ja immerhin um etwas. Nicht nur ums Geld. Das ist die eine Seite. Die andere, und zwar die der Algerier, die sich verschaukelt gefühlt haben, konnte man am Tag darauf in jeder Zeitung lesen. Die Nordafrikaner sprachen offen von Schiebung.

Natürlich sind die Zuschauer enttäuscht, wenn ihre Erwartungen nicht erfüllt werden. Ich bin das auch. Und ich kann den Unmut gut verstehen, wenn jemand auf spannende Szenen hofft, aber der Ball nur hin- und hergeschoben wird. So langsam, dass man die zusammengenähten Lederflecke zählen kann und die Trikots keine Schweißflecken bekommen. An diesem Punkt besteht auch die Gefahr, dass Randalierer oder Hooligans besonders solche weniger gelungenen Begegnungen als Anlass für ihr kriminelles Verhalten nehmen. Ich sage, besonders solche Begegnungen, denn meistens brauchen diese Chaoten keinen Grund. Sie reisen schon mit dem Vorsatz an, Zoff zu machen.

Zum ersten Mal kennen gelernt habe ich die Hooligans am 31. Mai 1967 in Nürnberg, als wir dort gegen die Glasgow Rangers spielten. Im Zentrum von Nürnberg kochte es. Randalierende schottische Fans zogen durch die Innenstadt, abgefüllt von billigem Whisky aus dem Flugzeug und dem Duty-Free-

Shop. Zwar waren wir aus der Bundesliga auch schon einiges gewohnt, aber die Schotten stellten alles bisher Dagewesene in den Schatten. Fanatismus und Vandalismus sind schlimme Entwicklungen im Sport, die wir wohl so schnell nicht wieder loswerden.

Ähnlich, aber nicht ganz so schlimm ging es bei meinem letzten Bundesligaspiel zu, dem vierhundersechsundsiebzigsten. Hamburg war schon Deutscher Meister 1979, trotzdem haben wir in der Hansestadt mit 2 : 1 gewonnen. Das war die erste Niederlage zu Hause für den HSV in dieser Saison. Warum und weshalb es mit dem Theater losging, diese Frage konnte uns später keiner beantworten. Eine häufig anzutreffende Erklärung ist: Die ganze Woche müssen die armen Schweine den Kopf einziehen, werden gegängelt und drangsaliert, dann wollen sie zumindest einmal bei einem Fußballspiel den Frust los werden und aus sich herausgehen.

Aus einem unerklärlichen Grund begannen an diesem Tag in Hamburg die Zuschauer zu randalieren. Die meisten waren unter zwanzig Jahre alt, darunter auch viele Mädchen. Dass wir gewonnen hatten, war kein Grund, denn Hamburg war ja Deutscher Meister geworden. Begrenzungszäune wurden eingerissen, Tore herausgerissen, der Mob verbreitete Angst und Schrecken. Unter Polizeischutz hat man uns aus dem Stadion geleitet.

Was kaum noch einer weiß oder wissen will: Schon vor über vierzig Jahren hatten wir Hooligans in Deutschland. Nach dem mit 1:3 verlorenen WM-Spiel gegen Schweden brach in Deutschland eine Hysterie aus. Man fühlte sich durch die bewusst einseitige Schiedsrichterleistung verschaukelt, und der damalige DFB-Präsident Peco Bauwens sprach von Volksverhetzung und drohte, »nie mehr werden wir dieses Land betreten« – nachzulesen in »100 Jahre DFB«. Bei uns wurden schwedischen Urlaubern die Reifen verstochen, man weigerte sich an Tankstellen, ihnen Benzin zu verkaufen, in Restaurants wurde die »Schwedenplatte« von der Speisekarte gestrichen.

Für mich das traurigste Beispiel ist 1998 die Weltmeisterschaft in Frankreich. Kriminelle, die den Fußball missbrauchen, haben beinahe einen Mord begangen und einen Polizisten für immer zu einem Behinderten gemacht. Es waren deutsche Hooligans, die für diese schreckliche Tat von Lens verantwortlich sind. Man hat sie zu Freiheitsstrafen verurteilt, aber das hilft dem armen Polizisten wenig.

Seit Jahren besteht die Gefahr, dass Länderspiele als Ersatzkriege angesehen werden. Besonders die englische Presse kann das provokant formulieren und steuern, wenn sie vor der Begegnung mit Deutschland von Endsieg spricht, von den deutschen Tanks und Panzern, die alles überrollen, sodass sich nach dem eigentlichen Spiel das Schlachtfeld außerhalb des Stadions findet. Und dort prallen dann die so genannten Fans aufeinander und gehen mit Messern, Flaschen oder Schlagwerkzeug aufeinander los. Für mich sind das keine Fans, sondern gestörte Menschen.

Und diese Gefahr bleibt latent, wenn sich Begegnungen häufen sollten, in denen die Zuschauer das Gefühl haben, hier wird nur der Ball hin und her geschoben. Darüber könnte es auf lange Sicht auch eine Art Fußballverdrossenheit geben, ähnlich wie bei der Politik. Und ich ermahne alle Clubs und Spieler und alle Verantwortlichen, es nicht dazu kommen zu lassen. Gebt den Zuschauern einen Gegenwert für ihr Geld! Und vergesst eines nicht: sie zu unterhalten.

Am Anfang war ...

Nach so langer Zeit weiß ich nicht mehr genau, welcher Impuls mich dazu brachte, mit dem Fußball zu beginnen. Natürlich gab es zu meiner Kinderzeit – ich bin am vorletzten Februartag 1944 geboren, am 28., denn es war ein Schaltjahr – keine große Auswahl an Sport- und Unterhaltungsmöglichkeiten. Fernsehen

FC Bayern – 1. FC Köln, DFB-Pokal 1971

Deutscher Meister 1973

Fußballer des Jahres 1974/75

Deutscher Meister 1969, mit F. J. Strauß

Bundesverdienstkreuz 1978, mit Gerd Müller und Kultusminister Maier

gab es noch nicht, erst Mitte der Fünfziger haben meine Eltern einen Flimmerkasten gekauft. Ins Kino durftest du nicht als Kind, und von Haar nach München, das war im Alter von zehn oder zwölf schon fast eine Weltreise. Es blieb also nur die Möglichkeit, etwas aus dem damaligen bescheidenen Angebot zu machen.

Und da bot sich Fußball wie von selbst an. Zum einen, weil mein Vater früher Fußballer war – meine Mutter dagegen hat Handball bevorzugt – und zum anderen, weil wir gleich am Haus eine schöne große Wiese hatten. Im Kindergarten und auf der Straße ging's los, wie bei vielen Jungs in meinem Alter. Zuerst mit einem Ei, das aus Lappen, Lumpen und mit Luft gefüllter Saublase genäht war, ähnlich wie beim Rugby, und das kaum rollte und bei Regen fast nicht zu spielen war. Weil wir auf der Straße nicht immer ausreichend große Spielfelder hatten, um eine Ecke zu treten, wurde aus drei Eckbällen ein Elfmeter, der aus Platzmangel nur ein Achtmeter war.

Hauptfrage und zugleich Hauptproblem war: Wer hat einen Ball? Und wer einen Ball hat, der stellt selbstverständlich auch die Mannschaft auf. Diejenigen, die der Betreffende nicht leiden kann, bleiben selbstverständlich außen vor und dürfen zuschauen. Gespielt wurde einfach bis zur Dunkelheit. Wir haben dabei alles vergessen, sogar das Essen. Kamen wir schließlich übermüdet und hungrig nach Hause, gab es oft ein Donnerwetter.

Irgendwo zwischen Straßen-, Wiesen- und Schulhoffußball bin ich ihm also für immer verfallen. Aber das habe ich damals noch nicht geahnt. An was ich mich jedoch erinnern kann, sind die Kameradschaft und die Freude, die wir hatten.

Meinen ersten Fußball bekam ich auf Umwegen zu Weihnachten, als ich sechs Jahre war. Ich tauschte meine Uhr gegen den Ball, den Horst, mein vier Jahre älterer Bruder, geschenkt bekommen hatte. Und von nun an war ich derjenige, der bestimmen durfte. Ich hatte den Ball und stellte die Mannschaft zusammen.

Heute ist alles ganz anders. Jeder hat mindestens einen Ball. Wer hat da noch das Verlangen, eine Uhr gegen einen Ball zu tauschen? Kicken auf der Straße – ich habe es seit Jahren nicht mehr beobachtet. Die Kinder haben ihre Kinderspielplätze, ihre Vereine, den Sportplatz und darüber hinaus Vorschriften. Ball spielen und Rad fahren verboten. Überall kann man diese Schilder an den Wohnblocks sehen. Die Mittagsruhe muss von 13 bis 15 Uhr eingehalten werden, an Sonntagen gibt es nur noch Ruhe. Falls nicht, irgendein Nachbar wird schon meckern.

Und inzwischen hat man all die Wiesen, die damals noch vor den Ortschaften oder Städten lagen, als Bauland teuer verkauft. Nur noch selten sieht man Kinder auf einer Wiese Fußball spielen.

Sogar Franz Beckenbauer fing auf der Straße mit dem Fußball an, denn in den Städten konnte man früher noch überall kicken. Es kam ja nur alle paar Minuten ein Auto vorbei. Und fanden sich Kinder zum Spielen ein, wurde ein Feld abgesteckt, zwei Mannschaften gewählt und schon ging es los. Bis die Kinder heute am richtigen Ort angekommen sind, hatten wir damals schon eine Halbzeit hinter uns.

Ich glaube, dass die Faszination für den Fußball bei allen in frühester Kindheit liegt. Und was einen in so jungen Jahren fesselt, das vergisst man nicht. Faszination braucht auch nicht unbedingt einen Schiedsrichter. Wir haben die Regeln selbst gemacht, im Zweifelsfall gab es eine Mehrheitsentscheidung. Oder derjenige, dem der Ball gehörte, hat entschieden. Also ich. Natürlich war ich immer auf der Seite der siegreichen Mannschaft. Alle anderen waren freundlich zu mir, auch diejenigen, die mich sonst nicht besonders leiden konnten.

Ich war acht, als ich 1952 zum ersten Mal in Haar in einer Schülermannschaft spielte. Dazu brauchte ich eine Sondergenehmigung, weil ich zwei Jahre zu jung war. Natürlich habe ich mir in diesem Alter nicht die Frage gestellt, was mir die Zukunft bringen würde. Noch war Deutschland nicht Weltmeister geworden, noch waren uns Namen wie Fritz Walter, Helmut Rahn und Sepp Herberger kaum geläufig. Höchstens aus dem Radio und vom Weitererzählen.

Für mich war Fußball von Beginn an mein Ein und Alles. Frühere Ausrutscher in andere Sportarten, zum Beispiel Turnen, wo ich es bis zum Kreisjugendmeister brachte, hatten nichts zu bedeuten, denn wir nutzten jede Sportmöglichkeit, die sich uns bot.

Unbedeutend war auch, dass ich als Mittelstürmer begann und erst Jahre später, mit fünfzehn, ins Tor wechselte. Eine Notlösung, weil unser Torwart vom TSV Haar, der Göschl Ludwig, sich die Hand gebrochen hatte. Eine Mannschaft wie der TSV Haar hat selbstverständlich nur einen Torwart und kann nicht auf einen anderen zurückgreifen. Die Konsequenz: Unser Jugendleiter berief mich als Ersatzmann, weil ich schon manchmal im Training zwischen den Pfosten gestanden hatte, um mich mit Genuss in den Matsch zu werfen. Meinen Einwand, ich sei nicht der Richtige, da gebe es Bessere, überhörte Jugendleiter Heiß.

Ausgerechnet im Pokalspiel gegen die zweite Jugendmannschaft des FC Bayern stand ich zum ersten Mal im Tor. Ohne Zweifel kamen mir dabei meine turnerischen Fähigkeiten, besonders die aus dem Bodenturnen, gelegen, denn ich hatte einiges zu tun. Ich wusste, wie ich mich zu werfen und wie ich zu fallen hatte. Das Spiel ging deshalb auch wirklich nur denkbar knapp zugunsten der Bayern aus. Sie gewannen gerade mal mit 10 : 1.

Aber so schlecht war ich wohl nicht gewesen, denn Rudi Weiß, der beim FC Bayern für die erste und zweite Jugendmannschaft zuständig war, tröstete mich damit, dass die Haarer ohne mich wohl zwei Dutzend Tore hätten hinnehmen müssen. Gleichzeitig machte Rudi Weiß unserem Jugendleiter Heiß ein Angebot und meinte, er könne mich in München brauchen. Aber dieses Angebot wurde vorerst abgelehnt. Auf Umwegen über einen Arbeitskollegen namens Kupferschmidt bei den Wanderer-Werken lernte ich später dessen Bruder kennen, der für die Bayern spielte und mich gleichfalls zu überreden versuchte, in seinem Verein mitzumachen.

Noch bevor ich den Verein wechselte, wurde ich in die oberbayerische Jugendauswahl berufen, die in einem Freundschaftsspiel gegen Salzburg antrat. Kurz vor der Begegnung hatten wir eine Mannschaftsbesprechung, und Rudi Weiß, der als Jugendleiter des FC Bayern auch uns betreute, las die Spielernamen vor. Maier Sepp, Nummer eins.

»Wieso Nummer eins?«, habe ich gefragt. »Ich spiele doch im Feld.«

Nun, es war nichts zu machen, ich hatte im Tor zu stehen. Schon irgendwie seltsam: Man erhält eine Einladung zu einer doch damals überaus wichtigen Begegnung, reist in dem Glauben an, man sei Feldspieler und findet sich anschließend im Tor wieder.

Wir gewannen 3 : 1, ich kassierte einen Elfmeter und hielt einen Elfmeter, eine gute Ausbeute für einen Neuling.

Auf der Heimreise wurde ich von Rudi Weiß im Bus bearbeitet, ich solle doch endlich zu den Bayern kommen, man brauche unbedingt einen neuen Torwart. Schließlich wechselte ich zum FC Bayern und bin dort bis zum heutigen Tag geblieben. Vierzig lange und schöne und aufregende Jahre. Knapp fünfhundert Bundesligaeinsätze, 95 Länderspiele, eine ordentliche Bilanz. Inzwischen bin ich schon mehr als vierzehn Jahre Torwarttrainer bei meinem Verein – Jean Marie Pfaff hat mich seinerzeit darauf angesprochen, ob ich das nicht übernehmen könnte – und in der Nationalmannschaft.

Um noch einmal auf den Impuls zu sprechen zu kommen, der möglicherweise meine Faszination ausgelöst hat: Weil ich aushilfsweise in einem Elektrofachgeschäft gearbeitet habe (heute sagt man dazu Schwarzarbeit), hatten wir im Vergleich zu anderen Familien schon sehr früh einen Fernseher. Jede Fußballübertragung schaute ich mir an. Und besonders imponiert hat mir der sowjetische Torwart Lew Jaschin. Der hat in seiner unnachahmlichen Art den Ball gefangen, sich zu Boden fallen lassen und dabei den Kopf ein- und die Schultern hochgezogen, als gelte es, die Kugel zu beschützen. Und genau diese Aktion von Jaschin kopierte ich im Alleintraining, indem ich einen Ball gegen die Wand schoss und dann in Jaschin-Manier danach hechtete.

Fußball als Beruf, diese Frage stellte sich mir lange nicht. Deshalb machte ich auch zuerst eine Lehre als Maschinenschlosser bei den Wanderer-Werken. Für den Nachwuchs heute ist das anders. Viele der jungen Talente meinen, sich von Beginn an ausschließlich auf Fußball konzentrieren zu können und vernachlässigen dabei eine solide Ausbildung. Fatal kann das werden, wenn sich bereits mit achtzehn eine Verletzung einstellt, die zum Ende der gerade erst begonnenen Karriere führt.

Leute in meinem Alter machen oft den Fehler, ihre Generation mit der heutigen zu vergleichen. Je weiter wir in unseren Erzählungen in die Vergangenheit zurückgehen, desto fantastischer werden unsere Leistungen, mit denen wir vor der Jungend glänzen wollen. Natürlich merken das die Jüngeren, wenn plötzlich in messbaren Sportarten die frühere Leistung fast so gut oder noch besser ist als der zur Zeit bestehende Weltrekord. Und dann sind die Älteren verbittert oder geschockt, weil die Jugend kein Verständnis aufbringt, wie es vor Jahrzehnten angefangen hat.

Keiner der Jugendlichen, mit denen ich zur Zeit trainiere, kann verstehen, dass ich mich als Kind und Jugendlicher auf den Sonntag und den Schweinsbraten gefreut habe. Die Woche über wurde in unserer Familie am Essen gespart und jede Mark mehrmals herumgedreht. Oder wenn ich ihnen erzähle, wie es bei uns zu Hause zuging. Fünf Personen in einer Zweizimmerwohnung – die lachen mich fast aus. Mein Bruder Hans, fünf Jahre jünger als ich, hat im Schlafzimmer mit meinen Eltern geschlafen, Horst, mein älterer, im Wohnzimmer, und ich in der Küche. Morgens hatte ich das Bettzeug wegzuraffen, meine Arbeitszeit begann um 6 Uhr 45.

Ich erwarte auch kein Verständnis, wenn die Rede aufs Training und die damit verbundenen Umstände kommt. Die ersten Jahre bin ich in Haar zuerst zu Fuß zum Training gelaufen, später mit dem Fahrrad gefahren. Während meiner Lehre habe ich mich abends nach der Arbeit aufs Moped gesetzt und bin eine halbe Stunde nach München in die Säbener Straße gefahren. Trainingsbeginn um 18 Uhr, Trainingsende gegen 21 Uhr. Mit dem Moped zurück nach Hause, gleich ins Bett und kurz vor sechs aufstehen. Aber mit dem Moped, das war schon eine hohe Stufe des Komforts. Vor allem bei Gegenwind.

Es ist nicht nur der damaligen Nachkriegszeit mit dem beginnenden Wirtschaftswunder zuzuschreiben, dass ich all diese Beschwerlichkeiten auf mich genommen habe. In meinem Kopf war eine Kraft, die mich antrieb. Motivation. Und ist diese Motivation groß genug, dann überwindet man Berge. Geht zu Fuß zum Training oder fährt mit dem Fahrrad. Steht morgens um 6 Uhr auf, arbeitet in der Woche vierundvierzig Stunden, hat einen Monatsverdienst von fünfundvierzig Mark und trainiert trotzdem wie ein Berserker. Meine Kraft war unerschöpflich. Ich habe nie einen Motivationstrainer benötigt.

Von Haus aus war ich finanziell nicht gut gestellt, alles musste hart erarbeitet werden. Umso mehr, weil mein Vater zwischendurch auch noch arbeitslos geworden war. Wenn du jede Mark dreimal umdrehen musst, bevor du sie ausgibst, dann hat Geld eine besondere Bedeutung. Man beschränkt sich auf das Notwendigste. Schwer gemacht wurde es einem ja nicht sonderlich, denn die Auswahl war in allen Bereichen entsprechend mager.

Ich erinnere mich an Speisekarten in Restaurants: eine Suppe, ein oder zwei Hauptgerichte, höchstens drei, und ein Nachtisch.

Alle fanden genau das, was sie suchten. Jeder war zufrieden, wurde satt und geschmeckt hat es auch. Heute gibt es zwanzig Vorspeisen, vierzig Hauptgerichte, zwanzig Nachspeisen, und keiner findet, was er sucht. Und hat er etwas gefunden, bestellt er um, kombiniert oder kreiert sein Menü selbst, wie er es eben haben möchte. Spätzle statt Kroketten, Blaukraut statt Rosenkohl. Und das Fleisch genau zwischen medium und fast durch. Ein Tick mehr in Richtung medium.

Wer Hunger hat, isst alles. Und der Satte ist eben wählerisch. Genau wie im Sport. Wir früher hatten Hunger. Wir wollten Leistung bringen, gleichgültig, wie die Umstände waren. Egal, ob wir unsere Trainingskleidung selbst bezahlen mussten oder ob der Verein es übernahm. Fahrtkostenerstattungen gab es nicht, Zuschüsse auch nicht und wir haben uns noch nicht einmal getraut, danach zu fragen. Allein das Ziel war entscheidend, und das wiederum hing ab von der Kraft im Kopf, der Motivation. Oder von der Besessenheit.

Schnell sah ich auch einen Sinn darin, mich im Fußball zu quälen und daraus meinen Beruf zu machen. Ich konnte mich nur verbessern. Beruflich waren der Ausgangswert und die Zukunftsaussichten als Maschinenschlosser so bescheiden, dass es nur eine Steigerung geben konnte. Vielen meiner Kollegen ging es ebenso. Horst Szymaniak als Bergmann, Bulle Roth als Landwirt, Gerd Müller als Weber, Katsche Schwarzenbeck als Buchdrucker. Lediglich Franz Beckenbauer hatte es besser, er arbeitete bei einer Versicherung. Geworden sind wir jedoch nur etwas durch den Fußball.

Wie soll ich heute einem jungen Spieler, vierzehn oder fünfzehn Jahre alt, klar machen, dass er hungrig sein soll? Er kann sich, auch wenn er aus einem durchschnittlich wohlhabenden Elternhaus stammt, fast alles leisten und muss für nichts kämpfen. Wie soll ich ihn motivieren, wenn er sieht, welches Trainingspensum er zu bewältigen hat, um an die Spitze zu kommen? Und die Spitze im Fußball wird bei uns und international mehr und mehr von Ausländern vorgegeben, Spielern aus ärmeren Ländern, weil die wesentlich größeren Hunger nach Leistung und Fortkommen und Erfolg haben als der Nachwuchs hierzulande.

Nicht von ungefähr sind in manchen Bundesligamannschaften mehr als die Hälfte Ausländer. Wie in Stuttgart. Nicht falsch verstehen: Ich habe nichts gegen Ausländer, sondern will nur aufzeigen, wohin der Weg im Fußball führt. Heute gibt es viele Aktive aus dem ehemaligen Ostblock, der Ukraine, Russland, den Republiken im Kaukasus. Aber eines Tages sind auch sie satt. Dann kommen andere aus noch ärmeren Ländern, aus Afrika und Asien.

Bis vor zehn Jahren hat uns die DDR vorgemacht, wie das funktioniert. Wenn es nur zwei Möglichkeiten gibt, seinen sozialen Status zu verbessern, über die Partei und über den Sport, dann boomt der Sport automatisch. Wegen der Vergünstigungen, der Reisen und der Einnahmen.

Ich komme mir auch fehl am Platze vor, wenn ich den beschwerlichen Weg zu meinem ersten Auto beschreibe. Einen alten Ford, kaum teurer als 1000 Mark, den ich mir gemeinsam mit meinem älteren Bruder Horst teilte, um die Raten abzahlen zu können. Ein Auto, was war ich stolz. Und wie bequem wurde plötzlich alles. Nicht mehr mit dem Moped bei Wind und Wetter fahren, sondern in einem Auto.

Heute ein Auto teilen? Nur Besitzer eins halben Autos sein? Manche Spieler teilen den Tag ein und fahren in der Früh zum Training ein anderes Modell als am Mittag und abends den schicken Schlitten für das Nachtleben in Schwabing. Sollen sie, wenn es sie befriedigt und ihr Geldbeutel es hergibt. Fragt sich nur, inwieweit sie durch Statussymbole gewisse andere Dinge überdecken oder kompensieren wollen.

Und der Schweinsbraten am Sonntag? Kommt es heute Nachwuchskickern in den Sinn, dann verabreden sie sich zum Kaffee in Venedig und jetten mal kurz über die Alpen. Warum nicht, wenn sie es brauchen? Wenn ihnen solche Touren einen kleinen Kick versetzen und wenn sie finanziell in der Lage sind, sich auch relativ ausgefallene, kostspielige Wünsche sofort zu erfüllen, ohne erst bei der Bank nachfragen zu müssen. Wäre ich mit achtzehn auf die Idee gekommen, in Venedig Kaffee trinken zu wollen, hätte ich dazu einen Finanzplan von einem halben Jahr mit gezielten monatlichen Ansparraten aufstellen müssen. Und wenn ich dann endlich in Venedig gewesen wäre, dann hätte mein schlechtes Gewissen, so viel Geld für diese Reise auszugeben, mir den Kurzurlaub vermiest.

Ich fühle keinen Neid beim Aufzählen all dieser Dinge und den Möglichkeiten der heutigen Sportlergeneration, höchstens Bedauern. Die Jugend ist nun mal verhätschelt und verweichlicht – nicht nur aus meiner Sicht. Toni Schumacher sieht es genauso und hat dafür in seinem Buch krasse, aber zutreffende Worte gefunden.

Aber meine Generation hat auch eine Beruhigung: In zwei oder drei Jahrzehnten werden die heute Zwanzigjährigen ihren Kindern von früher erzählen, von der harten Zeit um die Jahrtausendwende – nur vier Fernseher und vier Videorecorder in der Wohnung, noch nicht einmal in jedem Zimmer ein Computer, gerade mal drei Autos in der Garage. Dass man sechs Stunden bis New York gebraucht hat und sich das Wissen aus Büchern und nicht mit Hilfe eins im Gehirn implantierten Mikrochips erarbeiten musste. Und deren Kinder werden verständnislos die Alten anschauen und den Kopf schütteln über so viel Rückständigkeit und kulturelle Barbarei, genau wie es die Jugendlichen heimlich heute mit mir machen.

Nicht nur im Fußball, sondern im Sport allgemein stellt sich die Frage nach dem Wohin, die Frage nach dem Nachwuchs aus den eigenen Reihen. Und ich wage die Prognose, dass Deutschland international mehr und mehr an Bedeutung verlieren wird, was die Nationalmannschaften anbelangt. Ob Fußball, Handball,

Basketball sowieso oder Leichtathletik, das spielt keine Rolle. Vereinsmannschaften wird es bei uns weiterhin geben, sehr gute sogar, überwiegend mit Nicht-EU-Ausländern besetzt, weil wir das Geld haben, diese Akteure zu bezahlen. Und das Geld haben, uns diese Art der Unterhaltung zu leisten.

Es sind die gesellschaftlichen Underdogs, die den Sport bestimmen werden. Der DFB hat schon um 1910, teilweise auf kuriose Art, zu diesen Underdogs Stellung bezogen und gemeint, der Verband habe offensichtlich die falschen Mitglieder. Von den ca. 14 000 waren seinerzeit 9000 Jugendliche aus höheren Schulen. Im Buch »100 Jahre DFB« steht: »Man hat in Deutschland oftmals die Erfahrung gemacht, dass Mannschaften, die sich hauptsächlich aus niederen Kreisen zusammensetzen, einen gewissen Vorteil gegenüber den Mannschaften haben, welche sich aus so genannten besseren Kreisen rekrutieren. Eine gewisse urwüchsige Kraft, nicht geschwächt durch die verfeinerten Genüsse, welche meist mit Geldkosten verknüpft sind, ist meistenteils das Geheimnis des Erfolges.«

Ich war früher ein Underdog. Gerd war es, Katsche, eigentlich wir alle. Gleiche Herkunft, gleiches Schicksal, gleiche Aussichten, das schweißt zusammen. Das hat auch bedeutet, wir alle kannten bereits eine gewisse Grundhärte, da wir uns schon im Leben früh hatten beweisen müssen. Für uns war die Lebensweisheit plausibel: Wenn du etwas tust, erreichst du auch was. Tust du mehr, wirst du besser als die anderen. Arbeitest du hart und verbissen an dir, machst Trainer und Funktionäre auf dich aufmerksam, kannst du Vertragsspieler bei einem Verein werden. Und bist du Vertragsspieler, brauchst du auch nicht mehr vierundvierzig Stunden in der Woche bei den Wanderer-Werken zu arbeiten, sondern nur noch halbtags. Als Nationalspieler möglicherweise gar nicht mehr.

Siebenhundert Mark im Monat als Vertragsspieler, das waren verdammt noch mal unheimlich verlockende Aussichten für jemanden, der im Monat als Lehrling 45 Mark verdiente. 20 Mark habe ich davon zu Hause bei meiner Mutter für Kost und Logis abgegeben. Für 45 Mark kann man heute höchstens noch essen gehen, und zwar einmal. Aber nur, wenn man keine besonders hohen Ansprüche hat und alleine ist. Man muss sich das mal vorstellen: fünfundvierzig Mark im Monat, alles in allem etwa 185 Stunden, also 44 in der Woche. Das macht pro Stunde etwa fünfundzwanzig Pfennig. Wenn das kein Motivationskick ist.

Aber dieser Motivationskick wirkt nur so fulminant bei den Underdogs. Der Sohn eines Managers, dessen oberstes Ziel, vom Vater vorgegeben, es sein muss, Obermanager zu werden, wird sich mit so etwas nicht ködern lassen. Und auch nicht der Sohn eines Arztes, der studiert und schon vor seinem Examen weiß, dass er die umsatzstarke Praxis seines alten Herrn übernehmen wird. Von Industriellensöhnen ganz zu schweigen, die man nie als Profis im Fußball antreffen wird.

Wenn von Kindern heute Wünsche ausgesprochen und sofort erfüllt werden, um sie zu beruhigen, geht Eltern und Kindern etwas Wichtiges verloren: Die Zeit der Begeisterung, bis es so weit ist, dass sich ein Wunsch erfüllt. Heute nennt man es nicht mehr Wunsch, sondern eher Erwartung. Die Heranwachsenden erwarten, das sie all das, was sie für nötig halten, geschenkt bekommen. Die jungen Spieler erwarten, dass man ihnen ein perfektes Umfeld bietet mit allem Komfort. Angefangen von den Umkleideräumen, den Duschen, der Trainingskleidung bis hin zum beheizten Rasenplatz, englisch kurz geschnitten. Arzt, Physiotherapeut und Manager haben gefälligst stramm zu stehen, falls man sie benötigt.

Leider wird die Erwartungshaltung von den Vereinen erfüllt. Und ohne es vielleicht zu wollen, geht der Fußball einen weiteren Schritt in Richtung Demotivation. Einen weiteren Schritt dahin, dass junge Talente noch mehr fordern können.

Torwart habe ich nie werden wollen. Stürmen und Tore schießen, ja, das erste mit acht Jahren gegen den FC Feldkirchen, aber Tore verhindern, nein. Aus einem einfachen Grund: Der Stellenwert eines Torwartes ist nie gleichrangig mit dem eines Feldspielers. Das sieht man schon am Einkommen, und das kann man auch an den Ablösesummen sehen. Torleute waren und sind immer günstiger zu haben, ihr Marktwert liegt unter dem der Feldspieler.

Ablösesummen und Einkommen waren zu meiner Jugendzeit Fremdworte. Deshalb war ich anfangs auch froh, als der verletzte Ludwig Göschl wieder ins Tor und ich auf meinen Mittelstürmerposten gehen durfte. Und in meiner Spielklasse war ich bekannt als lauffreudiger und brandgefährlicher Stürmer. Als solcher hast du alle Chancen, dir die Herzen der Zuschauer zu erobern. Auch wenn zwei oder drei todsichere Gelegenheiten vertan werden: Gelingt dir ein Tor, ist das sofort vergessen. Du reißt die Arme hoch und jubelst, deine Mitstreiter kommen zu dir gelaufen und nehmen dich in die Mitte. In diesem Augenblick bist du der Größte. Dabei spielt es für den Schützen keine Rolle, ob er das Tor für den TSV Haar oder für die Nationalmannschaft geschossen hat.

Zugegeben, Stürmer, Mittelfeldspieler und die in der Abwehr haben es wesentlich leichter als ein Tormann. Machen sie einen Fehler, gibt es irgendwo einen Mitspieler, der ihn wieder ausbügeln kann. Ein Pass kommt nicht an, ein Einwurf landet beim Gegner, der angreifende Stürmer kann nicht gebremst werden, das alles ist korrigierbar. Hat dein Mitspieler einen schwachen Tag, lässt ihn die Kondition im Stich, können sich die übrigen umso mehr ins Zeug legen und das Defizit ausgleichen. Allein die Mannschaftsleistung zählt, der Einzelne hat sich ihr unterzuordnen.

Als Stürmer und Torschütze jonglierst du mit den Massen. Tausende springen von ihren Sitzen hoch oder buhen dich aus. Und feiert man dich als Sieger, dann gibt es direkt gegenüber von dir einen Verlierer: den Torhüter. Während du mit deinen Treffern in einer Torschützenliste geführt wirst, ist seine Leistung nicht messbar. Gut, man kennt die Anzahl der Tore, die er kassiert hat. Hat aber schon mal einer gezählt, wie viele Tore er verhindert hat? Welche Erfolgsquote sich daraus ergibt? Bei einem guten Torhüter liegt sie weit über achtzig oder neunzig Prozent. Der Stürmer, der eine ähnliche Quote aufweisen kann, muss noch geboren werden. Stürmer geben sich gerne mit zehn Prozent zufrieden. Das genügt, um zu gewinnen und um die Massen auf seiner Seite zu haben.

Wie jeder andere in meinem Alter kannte ich selbstverständlich auch die populären Torleute der damaligen Zeit. Und wer erinnert sich nicht heute noch an den überschwänglichen Kommentar des Rundfunkreporters Herbert Zimmermann 1954 bei der Weltmeisterschaft in Bern, als er zu dem Nationaltorhüter sagte: »Toni, du bist ein Fußballgott.« Reflexartig hatte Toni Turek einen Schuss des frei vor dem Tor stehenden Ungarn Ferenc Puskás abgewehrt, den alle schon im Netz gesehen hatten.

Als ich 1959 zu der Bayernjugend wechselte, erkannte Rudi Weiß meine wahre Begabung zwischen Pfosten und Querlatte. Von ihm habe ich viel gelernt, auch was die Einstellung angeht. Er gab mir wertvolle kleine Tipps, die mir schon im Vorfeld halfen, Tore zu verhindern. Ich sollte mir die Stürmer genau anschauen. Aus ihrer Haltung, ihrer Position zum Tor und dem Winkel könne ich genau ihre Absicht ablesen und mich richtig positionieren. Stellungsspiel, meinte er zu mir, nenne man so etwas. Mir gelang es, seine Ratschläge umzusetzen und so sagte man mir schnell nach, ich hätte eine gute Spielübersicht, würde meinen Strafraum beherrschen und damit dem Gegner schon vorher den Schneid abkaufen. Mein erstes Tor kassierte ich trotzdem, und zwar durch einen Elfmeter.

Vielleicht noch etwas zu Rudi Weiß, dem nicht nur ich sehr viel verdanke. Viele Trainer, die mir, auch in der Jugend, begegnet sind, haben zwar ihren Job gemacht, auch gut gemacht – das war es aber auch schon. Unter einem Jugendtrainer verstehe ich etwas anderes. Er hat ein offenes Ohr für die jungen Spieler, unterhält sich mit ihnen, kennt ihre Ängste und Probleme. Wir trafen uns jeden Freitag mit unserem Rudi nach dem Training zu einem gemütlichen Abend im Hofbräukeller. Ungefähr fünfzehn Spieler lud er ein und die Rechnung bezahlte er aus seiner Tasche. Nichts hat der Verein dazu beigetragen. Allerdings hat der Rudi, auch in seiner Freizeit ganz Trainer, genau Buch geführt, wer an diesen Abenden anwesend war. Hat man zwei Mal gefehlt, gab es eine Ermahnung. Da ich außerhalb wohnte, konnte ich nicht immer dabei sein. Es war ein weiter Weg mit meiner Quickly von der Säbener Straße oder dem Hofbräukeller bis hinaus nach Haar. Normalerweise kam ich erst gegen neun am Abend vom Training nach Hause und ganz in der Früh rappelte wieder der Wecker. Rudi Weiß hat es immer akzeptiert, wenn ich nicht teilnehmen konnte.

Heute, fast vierzig Jahre später, kann ich mich noch an so viele Begebenheiten mit Rudi erinnern. Und das zeigt mir, welche Bedeutung dieser Trainer für mich gehabt hat. Leider gibt es im Fußball zu wenig Rudis.

Er zeigte mir den Weg vom Stürmer zum Torhüter. Über zwei Jahre konnte ich beides vereinen: Stürmer am Samstag und Torwart am Sonntag. Mit der ersten Jugendmannschaft des FC Bayern, bei der ich im Tor stand, gewannen wir meistens haushoch und ich war im Grunde genommen unterbeschäftigt. Nur gegen 1860 war es etwas knapper. Und in der zweiten Jugendmannschaft durfte ich stürmen und war zweimal in der Klasse Torschützenkönig. Danach gab es nur noch den Torhüter Sepp Maier. Ich wollte meinen Kollegen die Schmach ersparen, von einem stürmenden Torhüter den Kasten vollzubekommen.

Mit meinem neuen Verein wurde ich 1959 Münchener Meister, wir gewannen den Georg-Hahn-Pokal und kamen ins Endspiel um die bayerische Meisterschaft. Leider verloren wir gegen Nürnberg mit 1 : 3. Allerdings brachte mich, so kurios es klingen mag, ausgerechnet diese Niederlage weiter. Landestrainer Stürze sah mich und lud mich in die Sportschule Grünwald zu einem Sichtungslehrgang ein. Und über Grünwald, den Einsatz in der oberbayerischen und der süddeutschen Auswahlmannschaft, die Länderkämpfe gegen Westdeutschland und Norddeutschland und den Gewinn des Jugendländerpokals kam ich auf kleinen Umwegen in das Notizbuch des damaligen Assistenten des Bundestrainers, Helmut Schön. Er war ständig auf der Suche nach Talenten für die Jugendnationalmannschaft. Sechs Torleute standen ihm zur Verfügung und von November 1960 bis Ostern des Jahres darauf konnte ich mich in seiner Hitparade ganz vorn etablieren.

Meine internationale Karriere begann in der Jugendnationalmannschaft, als ich für das UEFA-Turnier in Portugal als Nummer 1 aufgestellt wurde. Nur eine Partie ging verloren und drei Tore hatte ich nicht verhindern können, darunter auch ein Eigentor meines Abwehrspielers Rolf Kahn, dem Vater des heutigen Bayern-Torwarts Oliver Kahn. In vier Monaten von der Kreisklasse in die Jugendnationalmannschaft – das soll mir mal einer nachmachen.

Spätestens in Portugal ist mir klar geworden, was die Aufgabe eines Torwarts ist. Auf mich als letzten Mann verlassen sich alle. Manche werden im Leben nie richtig fertig mit der Belastung, keinen Fehler machen zu dürfen. Ein Torwartfehler ist ultimativ. Dabei komme ich ja nur zum Einsatz, wenn die anderen zehn vor mir mit der gegnerischen Mannschaft und der Spielsituation nicht fertig geworden sind. Torhüter sein, heute sagt man dazu auch Trouble Shooter, ist was ganz Feines. Besonders, wenn man die Erwartungen erfüllen kann. Und das Lob der Mitspieler ist umso größer, je gravierender ihr Patzer vorher war.

Aber wehe, man hat fast neunzig Minuten das Tor sauber gehalten, die schönsten Paraden hingelegt, den Beifall der Zuschauer genossen, und fängt dann doch noch praktisch in letzter Sekunde einen Treffer ein! Zuerst bist du selbst erstaunt, wie das passieren konnte. Damit hattest du nicht mehr gerechnet. Mit den Gedanken standest du schon unter der Dusche. Langsam rappelst du dich vom Boden auf. Die wenigen Schritte bis hin zu der verdammten Lederkugel dauern gerade mal drei oder vier Sekunden. Aber diese Zeit kommt dir vor wie eine kleine Ewigkeit. Jeder im Stadion starrt dich an, manche mit Bedauern, auch mit Enttäuschung. Das sind die eigenen Fans, denen es die Sprache verschlagen hat. Andere mit Häme und unter tobendem Klatschen. Aber am schlimmsten sind die Blicke der Mannschaftskollegen. Stumm und ohne Emotionen, wenn du eh keine Chance hattest, noch an den Ball zu kommen. Vorwurfsvoll und auch mit Resignation, falls das Ding zu halten gewesen wäre. In solchen Situationen möchte ich im Boden versinken, nicht vor den Blicken der Zuschauer, sondern vor denen meiner Kameraden, die mit hängenden Köpfen auf dem Platz stehen. Und dabei spielt es keine Rolle, ob das Tor schuldhaft kassiert worden ist oder nicht – keine Statistik weist schuldlos kassierte Tore auf. Ein Tor kann entscheiden über Verbleib oder Abstieg aus der Bundesliga. Ein Tor zu wenig, das hat die Nürnberger am Ende der Saison 1998/99 viele Millionen Mark gekostet.

Damals in Portugal lernte ich den Berliner Bernd Patzke kennen, der vom Mundwerk her auch ein guter Bayer geworden wäre, wenn es mit dem Dialekt geklappt hätte. Und der Patzke hat mich in Portugal auch verdammt aufs Kreuz gelegt. Oder getauft. Wer den Äquator überquert, wird getauft, und mich hat man als Neuling in der Jugendnationalmannschaft getauft.

Im Spiel gegen Polen regnete es so heftig wie sonst nur in Bremen. Den ganzen Tag und auch schon zuvor. Im Stadion von Porto hatten sich Wasserlachen gebildet. Das etwas höher liegende Spielfeld sah aus wie eine flache, rechteckige grüne Insel. Ein Ball der Polen rollte ins Aus, der Bernd wollte den Ball holen, überließ es aber mir. Ich lief staksig auf eine Pfütze zu, auf der der Ball schwamm, und wollte nach ihm greifen. Plötzlich war alles um mich herum dunkel, ich war im vollgelaufenen Wassergraben der Hindernisläufer eingetaucht, eine unfreiwillige Badeeinlage. Wieder an der Wasseroberfläche hörte ich, wie die Zuschauer vor Lachen brüllten. Aus dem Wassergraben herauszukommen war auch nicht einfach, denn die Stollenschuhe fanden keinen Halt. Da bin ich eben an den Rand geschwommen. Natürlich war mir nun auch klar, warum der Bernd abgedreht hatte. Aber ihm habe ich immer alles verziehen.

Die Erinnerung lebt – Quo vadis Fußball

Es gibt Dinge, die brennen sich einem ins Gedächtnis ein. So mein erster Sieg gegen den FC Feldkirchen, als der TSV Haar mit 3 : 1 gewonnen hat. Ich habe mich unglaublich stark und groß und gut gefühlt, denn am nächsten Tag konnte ich in der Zeitung lesen, wie gut ich gespielt hatte. Ein Sieg, das habe ich damals mit acht oder zehn schon gemerkt, ist was ganz Feines. Und schlimme, besonders vermeidbare, weil dumme Niederlagen können tatsächlich körperliche Schmerzen verursachen. Du fühlst dich ausgebrannt und schlapp und dir ist fast übel. Und außerdem schämst du dich auch noch. An eine erinnere ich mich besonders, ausgerechnet in einer Begegnung, die wir hätten gewinnen müssen, weil wir auf eigenem Platz spielten. Allerdings verloren wir 4 : 3 gegen den TSV Waldtrudering. Aber es war nicht nur diese Niederlage, die uns so zugesetzt hat, sondern auch der Umstand, dadurch die Meisterschaft verloren zu haben.

Und Geld? Die Summen haben sich geändert, Nullen vor dem Komma sind hinzugekommen. Mein erstes Geld habe ich als Amateurspieler verdient, als man mich in der Saison 1963/64 dreimal in der ersten Mannschaft des FC Bayern eingesetzt hat. Während die Stammspieler für eine Begegnung dreihundert

Mark bekamen, musste ich als Amateur mit zehn Mark zufrieden sein. Dazu gab es noch eine Flasche Wasser und anschließend eine Brotzeit. Gebe ich heute diese Anekdote zum Besten, schauen mich die Jugendlichen an, als käme ich von einem anderen Stern. Immerhin war ich, als man mir die zehn Mark bezahlte, schon neunzehn Jahre alt.

Allerdings hatte ich zu dieser Zeit auch schon einen Gönner und Sponsor. Im Stadion der 60er kam wiederholt ein Mann auf mich zu, der mir einen Hunderter zusteckte.

»Vielen Dank«, habe ich gesagt. »Warum geben Sie mir das Geld?«

»Nur so«, hat er ausweichend geantwortet und sich vorgestellt: »Franz Loy-Birzer«.

Später, als ich meinen Führerschein gemacht hatte, kam heraus, dass er Anwalt war. Ich sollte mich an ihn wenden, falls ich juristischen Beistand oder einen Rat brauchte. Und mein Anwalt ist der Franz heute immer noch.

Wie man sieht, bin ich für dauerhafte Bindungen. Ob nun beim Verein oder mit meinem Anwalt. Persönliche Beziehungen spielen für mich eine große Rolle. Ich könnte nie mit jemandem zusammen arbeiten oder ein Geschäft machen, der mir unsympathisch wäre.

Mit Verletzungen, abgesehen von kleinen Zipperlein, die von allein kommen und auch wieder von allein gehen, hatte ich über viele Jahre keine Probleme. Aber dann schlägt das Schicksal ohne Vorwarnung zu. Und immer ausgerechnet in dem Moment, wenn du es gerade nicht willst. Das hat das Schicksal eben so an sich. So bei mir 1966 in England, als wir uns auf die Weltmeisterschaftsspiele vorbereiteten. Im Training habe ich mir den Mittelhandknochen der linken Hand gebrochen. Eine Welt ist eingestürzt. Wie oft hatte ich davon geträumt, eben genau bei dieser Weltmeisterschaft für Deutschland im Tor zu stehen. Im geheiligten Wembley-Stadion.

Helmut Schön hat mich gefragt, ob ich nach Hause fahren wollte. Ich sagte: »Herr Schön, ich möchte hier bei der Nationalmannschaft bleiben, ich will lernen.«

Von dieser Antwort war der damalige Bundestrainer natürlich begeistert. Und ich habe auch wirklich viel gelernt. Mit den Augen habe ich gestohlen, wo es nur ging. Besonders die Torhüter hatten es mir angetan, unter ihnen der Engländer Gordon Banks, den ich immer noch, auch nach mehr als dreißig Jahren, für einen der besten seiner Zunft halte.

Für jemanden, der aus Bayern kommt, noch genauer aus Haar bei München, war es schon aufregend, zu verreisen, andere Städte und später auch andere Länder zu besuchen.

Kurioserweise lernte ich ja beim UEFA-Turnier Portugal eher kennen als die meisten großen deutschen Städten. Zum ersten Mal saß ich in einem Flieger. Ein komisches Gefühl hatte ich schon.

In Deutschland sind wir mit Bussen und mit der Bahn zu den einzelnen Wettkampforten oder zur Sportschule nach Duisburg-Wedau gefahren. Bis in die siebziger Jahre gab es kein Geld zum Fliegen. Auch nicht für die 1. Mannschaft des FC Bayern. Wenn ich daran denke, wie viele Stunden wir uns in den Bussen herumgequält haben? Nicht schlafen konnten? Und Rücken und Beine von der verkrampften Haltung schmerzten? Und dann bist du ausgestiegen, hast dich umgezogen, aufgewärmt und gespielt.

Heute wird zu allen Begegnungen, die weiter als Stuttgart sind, geflogen. Das ist Zeit sparender, bequemer und auch sicherer, wenn ich an die schwierigen Straßenverhältnisse denke, die es bei uns in Bayern im Winter oft gibt.

Von Zeit zu Zeit kann man in der Presse wahre Geschichten – oder auch nicht – von sogenannten Eislaufmuttis lesen, die ihre Töchter zum Training zwingen und zum Erfolg treiben, der ihnen selbst früher versagt geblieben ist. Bei mir war es anders. Mich musste man stets bremsen, weil ich zu ehrgeizig und zu motiviert war. Fußballentzug hat man mir angedroht, wenn etwas in den Augen meiner Eltern nicht mit rechten Dingen zuging oder ich mich vor irgendetwas gedrückt hatte. Und um diesen Entzug zu umgehen, habe ich halt gemacht, was meine Eltern von mir verlangten. Und weil der Sepp ein braver Bub war, haben mich meine Eltern so weit unterstützt, wie sie es sich finanziell leisten konnten. Auch, als ich mir für wenig Geld die Quickly kaufte.

Stimmt das Umfeld, dann bekommst du von der Familie viel Unterstützung, die dir über manches Tief hinweghilft. Deshalb gab es bei mir auch keine Phase, in der mich alles, auf Deutsch gesagt, so angekotzt hat, dass ich am liebsten meinen Job hingeschmissen hätte. Gut, man ist mal schlecht drauf und down, falls man verliert. Aber ans Aufhören habe ich nie gedacht. Nicht bis zu meinem verhängnisvollen Unfall 1979.

Manchmal war es aber trotzdem hart. Als wir in Amsterdam 1973 im Europapokal gegen Ajax 0 : 4 verloren, da war ich unheimlich sauer. Auf mich allein. Vier Tore habe ich kassiert, drei hätte ein Sepp Maier in Normalform halten müssen. Und in Superform hätte es überhaupt kein Tor geben dürfen. So viel Unfähigkeit und die Gewissheit, an der Niederlage fast ausschließlich Schuld zu haben, setzte mir ziemlich zu. Das hatte ich ja meinen Mannschaftskameraden eingebrockt. Nie und nimmer würden wir im Rückspiel diese vier Tore aufholen und bis ins Halbfinale kommen können. Auch unsere zweite Chance im Europapokal der Landesmeister war somit vertan. Und es war für mich nur eine schwache Ausrede, dass die Holländer in Johan Cruyff einen genialen Dirigenten und Drahtzieher hatten.

Alles hat mir nach dieser Niederlage gestunken. Am liebsten wäre ich mit dem Kopf gegen die Wand gelaufen und hätte alles kurz und klein geschlagen. Ich habe meine Klamotten zusammengepackt, die Schuhe, das Trikot, meine ganze Ausrüstung, und dann schön zusammengeschnürt im Hotel aus dem siebten oder achten Stockwerk in die Grachten geworfen. Johnny Hansen, mit dem ich auf einem Zimmer lag, der hat vielleicht geschaut! Zwar wusste er, ich konnte Emotionen zeigen, mich aufregen, auch mal einen anschnauzen, aber so was hatte er mir doch nicht zugetraut.

Gerade in dieser Zeit bekam ich ein Angebot von einem Möbelhaus, für 5000 Mark im Monat als Vertreter bei ihnen anzufangen. Nun, das Angebot mag ernsthaft gewesen sein, aber nicht meine Überlegungen. Zwei Tage später trieb es mich wieder ins Stadion. Die Niederlage in Amsterdam war – fast – vergessen, und es gab neue Aufgaben.

Aber es gab ein »zweites Amsterdam«, fünf Jahre später bei der Weltmeisterschaft 1978 in Argentinien. Nach der 2 : 3 Niederlage gegen Österreich, der ersten seit 47 Jahren – über die Gegentore habe ich mich wahnsinnig geärgert –, schenkte ich meine komplette Ausrüstung, auch Trainingsanzüge und Schuhe, den Angestellten und Putzfrauen des Hotels. Mit leichtem Handgepäck – Zahnpasta und Ansichtskarten – fuhr ich nach Hause.

Die heutige Jugend des FC Bayern hat keinen Rudi Weiß, der für den Zusammenhalt in der Mannschaft sorgt. Allerdings stellt sich auch die Frage, ob Kameradschaft noch so erwünscht ist wie zu unserer Zeit. Zumindest gibt es erst mal auf dem Weg zur Kameradschaft einige Hemmnisse zu überwinden. Während wir alle aus München und Umgebung stammten, bayerische Urgewächse waren, kommen die Jugendlichen heute aus ganz Deutschland, aus dem Ausland, aus Bosnien und Afrika. Und sie haben ein eigenes Heim, in dem sie kostenfrei wohnen können.

Aber es sind nicht die Sprachprobleme oder die unterschiedlichen Mentalitäten, die einer Kameradschaft wie zu unserer Zeit im Wege stehen. Zwar wird gemeinsam trainiert, man sitzt auch anschließend zusammen und analysiert das Training, geht aber nicht zusammen irgendwo hin, um sich zu entspannen und zu amüsieren, wie junge Leute es brauchen. Es ist unpersönlicher geworden und die Jugend spiegelt die Gesellschaft wieder, in der auch kaum einer Zeit für den anderen hat, niemand mit den Problemen der Kollegen oder Nachbarn konfrontiert werden will. Für die Jugendlichen gibt es in der Freizeit eine Riesenauswahl, was alles unternommen werden kann. Die brauchen ja schon einen eigenen Terminplaner für die Freizeit, drei oder vier Dates an einem Abend, so nennt man das heute, oder Meetings. Überall mal kurz reingeschaut und schon wieder geht es woanders hin. Als wären sie auf der Flucht. Als hätten sie das Gefühl, sie müssten alles mitmachen, um nur ja nichts zu versäumen. Dabei erleben sie womöglich am Ende gar nichts und sind enttäuscht. Dann war es wieder mal ein beschissener Abend, langweilig, zum Kotzen, nichts los. Und das nächste Mal ziehen sie sich ein Video rein.

Wenn ich behaupte, die Jugendlichen trainieren heute viel zu viel, dann schaut man mich oft skeptisch an. Auf der einen Seite schimpfst du auf die junge Fußballergeneration, sagst, sie sei verweichlicht, werde verhätschelt, bekomme alles hinten rein geblasen, auf der anderen Seite trainieren sie deiner Meinung nach zu viel. Wie willst du denn diesen Widerspruch unter einen Hut bringen?

Ich sehe darin keinen Widerspruch. Dabei will ich noch nicht einmal vergleichen, dass wir die Woche zwei- oder dreimal trainiert haben und heute fünf- bis sechsmal die Regel sind. Unsere Vorgabe soll nicht die Messlatte für die heutige Jugend sein. Um die Anzahl der Trainingseinheiten geht es zwar auch. Aber es geht mehr darum, wie heute trainiert wird. Mir kommt das teilweise stumpfsinnig vor. Ich sehe kaum noch Freude auf dem Spielfeld, der Ehrgeiz fehlt, es fehlt auch der Spielwitz. Und das Stumpfsinnige kommt möglicherweise auch daher, dass man nur Fußball spielt und nicht in andere Sportarten hineinschnuppert.

Auf den Fußball bezogen ist das gefährlich. Außerdem werden viele Trainingseinheiten von draußen nach drinnen verlagert. Die Jugendlichen gehen in den angenehm beheizten Kraftraum, machen ihre Übungen an den Maschinen und wundern sich, wenn sie später Rückenschmerzen bekommen. Warum lasst ihr sie nicht draußen an der frischen Luft trainieren, mit ihrem Körper, und zwar ohne Gewichte. Gut, Gewichte stemmen nach Verletzungen, gezielt und unter Beobachtung, das sehe ich ein, um schnell den Muskel wieder aufzubauen. Aber ein allein mit Gewichten aufgebauter Muskel taugt ohne die Anpassung an den Fußball, an das Spiel, an die typischen Bewegungen und Begebenheiten nicht dazu, die Erwartungen zu erfüllen. Dicke, aufgeplusterte Muskeln sind mechanisch ein Hindernis.

Gegenbeispiele gibt es nur wenige, wie bei Gerd Müller, der für seine Oberschenkel einen Waffenschein brauchte. Oder Hans-Peter Briegel, der eine Sonderstellung genoss, weil er als Zehnkämpfer aus der Leichtathletik kam und uns zeigte, was Athletik bedeuten konnte. Der »Walz aus der Pfalz« war niemand gewachsen. Hinter ihm gab es nur Schneisen.

Verdrücken sich Jugendliche im Winter in den Kraftraum, dann weichen sie der Kälte aus, denn im Warmen ist es halt gemütlicher. Hier schließt sich der Kreis. Warme Krafträume, stundenlang könnte ich hier trainieren und mich über die Depperten totlachen, die draußen in der Kälte ihr Programm herunterspulen. Auch das Umfeld der Trainingseinheiten so angenehm wie möglich zu gestalten ist eine Form der Verweichlichung. Unter harten Bedingungen des realen Fußballs können sich die Jungs dann nicht durchsetzen.

An der frischen Luft trainieren sie auf hochflorigem Teppichrasen, das klappt wunderbar, da gibt es keine gefrorenen Schollen und Spitzen. Die Folge: Man kann nicht mehr so viel aus seinem Körper herausholen, weil die Einsicht fehlt, sich zu quälen. Wenn alle Mannschaften sich so vorbereiten, fällt es nicht auf. Aber wehe, es kommt mal eine Mannschaft daher, die all diese Annehmlichkeiten noch nicht kennt.

Aber im Fußball ist die Jugend nicht besser und auch nicht schlechter als die Gesellschaft: Mit dem geringsten Aufwand an persönlichem Einsatz soll das Höchstmögliche herausgeholt werden.

Zwar hört man mir zu, wenn ich von der Plackerei im harten Winter erzähle, dem hart gefrorenen Boden, den blauen Flecken, Blutergüssen und Abschürfungen, aber mir kommt es vor, als sei auch eine gute Portion Höflichkeit mit im Spiel. Lass doch den Alten reden. Ich warte darauf, dass sie mich eines Tages fragen, ob wir denn überhaupt schon mit Messer und Gabel gegessen haben.

Zu meiner Zeit, und das ist nun mal eine Tatsache, gab es keine beheizten Spielfelder. Das Wort Winterpause ist auch erst später erfunden worden, als ich nicht mehr aktiv gewesen bin. In der dicksten Kälte haben wir durchgespielt. Besonders mir als Torwart hat das enorm zu schaffen gemacht. Zum einen, weil ich nichts übrig habe für Kälte, zum anderen gab es ganz triftige Gründe. Hast du dich nach dem Ball geschmissen, bist du mit den Rippen auf den fest gefrorenen Boden geprallt, in dem die Spieler mit den Stollen ihre Spuren hinterlassen haben. Kleine, harte, gefrorene Zacken haben sich ins Fleisch gebohrt oder du bist über sie hinweggeratscht und hast dir die Haut aufgerissen. Bei solchen Einsätzen habe ich mich immer wieder gefragt: Mensch Maier, musst du dir diesen Scheiß wirklich antun? Warum machst du im Winter all die Schinderei und Plackerei mit?

Winter, das ist Ski laufen und Eishockey spielen. Und Schlittschuh laufen, auch eine Schneeballschlacht und Weihnachten unter dem Christbaum. Aber nicht Fußball. Ich habe nie verstanden, weshalb man in der schönsten und wärmsten Jahreszeit sechs Wochen Abstinenz einlegt, um dafür den Winter durchzuspielen.

Aber inzwischen gibt es ja die Winterpause, die, falls sich das Wetter daran hält, eine enorme Erleichterung für die Spieler mit sich bringt. Bei den schmalen Gehältern darf man denen ja nichts Außergewöhnliches zumuten. Einen Vorteil allerdings sehe ich im Vergleich zu früher besonders deutlich: Du kannst über die Feiertage mit deiner Familie ein paar Tage ausspannen. Und in Colorado Ski fahren, falls dein Vertrag dir dies erlaubt. Wenn nicht, ab zu den Malediven.

Schlicht, einfach und zweckmäßig, so war unsere Ausrüstung. Ohne modischen Schnickschnack, ohne Firlefanz. Heute musst du als Torhüter ein Künstler sein, um dir aus dem riesigen Angebot an Handschuhen die richtigen herauszusuchen. Mit oder ohne Noppen, innen gefüttert, mit Frottee oder Leinen, lange Stulpen, kurze Stulpen, die Nähte außen oder innen, mit oder ohne Klettverschluss. Und für jedes Wetter das entsprechende Material. Im Winter dazu wärmend, im Sommer dünn wie eine zweite Haut. Grifffest bei Regen und gegen harte Schüsse mit einem Gelenkschoner gepolstert. Und wenn du nicht mit einem Adidas Ball spielst, sondern mit einem Derby Star, dann geht die ganze Chose von vorn los. Unterschiedliche Bälle verlangen unterschiedliche Handschuhe. Es lebe das Spezialistentum.

Als ich 1966 von der Weltmeisterschaft aus England kam, habe ich ohne Handschuhe gespielt. Bis einer aus dem Nachbarverein 1860 mit Namen Radenkovic, Vornamen Petar, diese Marotte bei uns eingeführt hat. Weil es damals Handschuhe für Torhüter nicht im Geschäft zu kaufen gab, begann ich mit dem Herumexperimentieren. Zuerst versuchte ich es mit Wollhandschuhen, die jedoch bei Feuchtigkeit unangenehm auf der Haut lagen und immer schwerer wurden. Außerdem wurden schnell die Hände kalt. Und besonders rutschfest waren sie auch nicht. Handschuhe, die man mir aus England schenkte, befriedigten mich auch nicht. So begann ich, meine eigenen Handschuhe zu basteln. Zuerst setzte ich auf Frottee. Und zwar deshalb, weil ich einmal zu Hause einen Fußball gewaschen habe – andere waschen sich halt eben ihren Kopf – und dabei merkte, wie das Frottee auf dem Leder bremste, also eine hohe Haftreibung bestand. An Stelle der üblichen Gumminoppen habe ich mir in die Innenhandseite Frottee einnähen lassen. Das Frottee war ausgezeichnet für Adidas-Bälle, nicht aber für die der Gladbacher und Schalker, den Derby Star. Auf deren Oberfläche rutschte das Frottee zu sehr.

Als wir gegen Amsterdam spielten, habe ich mir von unserem Masseur Schaumgummi ausgeliehen, die Finger ausgeschnitten und es auf den Handschuh geklebt. So präpariert, waren die Handschuhe vorzüglich und besonders grifffest. Leider nutzte sich der Schaumgummi zu schnell ab. In der Halbzeitpause, während meine Kollegen sich ausruhten, bastelte ich an einem weiteren Paar für die zweite Hälfte. Ich war mehr mit den Handschuhen beschäftigt als mit dem Fußball.

Leider war es technisch nicht möglich, das Schaumgummi ins Leder einzunähen. Von der Konsistenz zu weich, riss es ständig aus. Heute verwendet man anstelle von Schaumgummi Leinen. Ohne mich jetzt loben zu wollen, kann ich behaupten, dass ich der Vorreiter für die heutige Machart der Handschuhe bin. Leider kann man auf Funktionsveränderungen von Handschuhen kein Patent anmelden.

So wie ich mit den Handschuhen, experimentierten wir damals mit allem. Mit Knieschonern, Stutzen und Schuheinlagen. Teilweise mussten wir auch experimentieren, weil wir das Trainingszeug selbst zu bezahlen hatten. Zwar gab es vom Verein einen Adidas-Anzug umsonst, aber die Machart mit den drei Streifen sagte mir nicht zu. Ich wollte kein Zebra sein. Deshalb kaufte ich mir einen anderen, der mir gefiel.

Zumindest kam der Verein für die zehn oder zwölf Pullover auf, die ich pro Saison nach meinen Angaben stricken ließ –

schwarz mit rotem Kragen – und bezahlte die Rechnung. So viele Pullover in einer Saison, meinten manche. Brauchst du die denn alle? Na klar, für jedes Gegentor einen.

Zu meiner Jugendzeit beim TSV Haar und später zu Beginn auch bei den Bayern gab es keine finanzielle Unterstützung. Wir mussten unsere Trainings- und Wettkampfkleidung selbst bezahlen. Heute stellt mein Verein den Jugendmannschaften die Erstausstattung, Torhüter erhalten drei oder vier Paar Handschuhe. Was der Betreffende obendrein braucht, hat er selbst beizusteuern. Das Spendieren hat jedoch auch einen Nachteil: Die Jugendlichen sehen in diesem auffälligen Zeug der Sponsoren so bunt aus wie Papageien.

Das Ausrüsten von Jugendlichen mit Sportkleidung ist inzwischen in allen Sportarten üblich. Während wir früher den altmodischen Weg gingen, erst Leistung brachten und anschließend auf eine Belohnung hofften, gehen viele der 12- oder 14-jährigen Youngster heute den umgekehrten Weg und fragen unverfroren: Trainer, was gibt es, wenn ich anfange?

Und weil man ihnen zu viel gibt, legen sie auch nicht mehr so großen Wert auf eine Ausbildung. Ich wollte mit 14 noch weiter auf die Schule gehen, eventuell bis zur mittleren Reife oder zum Abitur. Aber ich musste auch zum Unterhalt der Familie beitragen. Ein älterer Bruder war schon im Beruf, der jüngere ging zur Schule und mein Vater war zu der Zeit arbeitslos.Gleichgültig, was man mir damals für Versprechungen gemacht hätte, die Berufsausbildung hätte ich nie aufgegeben. Auch nicht zwei Jahre später, als sich abzeichnete, dass ich beim FC Bayern spielen konnte und möglicherweise eine Karriere als Profi vor mir lag.

Fußball sollte in jungen Jahren, so bis achtzehn oder neunzehn, auch wirklich nebenher laufen, und zwar neben der Berufsausbildung. Hätte ich heute noch einmal eine Wahl, ich würde vielleicht auch eine Banklehre machen, wie viele der jungen Spieler, oder doch besser Abitur und anschließend studieren. So wie der Jupp Kapellmann, der übrigens bei jedem Spiel einen Teddybär dabei hatte. Der Jupp hat mir immer imponiert, wie er in seiner Freizeit, wenn wir unterwegs waren zu einem Spiel, in seine medizinischen Bücher hineingeschaut und gelernt und gelernt hat. Auch wenn er noch so müde und abgespannt war, Jupp hat gelernt. Er wusste schon damals genau, warum er es tat. Und wenn er deswegen gehänselt worden ist, ihm hat es nichts ausgemacht.

Selbstverständlich hat es auch einen großen Wandel gegeben, was die Art der Berufe betrifft. Handwerk hat heute wohl doch keinen goldenen Boden mehr. Schon seit vielen Jahren habe ich keinen jungen Spieler mehr gesehen, der einen der so genannten bodenständigen Berufe gelernt hat. Schlosser oder Maurer oder Setzer.

Heute versucht jeder, einen der sauberen Berufe oder etwas Trendyhaftes zu ergreifen, eine Banklehre oder eine Lehre zum Versicherungskaufmann. Oder die Nachwuchsspieler bemühen sich, Abitur zu machen. Alles, was mit Kommunikation und Computer zusammenhängt, ist auch gefragt. Und am liebsten würden die jungen Burschen die Wartezeit verkürzen, ihren Aufstieg beschleunigen und gleich auf den Chefsessel steigen.

Trotzdem würde ich es nie wagen, mich einem der jungen Spieler als Vorbild anzudienen. Erst recht nicht, was Mädchen angeht, die mir bis zum 18. Lebensjahr einerlei waren, was meine Eltern gerne gesehen haben. Nun, einerlei waren mir die Mädchen nicht ganz, aber ich hatte zumindest keine feste Freundin. Wenn man eine feste Freundin hat, so wurde mir eingeredet, wirst du im Fußball immer schlechter. Das musste ich unbedingt vermeiden. Deshalb gab es eben nur kurze Bekanntschaften, aber um Himmels willen nichts Festes.

Und auf Wettkampfreisen, das war mein Prinzip, bin ich all die Jahre immer allein gefahren. Frauen beim Wettkampf, das bringt nur Stress. Wie oft habe ich das miterlebt: Man kann sich nicht mehr auf sich selbst und das kommende Spiel konzentrieren, denn die Frauen wollen unterhalten werden und etwas geboten bekommen. Du konzentrierst dich auf ein Spiel, liegst relaxt auf dem Bett und deine Freundin oder Frau möchte gerne eine Sightseeing-Tour machen, Kaffee trinken gehen oder durch ein Museum schlendern. Wie willst du das unter einen Hut bringen?

Falls ich den jungen Spielern einen Rat geben darf: Trennt Privatleben und Sport. Aber trennt beides so, dass für den Sport der wesentlich größere Anteil übrig bleibt. Im Sport selbst hast du oft nur eine Chance. Nutze sie! Nutze nie die erste Chance bei einer Frau! Dann kannst du Fußball vergessen.

Genau wie andere Jungs auch habe ich meine erste Bekanntschaft mit Tabak im Alter von zwölf oder dreizehn gemacht. Allerdings auf eine etwas harte, aber wirkungsvolle Art. Groß und stark wie wir uns fühlten, haben wir gleich eine Zigarre geraucht. Nach einer halben Stunde würde mir übel, ich musste aufs Klo und hab erst mal einen Kaktus in die Schüssel reingehauen. Mir war so schlecht, ich wollte nicht mehr leben.

Mein Vater sah mich und meinen Zustand und fragte: »Hast du geraucht?«

»Nein.«

Rums, da hat es eine Watschn gegeben.

»Warum hast du mich geschlagen?«

»Weil du dir die ganzen Augenbrauen beim Anzünden verbrannt hast.«

Nikotin übte nun keine Anziehungskraft mehr auf mich aus. Und Alkohol kam nur bei Feierlichkeiten in Frage. In jungen Jahren habe ich sehr wenig getrunken, nicht nur Alkohol. Der letzte Gag der Trainingswissenschaften war der, nichts zu trinken. Je mehr du trinkst, so hat es geheißen, desto mehr schwitzt du aus dem Körper. Und je mehr du schwitzt, desto schlechter ist deine Kondition.

In Bellinzona hatten wir einen Jugendturnier. Es war sehr

warm. Jeder von uns Spielern durfte nur 0,33 Liter am Tag trinken. Und weil wir ständig kurz vor dem Verdursten waren, haben wir eben etwas nachgeholfen und heimlich getrunken. Falls uns der Trainer erwischt hätte, das wäre ein Donnerwetter geworden. Die waren ja alle so wissenschaftsgläubig und ungemein modern und haben jede neue Erkenntnis aus der Sportmedizin sofort umgesetzt. Dabei hatte noch niemand das Wort Mineralstoffe gehört, die man dem Körper nach einer Belastung zuführen sollte. Auch Sepp Herberger, der 1921 gegen Finnland sein erstes Länderspiel bestritt, konnte sich auf diesem Gebiet nur so gut auskennen wie die Sportmedizin selbst. Peter Kupferschmidt, ein Sportkollege von mir, mit dem ich 1966 DFB-Pokalsieger geworden bin, hat aus der damaligen Zeit einen Nierenschaden zurückbehalten.

Das mit dem Trinken war vielleicht ein Schmarrn. Was du früher alles an Unsinn mitgemacht hast? Und obendrein frage ich mich, was wir damals alles hätten leisten können, wenn wir schon die Erkenntnisse der heutigen Sportwissenschaft gehabt hätten.

Je mehr Geld einem zur Verfügung steht, desto mehr Möglichkeiten hat man, sich zu vergnügen und sich abzulenken. Und durch Gruppendynamik und Gruppenzwang kriegt man vorgegaukelt, man müsse alles mitmachen, man müsse sich jeden Furz leisten. In einem solchen Umfeld werden erst die Bedürfnisse geweckt, die man dann zu befriedigen versucht.

Diskotheken kannte ich damals wirklich nicht, weil es sie zum einen kaum gab, und wenn überhaupt, dann nur in München selbst, und zum anderen hatte ich auch keine Zeit. Samstags in einer Mannschaft als Mittelstürmer unterwegs, Sonntags in der anderen als Torhüter. Die Woche über trainiert, abends müde ins Bett gefallen und vom Fußball geträumt (von was denn sonst?), bei einem solchen Pensum ist man nicht darauf versessen, bis nachts unterwegs zu sein. Hinzu kommt meine Abneigung gegen verqualmte Räume und verräucherte Keller.

Aber man wird mir wohl nicht glauben, wenn ich behaupte, ein Waldlauf an der frischen Luft war mir immer wichtiger und angenehmer als ein Abend in einer Diskothek.

Heute sind die Jugendlichen wesentlich kritischer als zu meiner Zeit. Ihnen würde das mit dem reduzierten Trinken nicht passieren. Weil sie auch besser informiert sind. Allerdings meinen die jungen Leute, vieles könne ihnen nichts anhaben. Wenn ich rauche und am kommenden Tag trainiere, dann schwitze ich das Nikotin aus meinem Körper. Das ist genauso ein Schmarrn. Ähnlich ist es mit dem Alkohol. Wer viel trainiert, so die landläufige Meinung, kann auch viel Alkohol konsumieren. Anders herum wird ein Schuh daraus: Wer viel Alkohol trinkt, trainiert sinnlos und viel, und zwar so lange, bis der Körper wieder alkoholfrei ist. Auch mit einem Restalkoholgehalt von 0,4 Promille geht der Trainingseffekt gegen null.

Wenn ihr schon trinken wollt, dann in Maßen und nicht bis morgens in die Puppen! Und wer das Gefühl hat, er versäume in jungen Jahren etwas, Rauchen, Alkohol, Diskotheken, Mädchen, den kann ich beruhigen: Noch hat bisher jede Karriere einmal ihr Ende gefunden. Dann könnt ihr alles nachholen. Aber dann wollt ihr sicherlich nicht mehr so über die Stränge schlagen, weil ihr inzwischen einiges gelernt habt.

Beruf oder Berufung

Die erste große Liebe, die erste Nacht mit einem Mädchen, all das vergisst man nicht so schnell. Und ich kann natürlich auch nicht das erste wichtige Spiel als Profi vergessen. Dem ging jedoch ein Versprechen voraus, das ich Helmut Schön gegeben habe: Falls sich die Bundesrepublik gegen die damalige DDR für die Olympischen Spiele in Tokio 1964 qualifizieren sollte, würde ich bis zu diesem Zeitpunkt Amateur bleiben. Bei Olympia, so war es zumindest damals, durften nur lupenreine Amateure starten. Und Helmut Schön wollte mich unbedingt im Kader haben, denn in einem Amateurturnier in England gegen Holland, Frankreich und England habe ich sehr gut gehalten und alle drei Begegnungen wurden gewonnen. Erst im Endspiel haben wir mit 2 : 5 gegen Schottland verloren.

Allerdings traten dann Umstände ein, die meine Entscheidung stark beeinflusst haben. Zuerst starb meine Mutter an Krebs. Irgendwie fühlte ich mich mitverantwortlich für die Familie, besonders für meinen jüngeren Bruder Hans, der gerade 13 Jahre alt war.

Außerdem stand ich damals bei den Bayern ganz oben auf der Liste als möglicher Vertragsfußballer. Ich hatte schon dreimal für die erste Mannschaft im Tor gestanden. Mit dem vierten Mal wäre ich automatisch kein Amateur mehr gewesen und hätte einen Vertrag unterschreiben müssen.

Es kam ein Schicksalsspiel, und zwar FC Bayern gegen Kickers Offenbach. Unser Torwart, der Fritz Kosar, war verletzt. In dieser Situation, wo der FC Bayern ohne Profitorwart da stand, meine Mutter gestorben war und die Familie dringend Geld benötigte, hat mein Vater an Helmut Schön geschrieben und ihm all diese Umstände geschildert. Er hat den Bundestrainer gebeten, mich von den Olympischen Spielen freizustellen.

Helmut Schön hat geantwortet, zuerst einmal zum Tod meiner Mutter kondoliert und dann viel Verständnis gezeigt für die familiäre Lage. Er würde es zwar bedauern, aber in Anbetracht der Umstände solle ich ruhig einen Vertrag unterschreiben, hat er gemeint. Das habe ich getan, erst einmal für zwei Jahre. Ich bekam gleich 10 000 Mark Handgeld, ein Grundgehalt von sechshundert Mark und zusätzlich eine Siegprämie. Und ich wurde gegen Offenbach eingesetzt. Wir verloren die Begegnung mit 0 : 1.

Im Nachhinein erwies sich meine notgedrungene Entscheidung als richtig, denn unsere Amateurnationalmannschaft verlor gegen die DDR und durfte nicht zu den Olympischen Spielen nach Tokio fahren.

Zusammen mit dem, was ich in den Wanderer-Werken verdient habe, kam ich als Vertragsspieler in der Regionalliga auf knapp 2000 Mark im Monat. Allerdings gab es zusätzlich noch Essens- und Getränkemarken, von der Mannschaft im Salvator-Keller in guter Stimmung in nahrhafte Kalorien umgewandelt. Anders ausgedrückt: Ein Teil meins Vertrages wurde in Naturalien gehandelt. Einige ganz Pfiffige von uns haben sich den Gegenwert der Marken einfach auszahlen und sich von anderen zum Essen einladen lassen. Ich kann mir gut vorstellen, dass man auch heute noch Spieler in Naturalien bezahlt. Diamanten, Gold …

Um Essensmarken zu sparen, kamen wir auch auf ganz verrückte Ideen. Es war tiefer, bedrückender, deprimierender Winter, wir hatten uns nach dem Training gerade geduscht, draußen war es bitterkalt und auf der Aschenbahn – die gab es damals noch – lag Schnee. Unvermittelt sagte der Peter Großer zu mir: »Du, Sepp, wenn du im Adamskostüm da raus gehst und eine Runde läufst, dann kriegst ein Leberkäse mit Ei und trinken darfst auch, was du willst.«

Das brauchte der Peter nicht zweimal zu sagen. Ich bin raus, barfuß und nackt und hab eine Runde auf dem Schnee hinter mich gebracht. Kein Gefühl war mehr in den Füßen und die Kälte hat auf der Haut gezwickt wie mit Nadeln. Als ich zurück in die Umkleidebaracke kam und mich die Hitze wieder aufgetaut hatte, hat meine Haut gejuckt und gebrannt. Aber den Leberkäse habe ich mir schmecken lassen. Wie kalt genau es gewesen ist, weiß ich nicht mehr. So zwischen zwei und drei Zentimetern.

Ob wir uns durch solche Mätzchen beweisen wollten? Ich glaube nicht. Als Gegenwert bei Wetten waren statt Geld eher Naturalien gefragt, Bier und Leberkäse oder Schweinshaxn.

Viele meinen heute, der FC Bayern sei von Beginn an in der Bundesliga gewesen. Das stimmt nicht. Die Meister der einzelnen Oberliegen waren automatisch dabei, hinzu kamen die besten Mannschaften der zehn Jahre zuvor. Außerdem durfte nur ein Club pro Stadt in der ersten Liga starten. Und da 1860 München sich als Meister der Oberliga automatisch qualifiziert hatte, mussten wir als Drittplazierter der Oberliga Süd eben zuschauen. Und genau das wurde uns am 11. Mai 1963 vom Verband per eingeschriebenem Brief mitgeteilt.

Im Nachhinein gesehen war das jedoch für unsere spätere Entwicklung genau richtig. Noch in der Oberliga spielend, kam Zlatko »Tschik« Cajkowski als Trainer von Köln zu uns an die schöne Isar. Er war selbst zweimal Silbermedaillengewinner im Fußball gewesen, bei Olympia 1948 und 1952, und hatte an den Weltmeisterschaften von 1950 und 1954 teilgenommen. Das war ein Glücksgriff. Wir hatten eine junge und dynamische Mannschaft – Erhart Ertl, Teilnehmer der Weltmeisterschaft von 1962, wurde von der Vereinsführung gegangen, mit ihm war kein Auskommen –, kaum einer war älter als zweiundzwanzig. Wir waren sozusagen die jungen Wilden, voller Emotion, voller Motivation und kaum zu bändigen.

Die erste Möglichkeit, in der obersten Liga zu spielen, konnten wir allerdings zu unserer eigenen Verblüffung im darauf folgenden Jahr nicht nutzen. Dabei hielten wir uns für besonders trickreich und hatten uns eine spezielle Taktik zurechtgelegt. Als Südmeister wären wir in der Aufstiegsrunde auf den sehr starken Nordmeister Hannover 96 gestoßen. Das wollten wir unbedingt vermeiden. Deshalb strebten wir nur den zweiten Platz in der Oberliga Süd an und hatten bereits die letzten vier Spieltage mit angezogener Handbremse unser Programm abgespult. Trotzdem konnten wir unser Ziel nur erreichen, wenn wir im allerletzten Spiel der Liga gegen den SSV Ulm nicht als Sieger vom Platz gingen. Die Preisfrage lautete also: Wie verliere ich als haushoher Favorit auf eigenem Platz, ohne dass es ein Außenstehender merkt?

Vor dem Spiel weihte Trainer Tschik – niemand hätte dem

kleinen, kugelrunden Mann zugetraut, dass er zehn Jahre zuvor fast sechzig Länderspiele für Jugoslawien absolviert hatte – etliche Spieler ein, darunter den Franz Beckenbauer, den Rainer Ohlhauser und mich. Viele von uns kannten also das Problem, nur nicht der wichtigste Mann, unser Mittelstürmer Otto Jaworski, der sich ausgerechnet an diesem Tag auch noch in die Form seins Lebens hineinsteigerte. Ein Tor nach dem anderen schoss der Gute, freute sich über den Erfolg und konnte nicht verstehen, dass wir ihm bei einem weiteren Tor Prügel androhten. Eigentlich hätte er etwas merken müssen, denn keiner von uns hat ihn nach dem Torerfolg abgeholt und beglückwünscht, wie es nun mal üblich ist.

In der Halbzeit haben wir 3 : 0 geführt. Und beim dritten Tor hat Otto Jaworski es kapiert. »Ihr Schweine wollt doch nur verlieren, damit wir nicht Erster werden!«, hat er gesagt.

Nun, unser Mittelstürmer hatte es zwar kapiert, aber die Ulmer noch nicht. Wir öffneten die Deckung, der Franz ging bei jedem Schuss auf die Seite und mit massiver passiver Unterstützung durch uns gewannen die Ulmer in unserem Stadion mit 7:4. Einen Ball habe ich gekonnt unterlaufen, tief stehende Sonne oder Gegenwind, so genau weiß ich das nicht mehr, der hinter mir noch glücklicherweise ins Tor gerollt ist. Und der Präsident der Ulmer schimpfte: »Jetzt haben die Bayern uns gewinnen lassen und ich muss auch noch eine Prämie zahlen.«

Eine Erkenntnis hatten wir gewonnen: Es ist gar nicht so einfach, zu manipulieren und ein Spiel bewusst zu verlieren.

Unsere Taktik, die wir uns so schön ausgerechnet hatten, hat uns letztendlich doch nichts genützt. Wir haben den Aufstieg nicht geschafft. Vielleicht war das die ausgleichende Gerechtigkeit. An unserer Stelle kam eine Mannschaft aus dem Saarland, und zwar Borussia Neunkirchen, zu der hohen Fußballehre, im Oberhaus spielen zu dürfen. Allerdings wurde in dieser Aufstiegsrunde der Libero Franz Beckenbauer geboren, und zwar in der Begegnung gegen Tasmania Berlin. Als nach dem 1 : 1 Ausgleich durch Brenninger nichts mehr bei uns im Sturm laufen wollte, hat Trainer Cajkowski den Rainer Ohlhauser nach vorn geschickt und Franz hat dessen Position übernommen. Mehr als 13 Jahre lang spielte er daraufhin Libero bei den Bayern und später auch in der Nationalmannschaft, wo seine Karriere 1965 mit dem 2 : 1 über Schweden begann, allerdings in der Position als Außenläufer. Libero in der Nationalelf wurde er jedoch erst 1971, als »Ausputzer« Willi Schulz ihm den zentralen Posten in der Abwehr überlassen musste.

Vor wichtigen Spielen fühlte ich in meinem Magen oft ein Spannungsgefühl. Nichts Schlimmes, aber es war, verbunden mit der allgemeinen Nervosität, unangenehm. Da halfen auch nicht die zwei trockenen Semmeln, die ich vor jeder Begegnung gegessen habe. Eine Marotte von mir, ähnlich wie der Tick, nur in hellblauen Pullovern spielen zu können. Dafür hat sich der Franz Beckenbauer nie vor einem Spiel rasiert, sondern immer erst danach unter der Dusche. Was wären wir Fußballer ohne unseren Aberglauben?

Unser Mannschaftsarzt, Dr. Spannbauer, verschreibt mir also gegen das Spannungsgefühl ein Medikament und meint, das würde bestimmt helfen. Dann fahren wir ins Trainingslager, um uns auf die Aufstiegsspiele zur Bundesliga vorzubereiten. Ich sitze am Mittagstisch, neben mir die Medikamentenschachtel, und lasse es mir schmecken. Da fragt mich Dr. Spannbauer, ob ich das Medikament denn noch nicht eingenommen habe.

»Ich nehme es immer zur Suppe ein.«

»Wie, schluckst du das?«, will der Arzt wissen.

»Aber ja, bei der Suppe rutscht es doch besser.«

Alle lachen.

»Und wie schmecken sie?«, fragt Dr. Spannbauer.

»So ein bisschen schmalzig, aber sonst ganz gut.«

»Du Depp, die sind doch für den Arsch und nicht für den Mund.«

Die zweite Chance haben wir nach der Zäpfchenaffäre dann endlich genutzt. In der letzten Saison vor der Bundesliga, 1964/65, hat die junge, wilde Mannschaft des FC Bayern in der Oberliga mehr als 140 Tore geschossen – Rainer Ohlhauser davon als Torschützenkönig allein 56 – und nur 32 Tore hinnehmen müssen. Das war eine glänzende Ausgangsposition für den Start in die Erstklassigkeit.

Und wie der Fußballteufel es will, unsere erste Begegnung nach dem Aufstieg war die gegen den Deutschen Meister 1860 München, also ein Lokalderby. Übrigens war München die einzige Stadt in Deutschland, die zu dieser Zeit zwei Clubs in der Bundesliga hatte.

Schon seit jeher kochen in der Partie FC Bayern gegen 1860 die Emotionen hoch. So auch bei dieser Begegnung am 14. August 1965, für die wir uns einiges vorgenommen hatten, um nicht vom TSV 1860 an die Wand gespielt zu werden. Trainer Tschik drückte es mit seinem ulkigen Deutsch treffend aus: »Haben wir schweres Spiel am Anfang gegen Lokalrivalen Sechziger, müssen wir aufpassen, dass sie uns nicht abreißen Köpfe.«

Nun, ganz so schlimm kam es nicht, obwohl diese Partie allerlei Kuriositäten aufwies. Die erste Niederlage und zugleich das erste Tor der Bundesligasaison 1965/66 kassierte ich also ausgerechnet gegen den TSV 1860, und zwar in der ersten Minute der ersten Begegnung unserer ersten Bundesligasaison durch Timo Konietzka. 0 : 1, das war dann auch das Endergebnis. Noch nicht einmal die Niederlage hat mich so gewurmt, schlimmer war das Grinsen meins Torwartkollegen von gegenüber, des Petar Radenkovic. Bisher war er unangefochten der Münchener Matador mit seinen Einlagen und mit seiner Show. Ganz bescheiden, wie er nun mal war, nannte er sich »Größtes Torwart von Welt.« Ein Jahr später war er noch nicht mal mehr größtes Torwart von München. Nur noch von TSV 1860.

Von dieser Auftaktniederlage haben wir uns schnell erholt. Wir gewannen die folgenden sechs Begegnungen – darunter gegen Frankfurt, Neunkirchen, Karlsruhe, in Braunschweig, in Berlin gegen Tasmania und in Mönchengladbach – und standen an der Tabellenspitze. Die Revanche gegen den TSV 1860 glückte auch mit 3 : 0, der Radi musste dreimal hinter sich greifen, was für eine Genugtuung! Und was niemand für möglich gehalten hatte, am Ende der Saison standen wir hinter dem Deutschen Meister TSV 1860 und den Dortmundern auf Platz drei. Besser hat sich noch kein Aufsteiger geschlagen, außer Kaiserslautern, die 1998 Deutscher Meister wurden.

Als Torwart, der letzte Mann, der noch einen Treffer verhindern kann, wird man von den Stürmern der gegnerischen Mannschaft nicht gerade geschont und mit Samthandschuhen angefasst. Und die Folge können Verletzungen sein, so wie in der Partie gegen Rot-Weiß Oberhausen. Wir führen bereits 3 : 0, als kurz vor Schluss ein hoher Flankenball in den Sechzehner kommt. Lothar Kobluhn hechtet in den Schuss, ich springe höher als er, fange den Ball, lande jedoch auf dem Rücken von Lothar, der mich unterlaufen hat. Ich liege auf dem Boden, Schmerzwellen jagen durch meinen Körper. Als ich mich aufrappeln will, merke ich, dass mein rechter Arm sich nicht mehr bewegen lässt.

Dr. Spannbauer, unser Mannschaftsarzt, behandelt mich. »Kannst du spielen?«

»Klar kann ich spielen.«

Fünfzehn Minuten vor Ende der Begegnung lasse ich mich auswechseln, weil ich meinen Arm nicht heben kann. Wieder in München, die Fahrt habe ich mit einer schmerzstillenden Spritze überstanden, behandelt mich Dr. Spannbauer. Er muss sich etwas einfallen lassen, denn wir haben wenige Tage später am Mittwoch gegen Schalke in München ein Pokalspiel. Und er lässt sich etwas einfallen. Ich werde mit Kortison vollgepumpt und bekomme einen heißen roten Kopf davon. Vor dem Spiel in der Grünwalder Straße bekomme ich noch eine schmerzstillende Spritze. In der Halbzeit geht es nicht mehr. »Scheiß dir nicht in die Hosen«, sagt Dr. Spannbauer und verpasst mir eine weitere Spritze. Wir gewinnen 3 : 0, trotz meiner Verletzung, einer Schultereckgelenkssprengung.

Dieses Beispiel habe ich unserem jungen Jens Jeremies erzählt, er hatte die gleiche Verletzung. Obwohl nur Feldspieler, der so etwas wesentlich besser wegstecken könnte als ein Torwart, hat er drei Wochen pausieren müssen. Dass ich mit einem solchen Handicap im Tor gestanden habe, hat Jeremies nicht verstehen können. Gut, mit dem Training ging es nicht besonders, außer etwas Kondition und Lauftraining. Aber ich habe kein Spiel ausgelassen.

In meinem dritten Bundesligaeinsatz, ein Auswärtsspiel gegen den HSV vor 70 000 Zuschauern, bin ich mit Uwe Seeler zusammengeprallt und habe mir eine Verletzung am Knöchel zugezogen. Während man mich am Spielfeldrand mit Eis und Sprays und allem Möglichen behandelt hat, ist Gerd Müller für mich ins Tor gegangen, weil man damals noch nicht hat auswechseln dürfen. Ich habe das Spiel weiter beobachtet und dem Gerd Kommandos gegeben: Gerd, geh jetzt raus, lauf nach links, zurück auf die Linie. Der Gerd ist herumgesprungen wie ein junges Fohlen, da musste ich wieder rein ins Spiel. Und die Begegnung danach in Schalke war die einzige, in der ich während meiner langen Laufbahn in der Bundesliga nicht im Tor gestanden habe. Anschließend habe ich 442 Begegnungen in Folge im Tor gestanden, das sind dreizehn Jahre ohne Unterbrechung.

Weil ich als Schuster nicht bei meinem Leisten geblieben bin, habe ich mich auch beim Squash verletzt. Auf dem nassen Parkett ausgerutscht und gleich ist mein Knöchel dick angeschwollen, trotz sofortiger Kühlung. Zu der Zeit war Lorant unser Trainer, ein unnachgiebiger und harter Typ, der keinen Widerspruch duldete. Ich konnte deshalb nicht eingestehen, dass ich die Verletzung vom Squash hatte. Und als er wissen wollte, was ich denn hätte, sagte ich zu ihm: »Gestern, da hatten wir kein

Training, und da bin ich in den Wald gegangen, um etwas zu laufen, und auf einer Wurzel umgeknickt.«

»Ich habe es ja immer schon gesagt«, hat der Lorant geantwortet, »Waldlauf ist gefährlich. Wir gehen nie mehr in den Wald laufen. Ab heute ist das für die gesamte Mannschaft verboten.«

Für die anstehende Begegnung mit Bochum präparierte ich meinen Schuh mit Holzstäbchen, die ich am Knöchel mit Tape festgeklebt hatte. Andere nehmen solche Stäbchen zum Essen.

In einer Partie gegen die Sportfreunde Siegen wollte ich einmal einen Flatterball halten, der schwer zu berechnen war. Der Ball kam gegen die Fingerspitze – und plötzlich stand mein Zeigefinger im rechten Winkel ab. Unbedarft wie ich war und von Medizin keine Ahnung, habe ich einfach an dem Finger gezogen. Es hat geknirscht, und er war wieder in der richtigen Position. Für mich gab es keinen Grund, nicht weiter zu spielen.

Zurück in München hat mir Professor Viernstein eine Silber-Manschette gebastelt, mit der ich meinen verletzten Zeigefinger mit den anderen Fingern zusammenbinden konnte. Sechs Wochen habe ich damit im Tor gestanden und alles gehalten. Oder fast alles.

Abgesehen von Verletzungen läuft auch sonst nicht immer alles so einfach und glatt, wie man es sich vorstellt. Natürlich steht das Pech dem Glück immer im Wege, aber manchmal steht dort auch ein Schiedsrichter. Zum Beispiel im Pokal, als wir, gerade Deutscher Meister geworden, gegen Eintracht Frankfurt angetreten sind. Es steht 2 : 2, und eine Minute vor Schluss lässt sich Hölzenbein, Spitzname »Schwalbe«, fallen. Noch im Liegen zwinkert er mit dem Auge, und jeder wusste, das hier ist nie und nimmer ein Foul gewesen. Aber Schiedsrichter Aldinger aus Stuttgart gibt Elfmeter. Frankfurt gewinnt mit 3 : 2 und wird dadurch später auch Pokalsieger.

Nun, der Schiedsrichter hatte es nach dieser Entscheidung gegen uns nicht leicht. Wir haben ihn bedrängt und beschimpft: »Du Schwein, du Schieber! Hast du Geld bekommen von Eintracht Frankfurt?« Um ein Haar hätte er uns die rote Karte gezeigt und dann hätten wir nicht in der Nationalmannschaft spielen können. Und das wenige Wochen vor Beginn der Weltmeisterschaft in Westdeutschland!

Abends kommt doch dieser Schiedsrichter zusammen mit dem Frankfurter Präsidenten Gramlich in unser Hotel, setzt sich drei Tische neben die Mannschaft auf eine Empore und trinkt Champagner. Ich nichts wie hin, baue mich vor Gramlich auf und sage: »Herr Gramlich, ist das hier die Bestechung für den Schiedsrichter, damit Frankfurt ins Endspiel kommt?«

»Herr Maier, setzen Sie sich wieder hin«, entgegnet Gramlich. »Sonst mache ich Meldung beim DFB.«

Unser größtes Glück war wohl der dritte Europapokalsieg gegen St. Étienne in Glasgow. Die Franzosen hatten zwei Pfostenschüsse, in der zweiten Halbzeit fast ein Wembley-Tor – was ja, wie jeder weiß, keins war –, es hätte schnell 2 : 0 oder 3 : 0 für die Rotweinnation stehen können. Aber dann knallt Bulle Roth unvermittelt aus 25 Metern einen Freistoss ins gegnerische Tor und wir gewinnen sehr, sehr glücklich mit 1 : 0.

Anschließend sitzen wir in der Kabine und es ist eine Stimmung, als hätten wir verloren. Dabei haben wir gerade zum dritten Mal in Folge den Europapokal gewonnen. Präsident Neudecker hat gesagt, das wäre schon ein Anlass zur Freude. Paul Breitner kommt mit dem Pokal herein, und keiner beachtet ihn. »Das ist doch vielleicht ein Scheißverein«, tobt er und knallt den Pokal in die Ecke. »Mit so einem Verein will ich nichts mehr zu tun haben. Noch nicht einmal feiern könnt ihr.«

Aber das Glück schaut ja sowieso nie, ob es gerecht zugeht. Und das Glück war perfekt, weil nach dem Spiel der Exzentriker Paul Breitner verkauft worden ist. »Sie sind verkauft«, hat unser

Präsident zu ihm gesagt. »Wer den FC Bayern als Scheißverein bezeichnet, den wollen wir nicht haben. Sie können zu Real Madrid gehen.«

Mit ein bisschen Glück hätten wir auch 1971 Deutscher Meister werden können. Den Gladbachern ist in der Partie kurz vor Schluss beim Stand von 1:1 das Tor umgefallen, die Bremer wollten aber weiterspielen und halfen mit, das Gehäuse wieder aufzustellen. Jupp Heynckes hat später zugegeben, sie hätten den Kasten aber immer wieder aufs Neue umgekippt, weil die Fohlenelf auf eine Wiederholung der Begegnung aus war. Nichts mit Wiederholung, der DFB hat das Spiel mit 2:0 für Bremen gewertet. Hätten wir in der letzen Partie gegen Duisburg nicht verloren, wären wir Meister geworden.

Es gab eine Zeit, da haben wir im Olympiastadion von München drei Jahre, ich wiederhole: drei Jahre, kein Spiel verloren. Alle Teams, die zu uns kamen, hatten so die Hosen voll, dass sie nicht mehr richtig laufen konnten. Wir dachten schon, der FC Bayern sei zu Hause unbesiegbar. Und dann kam Schalke. Niemand rechnete damit, dass die Serie ausgerechnet durch diese Elf unterbrochen werden könnte. Wurde sie ja auch nur denkbar knapp. Schalke gewann gerade mal mit 7:1. Das war meine schlimmste Niederlage. Klaus Fischer hat fünf Tore gemacht. Alle unhaltbar. Außerdem stand die Sonne sehr tief und hat mich geblendet. In der ersten Halbzeit genauso wie in der zweiten.

Verarscht worden ist der FC Bayern international auch einmal auf ganz plumpe Art und Weise. Außerdem nehme ich an, dass der Schiedsrichter vom AC Mailand eine goldene Uhr bekommen hat. Wenn nicht vor dem Spiel, dann zumindest hinterher. So viel Entgegenkommen waren die Mailänder dem Parteiischen schuldig. Goldene Uhren für die Unbestechlichen scheinen in Italien üblich zu sein, wie man aus dem Schiedsrichterskandal vom Januar 2000 sehen kann.

Hier die Geschichte: Europacup-Halbfinale der Saison 1967/68 im San Siro-Stadion. Über 80 000 Zuschauer schreien und toben in diesem engen Hexenkessel mit den steilen Tribünen. Trotzdem steht es in der Halbzeit 0 : 0. Und dann die 51. Minute. Ich schnappe dem Italiener Prati den Ball vom Kopf, er rammt mir dafür den Ellenbogen in die Nierengegend. Ich klappe zusammen, lasse den Ball los, Riviera will ihn ins Tor schießen, Schwarzenbeck rettet auf der Linie. Kein Pfiff des Schiedsrichters wegen des Fouls, dafür jedoch Eckball für die Italiener. Eine hohe Flanke, ich fange den Ball sicher, sehe, wie Gerd draußen lauert, und will einen von meinen weiten Abstößen machen. Sormani, den Namen vergesse ich nie, der Mittelstürmer der Mailänder, geht mir mit gestrecktem Bein entgegen, ein ganz klarer Regelverstoß. Der Ball prallt vom Schuh des Stürmers ab und rollt ins Tor. Und dann deutet der Unparteiische, was für ein Wort für diesen korrupten Kerl, zur Mittellinie und gibt das Tor, obwohl alle im Stadion den Regelverstoß gesehen haben. Wenn mich Bulle Roth und Ohlhauser nicht zurückgehalten hätten, ich wäre auf diesen Typen gestürzt und hätte ihm eine Watschn verpasst.

Wie an diesem Beispiel zu sehen ist, kann ein Schiedsrichter doch wohl ganz offen Partei für eine Mannschaft ergreifen und auch Tore zugestehen, die nun wirklich keine sind. Und dieses irreguläre Tor war spielentscheidend. Heute, glaube ich, kann sich ein Schiedsrichter zumindest in Deutschland solche Eskapaden nicht mehr leisten. Dafür schauen ihm die Medien zu sehr auf die Finger. Und wenn die etwas erschnuppert haben, bohren sie weiter und weiter. Die kriegen alles raus.

Manchmal wird ein Torhüter, besonders wenn er Sepp Maier heißt, von seltsamen Vorkommnissen herausgefordert. Im Spiel gegen Bochum, wir führten 2 : 0, agierten aber sehr schlecht, ich habe schon die Leute auf der Tribüne schnaufen hören, gab es einen Elfmeter für uns. Die Bochumer haben aus Verärgerung den Ball weggeschossen, hinein in die Zuschauer. Während sie ihn suchten, sehe ich rechts von meinem Tor auf dem Sechzehner eine Ente sitzen. Ich habe etwas Gras ausgerissen und die Ente damit gelockt. Sie ist auch schön brav immer näher gekommen, und als sie noch etwa zwei Meter von mir entfernt war, habe ich mich auf sie gehechtet. Die Ente ist mir gerade so durch die Hand entfleucht.

Nun, an den Elfmeter kann sich niemand mehr erinnern, aber dafür umso mehr an die Ente. Es war übrigens keine Zeitungsente, das möchte ich betonen. Und eine Anzeige von den Tierschützern habe ich auch nicht erhalten.

Gegen Mannschaften aus der damaligen DDR zu spielen, das war in allen Beziehungen eine Besonderheit.

Weil wir immer unseren eigenen Koch und unsere Lebensmittel mitgebracht haben, gab es eine politische Verstimmung. Dass Italien und andere Nationen immer mit eigener Küche anreisen, darüber regte sich niemand auf.

In Dresden, 1973, und Magdeburg, 1974, bekamen wir eine Art von Vorsichtsmaßnahmen zu spüren, wie es sie sonst nie auf der Welt gegeben hat. Strikt wurden wir von den Fans getrennt. Die Vopos bildeten eine Kette vor der eigentlichen Absperrung, hinter der wiederum die vielen Fans zu warten hatten. Aber wir spürten zum Beispiel in Magdeburg, dass die Fans näher an uns heran wollten.

»Warum lassen sie uns nicht zu euch?«, haben sie gerufen.

»Ihr könnt zu uns, kommt nur!«, riefen wir zurück.

»Aber in der Zeitung hat gestanden, dass die westdeutschen Fußballer keinen Kontakt zu den DDR-Bürgern haben wollen.«

»So ein Schmarrn.« Wir, maßlos verärgert, haben die Vopos auf die Seite gedrückt und Manager Schwan hat Autogrammkarten und Anstecknadeln besorgt. Alle Spieler haben sich unter die Fans gemischt, um ihnen zu beweisen, dass das, was in der Zeitung gestanden hatte, falsch war. Gerne wären die Vopos eingeschritten, aber die Situation war ihnen dann doch wohl zu heikel.

In der Mannschaftssitzung haben Uli Hoeneß und Paul Breitner erzählt, es gäbe Wanzen in den Zimmern. Dadurch wüsste die DDR immer, welche Taktik wir hätten und auf welchem Wege sie der begegnen könnten. Wir haben uns umgeschaut und auch wirklich im Sitzungszimmer kleine schwarze Punkte an der Decke und in den Lampen gesehen. Trainer Udo Lattek hat uns ein Zeichen gegeben, wir haben den Raum verlassen und draußen im Park unsere Mannschaftsbesprechung abgehalten. Es hat sich gelohnt, denn wir gewannen mit 2 : 1 gegen Magdeburg. Und das Gegentor haben sie nur schießen können, weil uns einige Stasi-Leute in den Park gefolgt sind und versucht haben, etwas von unseren Lippen abzulesen.

Ein Meilenstein in meiner Karriere ist für mich der Gewinn des Europapokals 1974 gegen Atletico Madrid. Georg »Katsche« Schwarzenbeck schießt in der letzten Sekunde der Verlängerung das 1 : 1. Aus 25 Metern zieht er ab, der Ball rauscht flach ins Tor. Was für eine Erlösung. Zum ersten Mal in der Geschichte des Europapokals kommt es zu einer Wiederholung. Zwei Tage später gewinnen wir mit 4 : 0 durch jeweils zwei Tore von Uli Hoeneß und natürlich von Gerd Müller. Der FC Bayern ist der erste deutsche Verein, der diesen Europapokal gewonnen hat. Ein Jahr später haben wir den Erfolg gegen Leeds United wiederholt und wiederum ein Jahr später zum dritten Mal, ein lupenreiner Hattrick – nur Real und Ajax haben das auch geschafft –, gegen den AS St. Étienne. Und weil uns der dritte Europapokal noch nicht genügt hat, haben wir als bisher erste deutsche Clubmannschaft 1976 auch noch gegen Belo Horizonte den Weltpokal mit nach Bayern genommen. Bayern, für ein Jahr der Fußballnabel der Welt.

Es sollte fast zwanzig Jahre dauern, bis 1996 mein Verein erneut gegen Bordeaux den UEFA-Cup gewinnen konnte. Das Hinspiel entschieden wir mit 2 : 0, im Rückspiel machte Mehmet Scholl den Franzosen einen Strich durch die Rechnung, als er in Bordeaux den Führungstreffer erzielte.

Für unseren Trainer Dettmar Cramer war jedes Spiel wichtig, ob nun gegen Inter Mailand, Atletico Madrid, Belo Horizonte oder Unterbohingen. Keiner von uns wusste, wo Unterbohingen, die in der zweiten Amateurklasse spielten, eigentlich lag. Aber im Pokal kann es schon mal passieren, dass es zu solchen Paarungen kommt.

Auch vor dieser Begegnung – mitten im Winter, dreißig Zentimeter Schnee – haben wir uns wieder in ein Trainingslager zurückgezogen, nach Bad Wiessee am Tegernsee, in die Pension Immerfrei. Zufällig gehörte sie unserem Präsidenten Neudecker. Aber dafür war er nie in eine Spendenaffäre verwickelt, glaube ich, oder ist umsonst mit den Jets der Westdeutschen Landesbank geflogen...

Dettmar Cramer mag ja die Begegnung gegen Unterbohingen ernst genommen haben, ich tat es nicht und verabredete mich mit einem Freund, in eine Tennisanlage zu einem Nachtturnier zu fahren. Allerdings hatte uns Cramer ab 23 Uhr Bettruhe verordnet. Und wie ein Feldherr, die Körpergröße dazu hatte er ja von Napoleon geerbt, ist er abends auf Kontrollgang gewesen. Ich habe mich also ins Bett gelegt, im vollen Tennisdress, den Schläger neben mir, und mein Spezi, der Hans, hat derweil im Auto gewartet.

Kurz nach Elf bin ich runter zu ihm und wir nichts wie hin in die Tennisanlage zu meinem ersten Match. Gegen fünf oder sechs in der Früh ging es wieder in Richtung Hotel. Es hat weiter geschneit. Hans fährt nach Hause, ich will in die Pension, aber alles ist verschlossen. Da ich nicht bis acht in der Früh warten wollte, habe ich mir eine Aschentonne geschnappt, um hoch auf den Balkon zu klettern und von dort in mein Zimmer zu gelangen. Vorsichtshalber hatte ich die Balkontür und den Fensterladen etwas offen stehen lassen.

Ich klettere also auf die Tonne, stoße mich ab von ihr, kann den Balkonrand nicht fassen und falle zu Boden. Die Tonne bollert gegen die Hauswand, der Müll liegt verstreut im Schnee. Fünfzehn Minuten später hat es dann bei meinem zweiten Versuch geklappt. Ich habe mich am Geländer festgehalten und von der weißen Wand abgestoßen.

Um neun in der Früh kommt Cramer hoch zu mir ins Zimmer.

»Sepp, zeig mir mal deine Schuhe.«

»Die Moonboots?«

Cramer sieht sich die Boots an und meint: »Zieh deine Badelatschen an.«

»Warum?«

»Wirst schon sehen.«

Als ich heruntergehe, stehen unten zwei Polizisten.

»Was ist denn los?«, frage ich Präsident Neudecker.

»Hast du heute Nacht nichts gehört?«

»Na, ich schlaf immer fest.«

»Die Polizei hat herausgefunden, dass heute Nacht oder in der Früh jemand bei euch einbrechen wollte. Das haben sie an den Fußspuren auf der Wand festgestellt.«

Werner Kern stammt aus Garmisch und war Konditionstrainer für die Skifahrer. Cramer hat gemeint, er könnte auch ein guter Assistenz- und Torwarttrainer sein und ihn für den FC Bayern verpflichtet. Werner Kern war geizig. Jedes Mal, wenn wir unter der Dusche standen, hat er zu einem von uns, meistens zu mir, gesagt: »Leih mir mal dein Kopfwaschmittel.«

Irgendwann ist mir das zu viel geworden, weil er nie etwas dabei hatte. Ich habe eine Flasche genommen, in der noch etwas von dem Ei-Shampoo war, habe reingepinkelt, den Inhalt geschüttelt, dass es gut ausgeschaut hat, und die Flasche hingestellt.

Werner Kern kommt in die Dusche. »Hat einer für mich ein Kopfwaschmittel?«

»Ja, Werner, hier, nimm nur.«

Werner Kern hat sich nass gemacht, das Mittel genommen, es aufgetragen und eingerieben.

»Das schäumt ja gar nicht«, hat er sich beschwert. Leider konnten wir uns das Lachen nicht verkneifen.

»Und das riecht ja nach Pisse.«

Von diesem Tag an konnten wir uns bei Werner Kern immer Shampoo ausleihen.

Bayern gegen den Rest der Welt

Meine internationale Karriere begann, wie schon erzählt, bereits 1962 in Portugal in der Jugendnationalmannschaft: Ich war gerade siebzehn Jahre alt, und Helmut Schön sah in mir den besten deutschen Jugendtorhüter. Spätestens von diesem Zeitpunkt an war ich stets im Blickfeld des Bundestrainers, der meine Entwicklung sehr genau beobachtete. Wir wussten beide, dass es nicht allzu lange dauern würde, bis ich in der Nationalmannschaft spielen würde. Hinzu kam auch von meiner Seite eine persönliche Bindung zu Helmut Schön, der für mich wie ein zweiter Vater war.

In den Jahren bis 1966 war Hans Tilkowski in Deutschland als Torhüter die Nummer 1. Mit einer Ausnahme: Während der Weltmeisterschaft in Chile 1962 wurde Wolfgang Fahrian der Vorzug gegeben.

Aber so ganz unumstritten war Tilkowski nicht. Meiner Meinung nach hat Helmut Schön, der immer für Kontinuität war, ihn als die Nummer 1 für England nur deswegen vorgesehen, um ihn nicht ein zweites Mal bei einer Weltmeisterschaft zu enttäuschen. Er hat sich einfach nicht getraut, ihn nicht aufzustellen.

Gerne hätte ich an Tilkowskis Stelle in England bei der WM gespielt. Dabei sein genügt mir einfach nicht. Etwas entschädigt wurde ich schon, weil all meine Vorbilder in England leibhaftig zu sehen waren. Angefangen von dem legendären Russen Lew Jaschin, dessen Paraden ich bei uns zu Hause im Garten nachgestellt habe, bis hin zu dem Engländer Gordon Banks, ein Weltklassetorwart.

Als nicht eingesetzter Spieler hatte ich, zusammen mit Max Lorenz, Zeit und Muße. Seit Tagen wartete die Mannschaft schon auf die Bälle, die bei der Weltmeisterschaft benutzt werden sollten. Helmut Schön ist ganz schön nervös geworden, denn Ball ist nicht gleich Ball. Mehrmals täglich hat er an der Rezeption gefragt, wann denn nun endlich die ersehnten Bälle kommen sollten. Endlich! In einer riesigen Kiste wurden sie geliefert. Und auf der Kiste stand als Absender der englische Fußballverband. Mit einer Sackkarre wurde die Fracht in die Empfangshalle gefahren. Das hat Max Lorenz übernommen und gerufen: »Herr Schön, die Bälle sind gekommen.«

Hocherfreut schnitt der Bundestrainer die Kiste auf, riss die Bänder ab, und wer kam raus: Der Maier Sepp.

Manche Abende im Trainingslager sind lang. Und damals waren sie besonders lang, denn das englische Fernsehen war genauso abwechslungsreich wie das Deutsche, dazu jedoch noch in einer anderen Sprache. Helmut Haller hatte das wohl geahnt, er brachte nämlich seine eigene Unterhaltung mit. Unter der Hand wurden alle Spieler auf sein Programm aufmerksam gemacht: Softsex-Filme auf Super 8, wirklich sehr soft und in Deutschland noch verboten.

Alle, die laufen konnten, hatten sich in einem Zimmer versammelt. Zweiundzwanzig Mann in einem ziemlich kleinen, verdunkelten Zimmer. Mit einem geliehenen Projektor schauten wir uns an einem spielfreien Nachmittag die Filme an. Irgendwie war der Film nicht richtig eingelegt, die Einfädelungsautomatik war defekt, das Bild tanzte und verschwamm, und wir sahen in der Mitte unterteilte Bilder.

»Damit kenne mich aus«, meinte ich. »Zu Hause habe ich auch einen Filmprojektor.«

»Lass die Finger davon«, wurde ich angeschrien. »Oben oder unten, das ist egal. Hauptsache, man sieht etwas.«

Nach zehn Minuten hat jedoch jeden die Bildteilung aufgeregt. Ich bin zum Projektor. »Jetzt richte ich es.«

Plötzlich rattert es nur noch und der Film ist gerissen. Um der Gruppendynamik zu entgehen, die für den verdorbenen Abend auf Lynchen aus war, habe ich fluchtartig das Zimmer verlassen und bin ausgerechnet Helmut Schön über den Weg gelaufen.

Ohne zu übertreiben, denn das ist auch sonst nicht meine Art, wären wir wahrscheinlich Weltmeister in England geworden, wenn ein Sepp Maier im Tor gestanden hätte. Beide Treffer waren zu halten. Zugegebenermaßen sehe ich das aus dem Blickwinkel des Außenstehenden, des Betrachters, aber nicht aus dem des Neiders, weil ich nicht aufgestellt worden war.

Heute noch habe ich die Situation klar vor Augen, die zum ersten englischen Treffer geführt hat. Tilkowski hat einen Schuss, der gut zu fangen gewesen wäre, zur Ecke abgewehrt. Und aus dieser Ecke schossen die Engländer das Tor.

Dem zweiten Treffer ist eine Faustabwehr von Tilkowski vorausgegangen. Ein Ball, den er unbedingt hätte fangen müssen. Ich hätte ihn festgehalten. Der gefaustete Ball kommt vom Sechzehner wieder herein in den Strafraum, wenige Sekunden später steht es 2 : 1 für England.

Ein Sepp Maier im Tor der deutschen Nationalmannschaft wäre, auf den Sport bezogen, wahrscheinlich der größte Spielverderber aller Zeiten gewesen. Mit mir hätte es das berühmte Wembley-Tor nicht gegeben, Tausende und Abertausende von Diskussionsrunden und bis zum Siedepunkt erhitzte Gemüter wären den Zuschauern entgangen, man könnte heute nicht die schönen Fernsehbilder von damals zeigen, die Physiker und Ballistiker zu Bücher füllenden Rechenoperationen gezwungen haben.

Nun, die Frage, wer die Nummer 1 in Deutschland im Tor ist, wurde noch im gleichen Jahr gegen die Türkei, in einem Abschiedsspiel für den Torhüter Turgai, für mehr als ein Jahrzehnt geklärt. Der introvertierte und teilweise auch etwas mürrische Tilkowski wurde von dem humorvollen Sepp aus Bayern abgelöst. Und über die fast fünfzehn Jahre der Maier-Regentschaft habe ich viele Torhüter, die in Lauerstellung hinter mir gestanden haben, verschlissen. Über die Nummer 1 wurde nie diskutiert, höchstens über die Nummer 2 und 3.

Auch andere haben erkannt, wie gut ein Sepp Maier gewesen ist. Immerhin hat man mich anlässlich der Milleniumswahl zum Welttorhüter des Jahrhunderts auf Platz vier gesetzt. Vor mir nur Jaschin, Banks und Zoff. Aber eigentlich bin ich die Nummer 1, denn die drei Abstimmungen vor mir, die waren nur zur Probe. Und beim Franz war es ähnlich. Pelé vor ihm, auch da gab es einen Probedurchgang. Oder etwa nicht?

Schon seit längerer Zeit überlege ich, gegen welche Nation ich den ersten Gegentreffer habe einstecken müssen. Tut mir Leid, ich komme nicht darauf. Dafür könnte ich jedoch jetzt genau sagen, wann und wo ich zum ersten Mal mit einem Hasen …

Der Tüchtige wird bestraft

Weltmeisterschaft 1970 in Mexiko City, der mehr als zweitausend Meter hoch gelegenen versmogten Millionenstadt, und dazu noch drückend heiß, eine Tortur für alle Spieler. Die Torhüter hatten es etwas besser, trotzdem habe auch ich gespürt,

DER FLEISSIGE

Bank

wie die dünne Höhenluft zu Kurzatmigkeit geführt hat. In der Mittagszeit, in der größten Hitze, haben wir spielen müssen, denn das war die beste Übertragungszeit für Europa. Während der Nationalhymne habe ich nach unten geschaut und gesehen, wir werfen ja überhaupt keinen Schatten. Die Fußspitzen waren gleich neben dem Kopf, wie übergroße Ohren. So senkrecht hat die Sonne genau über uns gestanden und uns gnadenlos auf den Schädel gebrannt.

Im Spiel gegen England dachte jeder, es wiederhole sich das Drama von Wembley vier Jahre zuvor. In der 32. Minute überlistete mich Mullery, und kurz nach Beginn der zweiten Halbzeit verwandelte Peters in der 50. Minuten den zweiten Treffer. Niemand im Stadion hat zu diesem Zeitpunkt noch eine Mark auf uns gesetzt. Der Franz brachte uns knapp zwanzig Minuten später auf 2 : 1 heran, und es war Uwe Seeler mit seinem fantastischen Rückwärtskopfball, der für uns den Ausgleich erzielte, der zur Verlängerung führte. Dort dann das dritte deutsche Tor durch Gerd Müller.

Will ich der heutigen Jugend verdeutlichen, was Kampf und Einsatz bewirken können, dann zeige ich ihnen ein Video von dieser Begegnung. Anschließend ist es immer für eine Weile still. Ein Zeichen dafür, dass jeder verstanden hat, um was es geht. Dass Teamgeist und Kampf bis zur Selbstaufgabe die Größe einer Mannschaft und die Größe des Erfolges ausmacht.

Und wem das immer noch nicht genügt, dem zeige ich ein Video der darauf folgenden Begegnung. Damit die jungen Leute sehen, dass nicht nur Können, Glück, Kampf und Motivation die Väter eines Sieges sind, sondern noch mehr ein parteiischer Schiedsrichter, wenn man ihn gegen sich hat.

Denn die größte Ungerechtigkeit meiner Laufbahn war für mich das Halbfinalspiel gegen Italien bei der Weltmeisterschaft in Mexiko im Azteken-Stadion. Boninsegna schießt nach einem Fehlpass von Berti Vogts das 1 : 0, im Gegenzug wird Franz im Strafraum der Italiener durch Facchetti deutlich regelwidrig gefoult, aber der peruanische Schiedsrichter Yamasaki pfeift keinen Elfmeter. In der 66. Minute wiederholt sich die Szene, Franz wird im Strafraum gefoult, wieder kein Elfmeter. Auch nicht, als wenig später Uwe Seeler auf die gleiche unfaire Art gehindert wird, ein Tor zu schießen. In der Folgezeit werden unsere Leute, sobald sie über die Mittellinie kommen, von den Italienern festgehalten, vom Schiedsrichter keine Reaktion. Karl-Heinz Schnellinger schießt in der 90. Minuten den Ausgleich, aber dem Spielverlauf und vor allem den Regeln entsprechend hätte es 3 : 1 für uns stehen müssen. Es kommt die Verlängerung, wir verlieren, wie jeder weiß, mit 3 : 4. Zwischendurch ging es mit den Toren, fünf in dreißig Minuten, so schnell, dass ich nicht mehr recht wusste, wie es denn nun überhaupt stand.

Nach diesem Spiel, Wolfgang Overath war der beste Spieler auf dem Platz, war ich sauer, unbeschreiblich sauer. Ich habe mir geschworen, nie mehr nach Italien zu fahren, nie mehr mit einem Italiener etwas zu tun zu haben. Nie mehr Pizza, nie mehr Spaghetti Carbonara. Es kann schon sein, dass ich meinen Schwur irgendwann gebrochen habe. Peruanische Japaner, dazu noch Schiedsrichter, kann ich allerdings immer noch nicht ausstehen. Aber von denen gibt es ja auch nicht so viele.

Ein beliebtes Thema an den Stammtischen ist: Welche Nationalelf war wohl die beste? Die Berner Elf aus dem Jahre 1954? Der Weltmeister von 1974? Oder der Weltmeister aus dem Jahre 1990? Vielleicht das Team aus dem Jahre 1912, das mit einem 16 : 0 gegen Russland – allein zehn Tore schoss ein gewisser Gottfried Fuchs – den bisher höchsten Sieg der Nationalmannschaft erzielt hat?

Experten wissen immer Rat. Sie meinen, die beste deutsche Nationalmannschaft aller Zeiten soll die aus dem Jahre 1972 gewesen sein, mit der wir gegen Russland Europameister geworden sind und 3 : 0 gewonnen haben. Kein Wunder, standen doch mit Beckenbauer, Schwarzenbeck, Breitner, Hoeneß,

Müller und Maier sechs Bayernspieler im Team, die die anderen einfach mitgerissen haben.

Dabei sah es einige Wochen vorher, das Spiel gegen England stand an, noch sehr desolat aus. Der FC Bayern spielte in der Bundesliga nicht so berauschend und war im Halbfinale des Europacups gegen Glasgow Rangers ausgeschieden. Günter Netzer kam verletzt ins Trainingslager, Grabowski und Höttges hatten eine Erkältung. Und zu allem Überfluss bekam ich in der Nacht vor dem Spiel eine Schleimbeutelentzündung im linken Ellenbogen, der meinen Arm zu einem Unterschenkel anschwellen ließ. Und davon durfte mein Konkurrent, der Wolfgang Kleff, nichts erfahren. Nun, es ging gut. Fast genauso wichtig wie der Titel war in der Qualifikation für die Meisterschaft der 3 : 1 Sieg gegen England in Wembley auf dem geheiligten Rasen. Mit mir im Tor. Wodurch natürlich meine These, 1966 wären die Deutschen mit mir als Torhüter Weltmeister geworden, rundum bestätigt wurde.

Der Sturm vor dem Orkan

Jeder erwartete von uns, dass wir, die amtierenden Europameister, auch Weltmeister werden würden. Und von Woche zu Woche wurde dieser Druck größer, je näher die Spiele rückten. Die einzige Frage, so kam es uns vor, war nur noch, wie hoch Deutschland im Endspiel gegen Brasilien oder Italien oder Holland gewinnen würde.

Allerdings gab es vorher einiges an Knatsch und Hickhack zwischen Mannschaft und Verband.

Wie vor allen Großereignissen waren wir auch heuer wieder in Malente, um uns vorzubereiten. Vier ganze Wochen, total von der Außenwelt abgeschottet, mit viel Polizei und Sicherheitsvorkehrungen und Stacheldraht, denn die Angst vor der Bader-Meinhoff-Bande ging in Deutschland um. Wir wurden

Tag und Nacht scharf bewacht. Manchmal kam es mir vor, als wollte man Deutschland vor uns beschützen, damit wir auch ja nicht ausbüchsen konnten.

Natürlich haben wir trainiert, sehr konzentriert und hart, aber wir sind auch aus der Kasernierung ausgebrochen, um uns etwas zu amüsieren. Dazu hatten wir mit einem Seitenschneider ein Loch in den Zaun geschnitten. Außerdem kannten wir nach zwei Wochen die Polizeibeamten genau und sind schon mal an ihnen vorbei geschlüpft. Ohne Bewachung, so die Anweisung von oben, durften wir uns nicht außerhalb bewegen.

Etwa zehn Tage vor Beginn sollte unser Kader der FIFA gemeldet werden. Einen Tag zuvor baten wir den damaligen Präsidenten des DFB, den Herrn Neuberger, um ein Gespräch, weil wir mit dem Verband noch die Prämie aushandeln wollten. Aber Neuberger meldete sich nicht und in der Folge machte das Gerücht die Runde, es würde für den dritten Platz die gleiche Prämie geben wie in Mexiko: 15 000 Mark vom Verband und die gleiche Summe noch einmal vom Ausrüster Adidas. Wir rechneten hoch: Das war uns zu wenig und wir ließen verlautbaren, wir wollten wie die Italiener behandelt werden, also 120 000 Mark auf den Tisch des Hauses. Falls wir Weltmeister würden.

Anschließend wurde verhandelt. Den ganzen Tag. Es ging hin und her. Und weil kein Weiterkommen in Sicht war, hat Paul Breitner gedroht, er wolle seine Koffer packen, andere haben sich schon mal ein Taxi bestellt. Helmut Schön hat sich nicht sehr wohl gefühlt und gesagt, die Leute würden auf der Straße auf uns spucken, wenn sie erführen, wir wollten 120 000 Mark. Und der DFB-Funktionär Deckert schlug in die gleiche Kerbe: »Das ist Erpressung, schändlich für deutsche Sportsmänner.«

Nun wussten wir also, englische und italienische Sportsmänner durften so etwas tun, nur nicht die deutschen.

Zu unserer entscheidenden Spielersitzung, in der wir über Teilnahme oder Boykott abstimmen wollten, war Helmut Schön nicht zugelassen. Der Verband hatte uns zwischenzeitlich gedroht, man würde uns nach Hause schicken und ein anderes Team berufen. Außerdem würden sowieso nicht alle Spieler für den Vorschlag von 120 000 Mark stimmen. Die nicht dafür wären, könnten bleiben, auf die anderen würde man gerne verzichten. Geschickt hatte der Verband so versucht, einen Keil zwischen die Spieler zu treiben.

Die Situation spitzte sich zu, die Verhandlungen wurden immer härter. Am kommenden Tag musste der DFB den Kader melden, und wir haben überlegt, welche Bundesligaspieler der Verband wohl noch auf die Schnelle einsetzen könnte. Aber außer von Werder Bremen hätten sonst keine guten Spieler nachnominiert werden können, da die meisten Clubs auf Freundschaftsreisen waren, in Amerika und in Asien. Der DFB war also auf uns angewiesen.

Es kam zur Abstimmung. Die anderen beiden Torhüter, Wolfgang Kleff und Norbert Nigbur, hatte ich an der Kandare und dazu gebracht, für die Prämie zu stimmen. Wenn alle drei Torhüter ausfallen würden, das hätte der Verband nie ausgleichen können.

Das Ergebnis war unentschieden. Die eine Hälfte war fürs Nachhausefahren, falls die Prämie von 120 000 Mark nicht gezahlt werden würde, die andere wollte trotzdem an der Weltmeisterschaft teilnehmen. Denen genügte das Dabeisein.

Also immer noch keine Entscheidung, es wurde weiter diskutiert. Franz Beckenbauer und Wolfgang Overath waren federführend in der Abstimmung. Beide sind abwechselnd zum Telefon gegangen und haben den Stand weitergegeben. Jupp Derwall, der Assistent von Helmut Schön, kam zu uns herein und hat immer gehorcht, wie der Stand war. Und jedes Mal, wenn er zu uns kam, hat ausgerechnet Paul Breitner geredet.

Auf einmal steht der Helmut Schön vor der Tür und hat den Paul fürchterlich beschimpft. Der Eklat war perfekt. »Mit diesem Sauhaufen«, sagte Helmut Schön, »möchte ich nichts mehr zu tun haben, ich packe meine Koffer.«

Franz Beckenbauer hat mit Neuberger gesprochen, der nur über Telefon zu erreichen war, und ihm die Lage geschildert. Zwischenzeitlich hat der Paul seine Koffer gepackt. Er war nämlich dahintergekommen, dass Jupp Derwall ihn bei Schön angeschwärzt hatte.

Schließlich haben wir uns nach fünfzehn Stunden auf 70 000 Mark Prämie geeinigt, Helmut Schön und Paul Breitner konnten ihre Koffer, die sie zwischenzeitlich tatsächlich gepackt hatten, wieder auspacken. Allerdings kostete es noch einige Mühe, den Paul zu beruhigen, weil ihn der Bundestrainer vor versammelter Mannschaft so zusammengeschissen hatte.

Am kommenden Tag hat die Mannschaft wieder trainiert, für uns war das Thema ausgestanden. Paul ist eine Stunde lang mit dem Bundestrainer Runde um Runde auf der Aschenbahn gegangen, um sich auszusprechen. Danach war die Luft wieder rein, aber zwischendurch sah es eher so aus, als müsste der DFB eine komplett neue Mannschaft für die WM nominieren. Ich bin überzeugt, wir hätten nicht nachgegeben.

Wie lernfähig der DFB als Verband ist, haben wir daran gesehen, dass später die Prämien bereits vorher in Absprache mit dem Mannschaftskapitän und dem Spielerrat festgelegt worden sind und es nie mehr zu diesen Spannungen kam. Jeder Spieler weiß heute bereits Monate vor einer Meisterschaft, was er an Prämien erwarten darf für das Überstehen der ersten Runde, des Viertel- und des Halbfinales sowie für die Meisterschaft oder die Vizemeisterschaft.

Trotz der zu erwartenden Prämie haben wir teilweise so schlecht gespielt, dass einem die Tränen kommen konnten. Gegen Chile, deren Torhüter ja auch bloß einszwanzig groß war oder etwas mehr, hat Paul Breitner aus 40 Metern ein Tor geschossen. Gewonnen mit 1 : 0, aber ansonsten war das ein totales Gegurke. Nichts ist gelaufen.

Gegen Australien keine Verbesserung, trotz des Endergebnisses von 3 : 0. Und in der nächsten Begegnung kommt der Jürgen Sparwasser und wir verlieren gegen die DDR 0 : 1. Für Helmut Schön, der ja aus Dresden stammte, stürzte eine Welt ein. Und wir Spieler stürzten abends den Alkohol in uns hinein. Und weil Alkohol enthemmt, wurden auch unter uns einmal deutliche Worte geredet. Tacheles sagt man dazu. Jeder hat kapiert, um was es eigentlich geht. Es scheint geholfen zu haben, denn wir stürzten uns danach richtig ins Training. Auch um den Alkohol aus dem Körper zu treiben.

Allerdings sind Uli Hoeneß und ich in dieser alkoholträchtigern Nacht noch mit einem Auto nach Hamburg gefahren. Den Wachmann mit seiner Maschinenpistole haben wir einfach mitgenommen, der konnte sich auf der Rückbank ausschlafen. Die nächtliche Reise ging zu unseren Frauen, die der Verband im Europäischen Hof untergebracht hatte. Wir mussten etwa hundert Kilometer weit fahren. Die Holländer wohnten mit ihren Frauen zusammen. Nun, wie sich später herausstellen sollte, war das der alleinige Grund, warum sie nicht Weltmeister geworden sind. Oder?

Um halb fünf am Morgen, die Ampeln waren ausgeschaltet, versagte die Bremse des Autos. Das geschieht jedem, der am Sonntag nicht in die Kirche geht. Während wir uns mit unseren Frauen beschäftigten, die an der Bar auf uns gewartet hatten, kümmerte sich der Wachmann um einen Notdienst, um das Auto wieder auf Vordermann zu bringen. Nun, sonntags schien es keinen Notdienst zu geben. Die ganze Strecke zurück nach Malente habe ich mit der Handbremse gebremst. An der rechten Hand bildeten sich Wasserblasen. Und ausgerechnet an diesem Tag hatte Helmut Schön Torwarttraining angeordnet. Meine Hand brannte wie Feuer, wenn ich einen Ball fangen sollte. Ich bin zum Bundestrainer gegangen und habe gesagt: »Mit meinem Gelenk stimmt was nicht.« Das Torwarttraining wurde abgeblasen, ich machte etwas Kondition. Die macht man immer, wenn man nicht weiß, was man trainieren soll.

Nach dem verlorenen DDR-Spiel und der offenen Aussprache der Spieler untereinander war die Mannschaft wie ausgewechselt. Was folgte, waren Siege. Über Jugoslawien mit 2 : 0, dann Schweden, dieses Wasserball-Spiel, mit 4 : 2. Im Halbfinale gegen die starken Polen mit 1 : 0 und dann das Endspiel. Jeder kennt das Ergebnis, 2 : 1 für Bayern und Deutschland. Und ein bisschen soll ich auch dazu beigetragen haben, sagt man. Die ganze zweite Halbzeit wurde fast nur auf ein Tor gespielt, auf meins. Aber was heißt das schon, wenn man Weltmeister geworden ist?

Unvergesslich wird für mich bleiben, was uns Helmut Schön in der Halbzeitpause gesagt hat: »Burschen, noch 45 Minuten, dann sind wir Weltmeister.«

Der verführerische Glanz der Medien

In meiner aktiven Zeit war es fast harmlos, heute dagegen ist es schlimm geworden. Ich meine die Medien und wie der Fußball und damit auch die Spieler vermarktet werden.

Mein erster Fernsehauftritt, und damit die erste größere Bekanntschaft mit den Medien, war 1965. Der FC Bayern hatte den Aufstieg in die 1. Bundesliga geschafft und das ZDF lud die gesamte Mannschaft ins Studio ein. Wir saßen da wie die Hühner auf der Leiter und der Moderator Harry Valerien marschierte von einem zum anderen marschiert und stellte seine Fragen. Das Studio von damals kann man mit heute überhaupt nicht vergleichen. Alles noch in Schwarzweiß, es wirkte eher wie eine schlichte Lagerhalle oder eine Großgarage. Überall Kabel und Lampen, aber nur eine Kamera. Es ging richtig familiär zu. Und normal. Kein überdrehter Moderator, keine verkniffenen Fragen, eine freundschaftliche Atmosphäre.

Medien ohne Fußball, das ist heutzutage nicht mehr denkbar. Wir haben Erfolge über Erfolge errungen, die höchsten internationalen Titel und der Sieg hat nun mal viele Väter und macht gierig. Deshalb gehören wir einfach dazu. Man lädt uns Fußballer von der Nationalmannschaft zu vielen wichtigen und unwichtigen Veranstaltungen ein, man stellt uns vor, wir werden beklatscht und fotografiert. Einen Tag später kann es jeder sehen: Wir stehen neben dem Bundeskanzler oder einem Minister oder sogar, falls es eine Ehrung gegeben hat, neben dem Bundespräsidenten.

Eine Etage tiefer, ich meine die Bundesligaclubs, ist es nicht mehr der Kanzler, sondern ein Ministerpräsident, ein Landesminister oder ein Staatssekretär, der sich gerne mit den Aktiven fotografieren lässt. Dagegen ist ja auch nichts zu sagen, weil es sich lohnt, für beide Seiten lohnt. Wir werden für unsere Leistungen geehrt, und derjenige, der uns ehrt, hat auch etwas davon, und zwar eine gute Publicity. Auf eine positive Darstellung in der Öffentlichkeit sind die Politiker ja jetzt besonders angewiesen, wenn man mal schaut, was in der jüngsten Vergangenheit so alles an Verfehlungen ausgekramt worden ist. Oder wenn ich an das Hickhack der Regierung in Berlin denke, die alles auf einen Schlag neu gestalten will und nichts auf die Beine bringt.

Manchmal jedoch kam ich mir auch sehr fehl am Platze vor, wenn ich das Gefühl hatte, nur Staffage zu sein und benutzt zu werden. Wenn die Politiker oder wer auch immer sich in den Vordergrund drängelten, als seien sie das Hauptereignis und nicht eine Europa- oder eine Weltmeisterschaft, die von uns errungen wurde. Bei solchen Anlässen dürfen wir lächeln, eine Anekdote aus dem Sport erzählen und einen Kommentar abgeben, wie denn Sowieso gegen Sowieso gespielt hat und warum nicht das entscheidende Tor gefallen ist. Oder man spricht uns auf eine gerade überstandene Verletzung an, lächelt dabei in die zufällig aufblitzende Kamera und der Frager bekommt unsere Antwort überhaupt nicht mit.

Zugegeben, dass wir so behandelt werden, ist Gott sei Dank nicht oft der Fall. Der Nationalmannschaft oder einem der führenden Bundesligaclubs begegnet man schon mit Respekt. Und als geschlossene Mannschaft sind wir nicht nur auf dem Spielfeld stark. Wir verkörpern nämlich genau das, was manchmal die Regierung, egal welche gerade am Ruder ist, vermissen lässt: Mannschaftliche Geschlossenheit und Erfolg. Schwieriger wird das Terrain jedoch, wenn ein einzelner Spieler zu gewissen Anlässen eingeladen wird und man dann glaubt, er könne leichter bearbeitet werden. Umgeben von viel Prominenz, die viel reden und nicht den Nachweis ihrer eigentlichen Größe antreten müssen, fühlen wir uns oft unwohl. Viele Worte sollen wie bei einem unfähigen Kommentator davon ablenken, dass man sich im Grunde genommen eigentlich nichts zu sagen hat oder hinter einem Wortschwall die eigentliche Absicht versteckt. Bei solchen Anlässen, wo man gelobt wird und trotzdem das Gefühl hat, die wollen dir ans Leder, sollte man sich schnell verabschieden.

Eins möchte ich hier klar sagen: Spieler und Medien, Spieler und andere Größen der Gesellschaft, auch aus der Politik, das ist eine Art Hassliebe. Die einen können nicht ohne die anderen. Wir können noch am ehesten ohne, weil bei uns die Leistung zählt, wovon sich jedes Wochenende Tausende von Zuschauern überzeugen können. Und der Gradmesser ist der Applaus!

Aber sich mit den Medien abzugeben bedeutet, im Gespräch zu bleiben. Und genau das ist für einen Fußballer ein wichtiger Bestandteil seines Marktwertes. Besonders wenn er verletzt war und jetzt kurz vor seinem ersten Spiel wieder beachtet werden will. Ich kenne niemanden, der nicht seinen Namen gerne in der Zeitung liest, wenn man Positives über ihn schreibt. Natürlich geht man dann auch schon mal mit einem Reporter in ein teures Restaurant essen und bezahlt alles. Umgekehrt kommt es ja auch vor, falls Reporter was von einem Spieler wollen. Sicherlich haben sich auch schon Spieler einen Bericht erkauft und einige Scheine hingeblättert. Was ist Schlimmes daran? Eine Werbeagentur muss ich auch bezahlen. Und Reporter sind keine Übermenschen. Das ist dann eben die andere Seite vom Scheckbuchjournalismus, der verhindert, dass überhaupt nichts oder nur die schlechten Nachrichten zur Sprache kommen. Das könnte einem Spieler gewaltig schaden, wenn er zum Beispiel kurz vor einer Vertragsverlängerung steht.

Der Normalfall sieht anders aus und ist weniger spektakulär. Und zwar ganz normaler Fußballalltag, wie er hundertmal im Jahr vorkommt, wenn ein Spieler gerade eine Verletzung überstanden hat. Dann ist es für ihn schwer, wieder in die Mannschaft hereinzukommen. Falls er aufgestellt wird und zwei- oder dreimal nicht gut spielt, bekommt er Angst um seinen Stammplatz und ist mit sich und der Situation unzufrieden. Aggressionen stauen sich auf, es gibt Spannungen im Team, harte Worte werden gewechselt. Kommen auch noch unglücklich gewählte Worte des Trainers dazu, fühlt er sich unverstanden und bloßgestellt. Der Spieler geht in die Offensive. Und flugs führt ihn der Weg zur Presse, um seinen Frust loszuwerden. Als würden ihm die Presseleute bei seinem Problem helfen. Aber die denken nicht daran. Sie berichten, manchmal auch provokant, und warten ab, was sich entwickelt. Erst viel zu spät merkt der Spieler, dass er unüberlegt gehandelt und damit ein Eigentor geschossen hat.

Um es an dieser Stelle einmal deutlich zu machen: Eine Mannschaft, das sind ja keine Dummies, die zu allem Ja und Amen sagen und auf ihre Positionen gestellt werden, nach dem Motto: Nun gewinnt mal schön. Das sind elf unterschiedliche Typen mit Stärken und Schwächen. Eins können alle unzweifelhaft: gut Fußball spielen. Hat man Erfolg, trägt einen die Welle der Euphorie und der Sympathie. Das geht eine Weile gut. Meist beginnt es bereits auf dem Höhepunkt des Erfolges zu kriseln, wenn man über den Wolken schwebt und sich so ungemein hoch einschätzt. Irgendeiner fühlt sich dabei immer benachteiligt und kommt sich besser vor, als er in Wirklichkeit ist. Schon ist der Disput vorprogrammiert.

Ich finde es schlimm, wenn es dann zum Streit zwischen Spieler und Mannschaft und Verein kommt, wie im Fall Basler. Ich hätte nicht so lange gewartet wie Uli Hoeneß, Franz Beckenbauer oder Ottmar Hitzfeld. Dass Basler ein ausgezeichneter Fußballer ist, darum geht es nicht. Aber die Chemie zwischen den Spielern untereinander und dem Verein mit seiner Führung muss auch stimmen. Irgendwie und irgendwann hat einmal alles seine Grenzen. Auch ein Basler darf sich nicht auf diese unkontrollierte Art benehmen, Bier umschütten und sich prügeln. Dass er Alkohol getrunken hat, lasse ich als Ausrede nicht gelten. Man soll bitte nicht vergessen, dass ein Fußballer für die Jugend auch eine Vorbildfunktion hat.

Schon in Bremen hatte Basler seine Spuren hinterlassen. Zuerst super gespielt, gab es später nur noch Ärger. Kurz darauf ist er zu uns Bayern gekommen, am Anfang lief es auch hervorragend, er hat wieder super gespielt, und schon kam erneut Ärger ins Haus. Ich muss kein Prophet sein, um zu sagen: In Kaiserslautern wird es ebenfalls so laufen. Mit Basler geht es vielleicht ein Jahr gut, dann muckt er wieder auf. Dabei ist er im Grunde genommen ein netter Kerl, aber wird er jemals lernen, wie er sich in der Öffentlichkeit zu benehmen hat? Eine Hoffnung habe ich noch: Basler ist nicht mehr der Jüngste, irgendwann wird er mit dem Unsinn aufhören.

Aber ein Basler ist ja kein Einzelfall, leider. Uli Stein hat es auch zu spüren bekommen, wie die Medien mit ihm umgehen. Dabei hat er einmal den Lothar schlimm beschimpft und ihm vorgeworfen, ein mediengerechter Held zu sein. Geschwätzig und scheinbar ehrlich, um sich auf Kosten anderer, eben schwächerer Spieler, zu profilieren. Hat ein Uli Stein so etwas nötig?

Aber es sind ja nicht nur die Berufsreporter und Moderatoren, die sich im Sport herumtummeln und bei jeder sich bietenden Gelegenheit einen Kommentar loswerden wollen. Da gibt es auch noch einen ehemaligen Nationalmannschaftspieler, den Hansi Müller, der redet wie (Hella) von Sinnen. Der zerpflückt alles vor dem Spiel, von den Stutzen über die Schuhe bis hin zur gefönten Haarfrisur, als wenn das für das Ergebnis entscheidend wäre. Er hat ja auch viel Zeit, um alles, was ihm auf der Zunge liegt loszuwerden, und das ist eine ganze Menge.

Das Champion League-Spiel gegen eine Mannschaft aus Italien beispielsweise beginnt abends um halb neun, Hansi vom Sender TM3 aber redet schon eine Stunde vorher, weil er auch mal in Italien gespielt hat. Und was er dann alles von sich gibt! Irgendwie muss er ja die Zeit füllen und herumbekommen. Hansi Müller hat natürlich mit dem Trainer gesprochen und der hat ihm vertraulich gesagt, achte bitte auf den linken Flügelstürmer. Der ist im Augenblick in der Form seins Lebens. Er wird es heute bringen. Hansi kommt sich nun so vor, als sei er der große Koordinator und Geheimnisträger zwischen dem italienischen und dem deutschen Fußball. Natürlich lässt sich Hansi auch über Skibbe von Dortmund aus oder über unseren Ottmar Hitzfeld, und zwar in einem Ton, als wenn sie seine besten Freunde wären. Er kennt jeden und erzählt private Dinge, als sei er immer dabei gewesen, ein Mitwisser in Sachen fußballerischer Intimitäten.

Das Spiel beginnt, der Reporter ist die nächsten fünfundvierzig Minuten allein, aber es kommt ja unweigerlich die Halbzeit. Und dann geht das schon wieder los. Hansi, oder wer auch immer, mit diesem und mit jenem. Jeder, der einen halbwegs bekannten Namen hat, nicht nur aus dem Sport, wird nach seiner Meinung gefragt. Künstler, Staatsekretäre, Artisten. Was die da für ein Zeug zusammenquatschen! Bis ich als Fußballfan mal umschalte, muss es wirklich knüppeldick kommen. Aber ich kann es nicht mehr anhören. Im Endeffekt ist es immer das Gleiche, nur in etwas andere Worte verpackt.

Früher zu meiner Zeit hat nicht gleich nach dem Spiel ein Reporter mit dem Mikrofon vor mir gestanden und wissen wollen:

Wie ist es denn heute gelaufen? Warum wart ihr nicht so gut? Weshalb seid ihr über ein Unentschieden nicht hinausgekommen? Wir sind zuerst in die Kabine gegangen, haben geduscht und uns umgezogen und dann erst kam die Presse. Da hatten wir schon etwas Abstand vom Spiel, waren gefühlsmäßig abgekühlt, der Puls schlug wieder normal und wir wussten, wie wir gewisse Situationen zu bewerten hatten, auch, was die Schiedsrichterleistung betraf. Aber heute ist der Fußball, sind die Vereine ja vertraglich so mit den Sendeanstalten verquickt, dass die Spieler zu diesen kurzen Interviews verpflichtet sind, ob sie wollen oder nicht. Verschwitzt, außer Puste und noch voller Emotionen. Selbstverständlich rutscht ihnen in einer solchen Situation schon mal eine unbedachte Bemerkung heraus. Später gibt es vom Trainer oder Manager ein Donnerwetter zu hören. Und am kommenden Tag wird mit süffisantem Unterton der Spieler mit seiner eigenen Aussage konfrontiert und nicht selten als blöde hingestellt.

Man sollte den Spielern, auch wenn sie so viel verdienen und rundum vermarktet werden, nach dem Spiel zwei oder drei Minuten geben, um sich zu fassen, den Puls herunterzubringen und zu überlegen, was sie denn überhaupt sagen wollen. Was auf sie zukommt, wissen die meisten schon vorher. Und trotzdem kann es immer noch vorkommen, das saudämliche Fragen gestellt werden, als hätte der Reporter ein anderes Spiel gesehen.

Leider vermisse ich heute auch die Möglichkeit, dass, wie zu meiner Zeit, ein Spieler auch mal sagen kann: »Nein, ich bin jetzt down, die Niederlage schmerzt, ich gebe kein Interview.« Wenn das mal passieren würde, dann hätten wir gleich einen Presseboykott!

Ich persönlich würde lieber auf ein paar tausend Mark im Monat verzichten, wenn ich genau das machen könnte – auch der Presse gegenüber –, was ich auch machen möchte. Zumindest hätte ich eher das Gefühl, ein freier Mensch zu sein, wenn ich wählen könnte, ob ich überhaupt eine Stellungnahme abgebe. Aber diese Wahl haben die Spieler heute nicht mehr. Leider geht ihnen dadurch ein Stück Menschlichkeit und ein großer Teil des Privaten verloren.

Natürlich gibt es auch Spieler, die sofort vor ein Mikrofon hetzen und richtig danach lechzen, interviewt zu werden. So wie Lothar Matthäus, der das aber inzwischen professionell angeht. Er kann ohne Punkt und Komma reden, und man hat immer das Gefühl, das hat er doch schon mal gesagt. Aber so genau hört ja kaum noch einer zu.

Leider ist es wirklich immer das Gleiche. Spielt Bayern gegen Dortmund oder den HSV, dann könnte man auch die Begegnung von vor zwei Jahren zeigen, denn es werden stets die gleichen Fragen gestellt. Gewonnen haben wir, weil wir ein Tor mehr geschossen haben und verloren, weil der Gegner …

Fußball ist nun mal ein Spiel, wo sich viele Dinge wiederholen, von der Taktik, den Spielzügen, den Mannschaften bis hin zu den Austragungsorten. Und die typischen Fragen sind immer dieselben: Ob die Taktik nicht gestimmt hat, warum der Spieler ausgewechselt worden ist, ob der Spieler deswegen beleidigt war, warum er das Tor nicht geschossen hat, wieso denn der Gegner konditionell überlegen gewesen ist. Warum ist er reingegrätscht, aus welchem Anlass hat er die Gelbe Karte bekommen, war sie überhaupt gerechtfertigt, war er mit dem Schiedsrichter zufrieden.

Und einer wie Hansi Müller beantwortet all diese Fragen schon vor dem Spiel – dann sind es noch Vermutungen. In der Halbzeit tut er es ein zweites Mal und nach dem Spiel schon wieder. Deswegen kann er ja auch schon, weil er prognostische Fähigkeiten hat, von einem Superspiel sprechen, was die Zuschauer erwartet, das Spiel des Jahrhunderts, zumindest das Spiel des Jahres. Da wird alles aufgebauscht, als sei dieses Spiel das allergrößte, was es jemals in einem Stadion gegeben hat. Und das trägt man auch an die Spieler weiter. Es geht um ein und alles, sagt man ihnen in der Kabine, die Medien sind da, viele Kameras sind aufgestellt. Unter solch einem hohen Druck kommt es dann auch zu einem verkrampften Spielzustand.

Die Erwartungshaltung ist groß. Besonders wenn Bayern gegen 1860 spielt, unser sogenanntes Lokalderby, was gerade zum 175. Mal ausgetragen worden ist. Wir haben verloren. Von Beginn an ist diese Begegnung eigentlich immer ganz ähnlich verlaufen, nur die Zeiten ändern sich. Wer da wieder alles zu Wort kommt! Radenkovic, mittlerweile fast siebzig, wird gefragt, danach Großer, sein ehemaliger Mitspieler, vor das Mikrofon gezerrt: Was empfinden Sie denn bei diesem historischen 175. Lokalderby? Und der Großer hört nicht mehr so gut und fragt: Wie bitte? Andere werden interviewt, eigentlich jeder, der irgendetwas mit Fußball zu tun hat, vielleicht mal bei den Bayern oder den 60ern aufgestellt worden ist. Gibt es Ressentiments gegen die Bayern? Werden sich die Spieler vertragen oder kommt es zu Ausschreitungen? Wie war das denn in früheren Zeiten? Wie haben die Fans reagiert, wenn man verloren hat?

Alle Jahre wieder dasselbe Geplapper, nur weil die Sender ihre Sendezeit füllen müssen. In der Halbzeit kommt der Trainer schnell heraus, man hält ihm ein Mikrofon hin und will wissen: Was haben Sie ihren Leuten gesagt? Werden Sie die Taktik ändern? Und der antwortet wie immer: Nein, wir ändern vorerst nichts und schauen einmal, was der Gegner macht. Und werden sie noch einen anderen Stürmer bringen? Weiß ich noch nicht, sagt der Trainer. Noch liegen wir ja nicht zurück. Spielen sie nun mehr über die Außenschiene? Das, so meint der Trainer, wird sich aus dem Spielverlauf ergeben. Vielleicht wählt er auch die Mittelschiene, weil er sich wegen des neuen Stürmers, den man gerade verpflichtet hat, mehr davon verspricht.

In diesem Zusammenhang muss man wissen, heute wird nicht mehr vom Außenstürmer oder Mittelstürmer gesprochen, sondern von Außenschiene oder Mittelschiene, von Außenbahn oder Mittelbahn. Die rechte Seite ist nun die rechte Außenschiene oder rechte Außenbahn. Es ist alles ganz modern geworden, um die Fernsehzuschauer mit neuen Begriffen und anderen Bezeichnungen neugierig zu machen, die vorher und nachher stundenlang erklärt werden, damit es auch wirklich jeder versteht. Was früher die Mittelachse war, mit Müller und Beckenbauer und mir, ist nun die Mittelschiene. Eine linke Achse und eine rechte Achse kennt man auch nicht mehr, das sind jetzt alles Schienen und Bahnen. Zu meiner Zeit hat man KfZ-Mechaniker sein müssen, um das alles zu verstehen. Es fehlte nur noch die Vorder- und die Mittelachse. Heute dagegen kommt man besser zurecht, wenn man Angestellter bei der Bahn ist.

Was war das vor zwanzig Jahren noch einfach! Jeder hat gewusst, über was man gesprochen hat. Die Fragen waren verständlich, die Begriffe waren verständlich und auch unsere Antworten. Heute machen die Außenstehenden aus dem volkstümlichen Fußball am liebsten eine Wissenschaft, um sich selbst aufzuwerten. Hört einer aus dem bayerischen Wald sich das alles an, dann fragt er sich, über was reden die denn da eigentlich? Kann man nicht ganz normal reden, damit es jeder versteht? Es so deutlich rüberbringen, dass der Zuschauer nicht lange überlegen muss, was denn überhaupt gemeint ist? Michael Meier und Trainer Skibbe von Dortmund erfinden jetzt schon lateinische Wörter, um die Reporter ein bisschen zu verdutzen. Und die Zuschauer.

Wenn ich so reden würde, könnte man am nächsten Tag lesen: Der Maier Sepp ist übergeschnappt. Er schwebt jetzt in einer anderen Region.

Aber zurück zu Hansi Müller. Man hat also das Spiel effekthascherisch angekündigt, alle Eventualitäten vorher erörtert, geschwollene Reden geführt, die Erwartungen steigen bis hoch in die Wolken. Und wenn man die Mannschaften spielen sieht, meint man, es spielt Untergiesing gegen Obergiesing. Wer nun denkt, damit sei einer wie Hansi Müller schachmatt gesetzt, weil die Erwartungen nicht erfüllt worden sind, der irrt sich gewaltig. Etwas Besseres kann der Medienzunft überhaupt nicht passieren. Genau das gibt ihr wieder Gelegenheit zu erklären, warum es nicht so gelaufen ist, wie man es erwartet hat. Nun beginnt das Frage- und Antwortspiel von vorn, allerdings unter anderen Vorzeichen.

Meine Erfahrungen mit den Medien sind nicht immer positiv gewesen. Es gibt viele aufgeplusterte und eitle Pfauen, die sich so benehmen, als würde sich die Welt um sie drehen. Diese Typen habe ich so dick, das sind reine Selbstdarsteller. Früher noch, so erinnere ich mich, waren einige von ihnen wirklich nette Kerle. Aber dann bekamen sie die Chance, öfter im Fernsehen aufzutreten und von da an gaben sich so gekünstelt, als spielten sie eine andere Rolle. Als hätten sie sich gewisse Verhaltensweisen und Redensarten antrainiert. Vielleicht haben sie auch Anweisung vom Sender bekommen, sich so auzuführen. Um ein gutes Bild nach außen zu vermitteln.

So ist es auch mit dem Duzen und dem Siezen vor der Kamera. Waldemar Hartmann vom Bayerischen Fernsehen – ihn meine ich nicht, wenn ich von eitlen Pfauen spreche – kenne ich schon viele Jahre, zwanzig oder mehr. Natürlich duzt man sich nach einer so langen Zeit und den unzähligen Gelegenheiten, bei denen man sich getroffen hat. Und plötzlich bist du im Fernsehen, »Sport am Montag«, und da sagt er zu mir: »Du, Sepp pass auf, bei uns gibt es eine Anweisung der Direktion, uns nicht zu duzen. In der Sendung müssen wir uns siezen.

»Das ist doch ein Schmarrn«, habe ich zu ihm gesagt.

Und dann haben wir angefangen und uns geduzt. Was ist passiert? Waldemar bekam von oben einen Rüffel.

Um bei den Selbstdarstellern zu bleiben, da gibt es den mit der Nickelbrille, der die Sendung »ran« gemacht hat. Dieser Beckmann. Der ist eine Katastrophe. Er sieht nur sich selbst, nur wie er wegkommt, sich präsentieren kann. Ich kenne Kollegen von ihm, die sich weigern, mit ihm zusammenzuarbeiten. Dieser Beckmann geht sogar so weit, dass er sich Fragen ausdenkt, um seine Gäste bloßzustellen, also Fußballer und andere Sportler, für die man schon ein Mindestmaß an Höflichkeit aufbringen sollte. Sich auf Kosten anderer zu profilieren, ist mehr als schlimm. Im Sport gibt es so etwas nicht. Bei uns zählt die Leistung. Nur wer gut ist, kann es sich auch erlauben, etwas Show zu machen oder mal eine Gaudi. Wer keine Leistung bringt und trotzdem als großer Showman auftritt, wird gnadenlos ausgepfiffen.

Karrierehengste wie Beckmann machen eine Sendung auch nur so lange, wie sie ihnen beim Fortkommen dient. Bietet man ihnen etwas Lukrativeres an, springen sie ab und moderieren ein Gesundheitsmagazin oder sonst was. Und diese Typen benutzen den Sport, steigen zuerst in der Sparte als Reporter oder Moderator ein, um später, wenn sie sich vom Sport getrennt haben, über ihn herzufallen und die Sportler als blöd hinzustellen. Gibt es da nicht ein Sprichwort mit Schlange und Brust und so?

Leider ist Gerd Rubenbauer genau der gleiche Typ. Steht man ihm persönlich gegenüber, hat man den Eindruck, er ist ein netter Kerl und ganz normal, so wie er sich gibt. Aber im Fernsehen, sobald eine Kamera auf ihn gerichtet ist und das rote Lämpchen blinkt, lacht er künstlich und spricht gestelzt und geziert, dann ist an ihm nichts Natürliches mehr. Na gut, diese bunten Sakkos, die kann er anziehen, wann immer er will. Sicher hat er die nur gekauft, weil ihn ein Blindenhund angeknurrt hat, allein um aufzufallen. Hellrot und gelb! Und dieser Rubenbauer, der normalerweise zum Lachen heimlich in den Keller geht, moderiert dann ausgerechnet im Bayerischen Fernsehen die Witzesendung. »Gaudimax«. Das ist vielleicht zum Lachen.

Und jetzt kommt das Allerhöchste. Oft wird man ja zu Sendungen eingeladen. Als prominenter Gast, wie es so schön heißt. Um bei diesen tristen Gestalten etwas Farbe in die Sendung zu bringen. Mich hatte man nun auch zu »Gaudimax« eingeladen. Ich weiß noch, es war im Sommer und unheimlich warm. Ich habe geschwitzt wie eine Sau in diesem Studio. Man hat uns Leute präsentiert, die Witze erzählt haben, und wir, die Juroren, sollten darüber abstimmen: Wie ist erzählt worden, hat die Mimik gepasst, wie hat sich der oder die Betreffende verkauft, wie hat er oder sie es gebracht. Und je nach Darbietung konnte man bis zu zehn Punkte geben. Als ich dort war, hat einer so richtig erfrischend und frei seine Witze vorgetragen. Nichts war gekünstelt, alles hat gestimmt. Wir haben unsere Punkte gegeben, die anderen fünf und ich neun. In der Pause kommt dann dieser Rubenbauer mit dem Regisseur zu mir und sagt: »Herr Maier, wir müssen jetzt aufpassen. Sie haben diesen Mann an die erste Stelle gesetzt, und wenn Sie noch einmal neun Punkte geben, dann gewinnt er, obwohl jemand anderes gewinnen muss.«

»Wo gibt es denn so was«, habe ich gesagt. »Ist denn bei euch alles programmiert? Stehen denn die Sieger schon vorher fest? Habt ihr die Sendung etwa getürkt?« Darauf erhielt ich keine Antwort, aber man hatte bereits festgelegt, wer gewinnen sollte. Ich konnte mich also nicht frei entscheiden, wen ich als den Besten empfunden hatte. Aus irgendwelchen Gründen sollte eine Frau gewinnen. Vielleicht wegen der Quote. Die Dame hätte ich also höher bewerten sollen. Weil ich es jedoch nicht tat, habe ich die Regie durch meine Stimm- und Punkteabgabe in Schwierigkeiten gebracht. Man muss sich mal vorstellen: Es wird in einer Sendung ganz offen und unverfroren manipuliert, um einen bestimmten, vorher festgelegten Sieger zu bekommen! Warum die Frau gewinnen sollte, weiß ich nicht. Am Aussehen lag es nicht. Vielleicht hat sie den Regisseur oder den Kameramann oder den Rubenbauer gekannt? Oder sie hatte Geburtstag?

In der Folgezeit habe ich weiter bewertet, wie ich es für richtig hielt. Trotzdem hat die vom Sender auserwählte Frau um zwei Punkte gewonnen, und zwar, weil die anderen Juroren sie einfach überbewertet haben. Auf Anweisung von oben, sprich, von der Regie! Natürlich war ich stocksauer. Und der Zuschauer zu Hause kriegt ja nichts davon mit. Er denkt, die beim Fernsehen machen keine unlauteren Dinge, da geht alles rechtens zu, denen kann ich vertrauen.

Ähnlich erging es mir bei RTL in der Sendung »Sieben Tage, sieben Köpfe«. Zwei- oder dreimal bin ich nach Köln gefahren. Die Themen der Sendung, also was die Woche über geschehen ist, hat man mir vorher gefaxt. Ich sollte mir meine Gedanken darüber machen. Und ich habe mir auch einiges zu den verschiedenen Themen überlegt. Dann kommst du hin, etwa zwei Stunden vorher, und kriegst genau vorgeschrieben, was du sagen darfst. So wie es Mike Krüger behauptet, jeder Gag entwickelt sich aus der Situation, so ist es nun wirklich nicht. Alles ist abgesprochen und festgelegt bis ins letzte Detail. Der Zuschauer zu Hause dagegen meint auch hier, da geht alles Hand in Hand, die Gags sind spontan, der Witz sei gerade erst entstanden.

Und die Gäste im Studio, obwohl sie direkt dabei sitzen, glauben auch, es ist alles frei entstanden und kommt von dir persönlich, ein spontaner Gag oder eine schlagfertige Antwort. Natürlich kommt das auch so rüber, wenn Mike Krüger etwas dazu beiträgt oder Rudi Carrell oder diejenigen, die zum Stamm der Sendung gehören, wie Jochen Busse. Das sind ja Profis. Aber falls ein aufmerksamer Beobachter einmal die Mitglieder des Teams kontrolliert, bekommt er mit, wie sie diskret vor sich auf den Tisch starren, wo ihr Konzept liegt. Und wie jeder auf bestimmte Stichworte reagiert. Vor der Sendung wurde mit mir beratschlagt, was ich sagen sollte. Da habe ich gemeint: »Ich weiß schon, was ich sage.« Aber Rudi Carrell hat geantwortet: »Ich habe einen anderen Vorschlag.«

Fazit: Die hören nicht auf dich, auch wenn du eine treffendere Antwort hast als Rudi Carrell oder Jochen Busse. Und als ich wissen wollte, warum ich nicht sagen durfte, was ich wollte, meinte Rudi: »Weil das besser in den Zusammenhang passt.« Da habe ich geantwortet: »Aber das gefällt mir nicht. Ich habe mir

Gedanken über die zehn Punkte gemacht, habe alles aufgeschrieben, und nun komme ich her und soll etwas sagen, was ich überhaupt nicht sagen will.«

Möglich, dass ich zu blauäugig bin, aber mich hat es ungemein gestört, dass alles bis ins Kleinste festgelegt ist und nichts dem Zufall überlassen bleibt. Jeder Satz und die Reihenfolge auch. Zuerst kommt Jochen Busse, anschließend Rudi Carrell und dann ich. Nach mir Mike Krüger, der wiederum das Stichwort liefert für Jochen Busse. So spielen sie sich die Bälle zu. Vor dem Fernseher hat man das Gefühl, als sei es eine schlagfertige improvisierte Unterhaltung untereinander. Aber in der Sendung musst du genau aufpassen, wann dein Stichwort kommt, damit du deinen Einsatz nicht verpasst.

Nun, diese Sendungen haben ja eigentlich nichts mit Sport zu tun. Sie wollen den Zuschauer unterhalten. Mit Sport zu tun hat jedoch das Deutsche Sportfernsehen. Und die Art, wie man dort den Gästen begegnet, mit bohrenden, stechenden und teilweise verletzenden Fragen, die gefällt mir ganz und gar nicht. Die Moderatoren behandeln ihre Gäste überhaupt nicht wie Gäste. Ich meine Rudolph Brückner und Jochen Sattler. Und auch Jan Stecker.

Man kann direkt ein System erkennen, wie sie immer aufs Neue mit ihren Fragen hereinstoßen, als wollten sie einen Interviewpartner entblößen und vor den Zuschauern lächerlich machen. Dabei versteifen sie sich auf unwesentliche Details, die eigentlich mit dem Thema nichts zu tun haben und vollkommen nebensächlich sind. In meinen Augen ist es krankhaft, wie die sich aufspielen. Den Otto Rehhagel hatten sie mal in der Mangel. Obwohl Otto schon fünfmal dieselbe Frage beantwortet hatte, bohrten sie immer weiter, als wollten sie eine ganz bestimmte Aussage von ihm kriegen. Sie wollten, dass der Otto seine Spieler bloßstellt, nur weil Lautern schlecht gespielt hat. Aber Aufgabe eines Trainers ist es, die Spieler zuerst einmal zu verteidigen, unter anderem auch vor solchen Reportertypen.

Trainer und Spieler sind ein Team. Aber das haben die vom DSF nicht verstanden. Oder wollten sie es nicht verstehen?

Allerdings habe ich mich zugegebenermaßen auch mal getäuscht, so zum Beispiel bei Heribert Faßbender. Zu meiner aktiven Zeit habe ich ihn nicht leiden können und wollte nie ein Interview mit ihm machen. Vielleicht weil er ein Kölner ist und die haben uns Bayern sowieso nie gemocht. Zwischen den Fußballmannschaften hat es immer Reibereien gegeben, weil die Geißböcke ein bisschen hochnäsig waren. Wir kamen aus dem Süden, dort, wo die Berge so hoch sind. Von der Alm, wo Heidi mit ihrem Öhi lebt. Heribert Faßbender kam mir überheblich vor, wie einer, der die Sportler nur für sein berufliches Fortkommen benutzt. Nun, diese Meinung habe ich später revidiert, als ich mit der Nationalmannschaft unterwegs war und gemerkt habe, dass er ein ganz Vernünftiger ist.

Sogar ein Sepp Maier ist nicht allwissend und hat schon einige Male gedacht, dieser Reporter oder jener Moderator ist ein Depp. Aber wenn ich ihn dann etwas länger kannte, musste ich zugeben, so schlimm ist der Bazi gar nicht. Wie bei Faßbender. Mein Fehler in solchen Fällen ist, dass ich mich vom ersten Eindruck zu sehr beeinflussen lassen. Nach dem Motto: Dieser Pinkel, so wie der daherkommt, ein bisschen extravagant – schon hat er verschissen.

Mit den Menschen zurechtzukommen, ist nicht immer einfach. Aber es gibt keine besseren. Man muss sie nehmen, wie sie sind. Für manch einen bin ich möglicherweise auch wie ein rotes Tuch, was ich aber überhaupt nicht verstehen kann. Andere wiederum, bei denen ich anfangs ein gutes Gefühl habe und denke, hier stimmt die Chemie, entfernen sich später mehr und mehr von mir. Zuerst bin ich ganz begeistert, und dann mag ich von ihnen nichts mehr wissen.

Aber im Grunde genommen lässt mich meine Menschenkenntnis selten im Stich. Ich merke sofort, wer etwas von mir will, und auch, was er will. Ob jemand es ehrlich meint oder ob er es darauf abgesehen hat, mich in die Pfanne zu hauen.

Aber ich möchte nicht nur über die Reporter und Moderatoren schimpfen, das kann ja jeder. An dieser Stelle auch mal einige positive Beispiele: Qualifiziert, offen und ehrlich ist für mich Waldemar Hartmann vom Bayerischen Fernsehen. Ebenso Marcel Reiff, von dem ich schon ausgezeichnete Sendungen gesehen habe, und Dieter Poschmann, mit dem ich zu Beginn einige Anlaufschwierigkeiten hatte. Ganz ausgezeichnet finde ich Rudi Cerne, wohl weil er auch vom Spitzensport kommt. Zu diesem ruhigen und sympathischen Typ habe ich großes Vertrauen; ich schätze seine Sachlichkeit und sein Fachwissen. Nicht nur, was das Eislaufen betrifft. Das gleiche gilt für Michael Steinbrecher, obwohl er so lange Haare trägt. Er ist trotzdem ein Superkerl. Ein guter Spezi.

Auf dem Print-Markt hat sich in den vergangenen Jahren einiges getan. Hier tummeln sich mittlerweile eine ganze Menge Zeitschriften und Magazine, die aber mehr an Well- und Fitness und Bodykultur interessiert sind als an Fußball. Hochglanzbilder, zugegebenermaßen sehr gut fotografiert und mit attraktiven Modellen, zeigen eine Welt, die es im Sport, speziell im Spitzensport, so nicht gibt. Man kriegt nur schöne Menschen zu sehen – da hätte ich nie eine Chance gehabt … Die Leser gewinnen den Eindruck, wenn sie mal eben zweimal ins Studio gehen und die Dynamo-Abnahmekur machen, sehen sie gleich aus wie Claudia Schiffer. Oder, falls sie Gewichte stemmen, wie Arnold Schwarzenegger.

Für die Fußballinteressierten gibt es nur einige wenige Möglichkeiten, sich auf dem Laufenden zu halten, zum Beispiel durch das Magazin »Kicker«. Aber auch diese Fachzeitschrift hat sich gewandelt. Wer zu meiner Zeit den »Kicker« gelesen hat, wurde immer sehr korrekt, sachlich und neutral informiert. Man hatte einfach das Gefühl, einigermaßen fair behandelt zu werden, auch wenn einzelne Spieler nicht immer mit der Berichterstattung einverstanden waren,. Im Grunde genommen wurde dort gut geschrieben, der Spielverlauf richtig kommentiert und die Wahrheit wiedergegeben.

Schaut man sich jetzt den »Kicker« an, stellt man fest, er ist sensationsbedürftig geworden und hat sich in eine Richtung begeben, die sehr der von »Sport-Bild« oder »Bild am Sonntag« ähnelt. Das Magazin ist auf dem besten Weg, mehr und mehr Effekthascherei zu betreiben. Vielleicht kann man auch nichts gegen den Trend unternehmen, in unserer schnelllebigen Zeit aufreißerisch und oberflächlich zu berichten, Nebensächlichkeiten wie Tratsch und Gerüchte zur Hauptsache zu erklären und zu einer Boulevardzeitung zu werden, obwohl der »Kicker« für sich reklamiert, eine Wochenzeitschrift, ein Magazin zu sein. Ich finde es schade, dass die gute und neutrale Information und die Beschränkung auf das Wesentliche mehr und mehr verloren geht.

Auf Effenberg hatte der »Kicker« es 1994 während der WM in den USA besonders abgesehen. Der Stinkefinger wird dem Effe noch lange zu schaffen machen. Heute weiß er natürlich, dass er einen Fehler gemacht hat. So etwas würde ihm trotz aller Emotionen nie mehr passieren, denn diese provozierende Geste hat ihm viel Ärger und Häme eingebracht. Aber all dies gibt dem »Kicker« nicht das Recht, so abfällig über einen Spieler zu schreiben. Man muss sich ja bei allem auch einmal überlegen, welche Funktion das Magazin hat. Doch wohl auf keinen Fall, Moralapostel der Nation zu sein. Ohne den Fußball gäbe es auch keinen »Kicker«.

»Sport-Bild« ist ein Abfallprodukt der Bild-Zeitung. Die Namen der Journalisten haben gewechselt, der Stil ist ähnlich geblieben. Natürlich ist die Bild-Zeitung noch mehr auf Schlagzeilen aus, »Sport-Bild« ist da etwas sanfter und nicht so verletzend, weil die Reporter auch die Sportler eher persönlich kennen und wissen, wo die Grenze der Privatsphäre ist. Natürlich packt »Sport-Bild« heiße Eisen an, aber auf eine andere Art wie die Bild-Zeitung, wo jeden Tag eine neue Schlagzeile die von gestern ablöst, die dann sofort vergessen ist. Die Moderatoren von DSF würden gut zur Bild-Zeitung passen, mit ihren bohrenden und verbissenen Fragen, ihrer Entblößungsmentalität.

Von der Aufmachung her ist »Sport-Bild« für mich in Ordnung. Natürlich kann ich das heute aus meiner Position heraus leicht sagen, da ich nicht mehr so in der Kritik stehe und mich nicht vor gewissen Äußerungen hüten muss. In »Sport-Bild« gibt es auch gute Hintergrund-Informationen und man beschränkt sich nicht nur auf knappe Sätze und plakative Behauptungen. Leicht aggressiv wird allerdings auch dort berichtet, wie eigentlich fast überall in den Printmedien, und manchmal gehen Berichte auch unter die Gürtellinie. Was kann man heute gegen eine solche Berichterstattung unternehmen? Gibt es Möglichkeiten, sich zu wehren? Auf Klar- und Gegendarstellungen zu beharren? Leider nicht, weil diese provokante Art mittlerweile überall Einzug gehalten hat und man oft noch froh sein kann, wenn es nicht noch dicker kommt.

Und andere Zeitschriften und Magazine? Der »Spiegel« war mir nie sympathisch, weil er eine andere politische Richtung verfolgt und alles, was Sport betrifft, in Frage stellt und auf negative Art behandelt. Sportler, das sind dort mehr oder weniger die Dummen, die Deppen der Nation, die ihre Zellen außerhalb des Kopfes spazieren tragen. Und in dieses Vorurteil passt, dass man mit Penetranz versucht, hinter die Kulissen zu schauen, um Verwerfliches aufzudecken. Denen ist es egal, ob Deutschland Weltmeister wird, wenn sich gleichzeitig herausstellt, dass der Rasen vor dem Hotel angeblich mit Dioxin verseucht ist. Oder ein Spieler Handgeld bekommen hat, das er nicht versteuert haben soll.

Ohne Frage berichtet der »Spiegel« aus meiner Sicht genau und wahrheitsgetreu. Die meisten Politskandale werden durch ihn ans Licht gebracht. Aber auf den Sport bezogen sucht er sich, entsprechend seiner eigenen Einschätzung, nicht die gerade aktuellen Themen heraus, er informiert nicht über ein Länderspiel und dessen Verlauf, sondern er möchte unbedingt den Skandal. Aber bei einem 1 : 0 gegen Italien gibt es keinen Skandal, weil man diese Partie nie in Seveso austragen würde. Einen Skandal hat es auch nicht 1929 gegeben, als die Deutschen entgegen allen Prognosen in Italien mit 2 : 1 gewannen, obwohl die Squadra auf die Revanche der 0 : 3 Niederlage im Jahr zuvor in Wien aus war.

Heutzutage muss sich der »Spiegel« eine Menge Sorgen um »Focus« machen, seinen Konkurrenten aus Bayern, der ihm längst den Rang abgelaufen hat. Ein Magazin, das mir politisch auch näher steht. Aus Bayern kommt eben nur Gutes. Nicht nur im Fußball. BMW zum Beispiel kommt auch aus Bayern. Gut, Mercedes, das ist Schwaben, aber mit denen können wir auch ganz gut. Liegt ja ebenfalls südlich des Main, des Weißwurschtäquators.

Die »Süddeutsche« ist so geblieben, wie der »Kicker« vor zehn Jahren war. Die Berichterstattung ist informativ, seriös und sachlich, wie es in Wirklichkeit auch gewesen ist. Man hat nie das Gefühl, die »Süddeutsche« berichtet nach einem guten Spiel im Überschwang, um eine Woche später genau umgekehrt zu verfahren, falls ein Spiel verloren geht. Das unterscheidet die »Süddeutsche« besonders angenehm von der »Abendzeitung« und »Bild«, die nur Emotionen wecken wollen und in reißerischer Aufmachung Tendenzen wiedergeben. Wenn dabei ein Sportler auf der Strecke bleibt, ist das in deren Augen noch nicht einmal ein Betriebsunfall.

In der »Süddeutschen« habe ich noch nie etwas Unangenehmes oder Wahrheitswidriges gelesen. War die Partie schlecht, kann man sie nicht durch einen gefärbten Bericht zu einem Superspiel aufwerten. Aus einer verlorenen Begegnung kann ich keinen Sieg hervorzaubern. Bei »Abendzeitung« und »Bild« dagegen steht der Text oft im Widerspruch zum Ergebnis. Wir haben als Nationalmannschaft gewonnen und werden grundlos fertiggemacht. Lässt sich das vielleicht besser verkaufen?

Was das Fernsehen betrifft, möchte ich nicht auf die vielen und oft dilettantischen Versuche der einzelnen Anstalten eingehen, die man unternimmt, um Sport und Fußball zu präsentieren.

Aber die Sendung »ran« in Sat 1 muss doch erwähnt werden, weil der Sender so viel Geld für die Übertragungsrechte bezahlt hat. Und damit komme ich zu Beckmann und der Werbung. Für mich ist beides eine Zumutung. Man kann sich leider nicht dagegen wehren, dass heute alles amerikanisiert wird. Diese aufblitzenden Bilder, die schnell wechselnden Szenen, die einen schwindelig werden lassen, die verwackelte Kamera, das übertriebene Heranzoomen, bis man alle Hautunreinheiten sieht. »Und das Ergebnis erfahren Sie dann nach der Werbung«, heißt es oft. »Bleiben sie dran an ›ran‹.«

Wenn ich so etwas höre, dann frage ich mich, was das soll. Mit welcher Arroganz geht ein so Sender hin und verarscht auf deutsch gesagt die Zuschauer. Die ganze Sportsendung ist nur auf Show ausgerichtet. Sie bringen nicht die einzelnen Berichte nacheinander, sondern ziehen gewisse Sequenzen heraus, ein kurzer Ausschnitt, oft ohne den Hintergrund und die Ursachen, und dann schwafeln sie stundenlang darüber. Zehnmal wird in Zeitlupe gezeigt, wie ein Abwehrspieler einen Stürmer gefoult hat. Und anschließend wird diskutiert. War es vor dem Sechzehner oder dahinter? Hat der Abwehrspieler noch den Ball gespielt oder nicht? Hat er den Ball gespielt, bevor er Kontakt zum Stürmer hatte oder danach? War es dann nicht doch vielleicht eine Schwalbe?

Eine Kameraeinstellung allein genügt nicht, all die Fragen zu beantworten, eine andere muss her. Das Ganze beginnt von vorn, nun jedoch aus einem neuen Blickwinkel. Und damit auch alle sehen, was gemeint ist, friert man das Bild sekundenlang ein. Jetzt hat man endgültig den Beweis, dass sich der

Schiedsrichter geirrt hat oder auch nicht. Zwanzig Minuten Sendezeit sind vergangen. Anschließend vergleichen sie diesen Ausschnitt mit dem eines anderen Sportereignisses, wo es in einer vergleichbaren Situation möglicherweise keinen Elfmeter und keine Rote Karte gegeben hat. Sie vergleichen also bewusst Äpfel mit Birnen, negieren die Tatsachenentscheidung des Schiedsrichters, so dass man nachher gar nicht mehr weiß, was die eigentlich damit sagen wollen. Wie war noch mal das Thema? Worum geht es denn überhaupt?

Auch wenn man durchgehend und in voller Länge ohne Einspielung von anderen Partien über ein Bundesligaspiel berichtet, beispielsweise Bayern gegen Dortmund, gibt es zu viele Unterbrechungen. Die Medienvertreter wollen einfach dem Zuschauer keine Gelegenheit geben, etwas im Zusammenhang zu sehen, sich vielleicht sogar zu entspannen und das Spiel in seiner Gesamtheit zu genießen. Immer wieder fragen sie zwischendurch den Trainer, Beckmann selbst – mittlerweile steht er ja in anderen Diensten – gibt seine einstudierten und wohlformulierten Kommentare. Neue Fragen tauchen auf, eine andere Szene aus der gleichen Begegnung wird eingespielt, um den Trainer oder den Spieler zu widerlegen. Als wäre die Sendeleitung in die Vielfalt und den Wechsel der Bilder verliebt. Als wollte der Regisseur zeigen, dass seine eigene Leistung doch eigentlich viel besser ist als die der Spieler auf dem Rasen. Eine solche Berichterstattung meine ich, wenn ich sage, der Fußball und die Spieler werden nur benutzt.

Das »Sport-Studio«ist heute noch genauso gediegen und konservativ (was ich als positiv empfinde) wie zu meiner aktiven Zeit. Früher habe ich mich immer darauf gefreut, die Sendung einzuschalten und Harry Valerien oder Reiner Günzler zu sehen. Da gab es noch kein »ran«, keine Privatsender, keinen Beckmann, Sattler oder Brückner, für mich war das »Sport-Studio« das non plus ultra. So, jetzt habe ich auch einmal einen lateinischen Begriff gewählt, genau wie Meier und Skibbe aus Dortmund.

Aber heute hat es diese Sendung des ZDF in der neuen Medienlandschaft schwer, die Quote zu halten. Etwas Neues bringen können sie zu so später Stunde nicht mehr, an anderer Stelle hat man es schon irgendwie und irgendwo lange zuvor ausgiebig gesehen. Weil die privaten Sender brandaktuell sind, ist das Sport-Studio heute leider nur noch ein Aufwasch von längst behandelten Ereignissen. Und wenn Gottschalk überzogen hat – der kann ja überziehen, wie er will –, wird es noch später. Dabei ist seine Sendung, dieser Fernsehkult, kaum auszuhalten. Er läd jeden Prominenten ein, der dort sein neuestes Produkt vorstellen will und dafür ungeniert die Werbetrommel rührt. Alle sind bei Gottschalk anzutreffen, Kollegen, Moderatoren, Reporter, Show- und Fernsehstars. Es scheint im Fernsehen mittlerweile Brauch zu sein, dass sich die Moderatoren gegenseitig einladen. Entertainer entertainen sich selbst. Wie in den Talkshows, wo sich die Talkmaster auch gegenseitig die Klinke in die Hand geben.

Viele, die nicht mehr warten wollen, bis Gottschalk endlich fertig ist, springen zwischendurch ganz einfach ab und zappen zu einem Spielfilm, den sie sich normalerweise, wenn die vorgegebenen Zeiten eingehalten worden wären, auch angeschaut hätten. Jetzt, wo ich Gottschalk erwähne, weiß ich auch endlich, woher der Rubenbauer seinen Tick mit den auffallenden Sakkos hat. Aber gegen den großen blonden Ewigjungen kommt Rubenbauer nicht an. Bei den Sakkos, meine ich.

Wie gesagt, unter dieser oft halbstündigen und länger dauernden Überziehung durch den Showmaster mit dem wirren Haar leidet das »Sport-Studio« sehr. Wer sich trotzdem noch zuschaltet, ist ein eingefleischter Fan, kennt schon alle Ergebnisse, weiß, wer gewonnen oder verloren oder die Rote Karte bekommen hat. Für mich ist das »Sport Studio« trotz allem die einzige seriöse Sendung geblieben. Dort stehen der Sport und der Sportler noch im Mittelpunkt.

Für jede Zeitung muss weißes Papier in schnellster Zeit bedruckt werden. Von heute auf morgen. Und manchmal hat man am frühen Nachmittag, bevor die Zeitung in Druck geht, immer noch einen weißen Fleck, den man füllen will oder muss. Dann können schon mal solche Berichte zu Stande kommen, wie zu meinem 30. Geburtstag. Wenn prominente Sportler, dazu darf ich mich ruhig zählen, Geburtstag haben, und dazu auch noch einen runden, das ist schon mehr als eine einfache Nachricht wert.

An meinem 30. Geburtstag hat es in der Presse eine Ente gegeben. Raimund Hinko, damals noch bei der Bild-Zeitung in München, heute bei »Sport-Bild«, wollte ein Interview mit mir machen. »Weißt du, Raimund«, habe ich zu ihm gesagt, »ich bin nicht so scharf auf Geburtstagsfeiern, das war ich noch nie. Und in der Zeitung stehen, das mag ich nicht. Schreib was du willst, ich hab keine Zeit für ein Interview.«

Am nächsten Tag habe ich die Bild-Zeitung aufgeschlagen und da stand: Bild fragt, Sepp Maier antwortet. Hinko hat den Bericht so aufgebaut, als hätte es dieses Interview tatsächlich gegeben. Über Helmut Schön sollte ich mich geäußert haben, und zwar in einer Art und Weise, wie ich es nie getan hätte. Dafür habe ich zu viel Respekt vor diesem Mann und seiner Leistung. Allen möglichen Quatsch hat Hinko mich angeblich gefragt, und ich soll auch schön brav geantwortet haben. So zumindest muss es der Leser empfunden haben. Ich habe Hinko angerufen. »Du brauchst mir nie mehr wegen eins Interviews zu kommen, wenn du nicht klar stellst, dass ich dir keins gegeben habe.«

Vielleicht habe ich den Fehler gemacht, weil ich gesagt habe, schreib doch einfach, was du willst. An kommende Ereignisse habe ich dabei gedacht, an unsere Vorbereitungen, an die kommenden Spiele, eben an etwas Aktuelles, Verletzungspech und solche Sachen. Aber dass er sich so etwas aus den Fingern saugt, hätte ich nie gedacht.

Natürlich haben sie sich nachher bei mir entschuldigt. Das

rechne ich der Bild-Zeitung hoch an. Allerdings auch wieder auf eine Art, die für die Presse bezeichnend ist. Mein Interview war eine ganze Seite, die Entschuldigung jedoch sehr diskret abgedruckt und kaum zu finden.

Nach meinen Erfahrungen mit den Medien habe ich mir folgende Verhaltensweise angewöhnt: Wenn einer saudumm fragt, dann kriegt er auch eine saudumme Antwort. Wenn einer versucht, mich zu verarschen, dann wird er umgekehrt von mir verarscht. Durch die Blume, das hat nie was gebracht, weil sie es nicht kapiert haben. Deshalb war ich auch nie nachtragend, alles hat sich wie von selbst geregelt. Andere Spieler sind noch nicht so weit, ihnen fehlt die Erfahrung. Aber in dieser Beziehung bin ich auch beruhigt: Irgendwann werden sie es kapieren und genau wissen, wie das Medienspektakel läuft und auf welche Art sie mitspielen können.

Der Fernsehbeweis

Die Medien bestimmen mehr und mehr unser Leben, ob wir wollen oder nicht. Mit dem Argument, die Zuschauer hätten ein Recht auf vielfältige und breit gestreute Information, werden sie in allen Bereichen damit gefüttert und überfüttert. Niemand hat bisher die Zuschauer gefragt, ob sie diese Art der Informationen mit den vielen Werbeunterbrechungen überhaupt wollen – diese effekthascherischen Berichte und das Zelebrieren von Events, wie es heute so schön heißt, was nichts anderes bedeutet, als dass ein Sportereignis auf das zeitliche Zehnfache seines Ursprungs breit getreten wird. Alleiniger Maßstab ist die Quote. Hohe Quote bedeutet Zustimmung, so einfach ist das. Wenn zehn Millionen draußen ihr Auto waschen und drinnen RTL eingeschaltet haben, ist die Quote extrem hoch, die Sendeleitung jubelt!

Es gibt auf den Fußball bezogen zumindest eine positive Auswirkung des Medienzeitalters, die dazu führt, dass man klare und krasse Fehlentscheidungen der Schiedsrichter – ob gewollt oder ungewollt, sei dahingestellt – revidieren und eine Begegnung neu ansetzen kann. Die Rede ist vom Fernsehbeweis.

Unter sportlicher Grundfairness verstehe ich auch, dass man im Nachhinein eine Schiedsrichterentscheidung aufhebt, wenn ein Tor zum Beispiel kein Tor war. So bereits 1978 in einer Partie der zweiten Liga, Borussia Neunkirchen gegen Kickers Stuttgart. Meines Wissens war das damals das erste Mal, dass man mit Hilfe von Fernsehaufzeichnungen nachweisen konnte, es war kein Tor. Logischerweise hat man daraufhin die Begegnung wiederholt. Ähnlich verfuhr man 1994 in der Begegnung Bayern gegen Nürnberg, als man Thomas Helmer ein Tor gegeben hat, was keins war. Der Ball ging neben den Pfosten ans Außennetz. Der DFB hat den Fernsehbeweis zugelassen, eine neue Begegnung angeordnet und mit dem internationalen Fußballverband FIFA eine Menge Ärger bekommen. Der allmächtige Verband drohte dem DFB Konsequenzen an, falls weitere Urteile nach Fernsehaufzeichnungen geändert werden sollten. Mich wundert, dass ein Weltverband billigend falsche und irreguläre Resultate in Kauf nimmt, nur um krampfhaft zu der so genannten Schiedsrichterentscheidung zu stehen. Dabei hat ein Schiedsrichter nur zwei Augen, zusammen mit den Linienrichtern sind es sechs. In den vergangenen Jahren sind die Begegnungen immer schneller und rasanter geworden, die Augen der Schiedsrichter jedoch nicht besser.

Diese drei Herren werden beobachtet von zweiundzwanzig Spielern und Tausenden von Zuschauern. Und, was noch gravierender ist, von etlichen Fernsehkameras, die ihre Augen auf Stopp stellen und jedes Bild einfrieren können. Es gibt keine Situation, die so nicht genau nachverfolgt und analysiert werden kann.

Kurz vor Weihnachten hat Kaiserslautern zum letzen Mal in diesem Jahrtausend in München gegen 1860 gespielt und 2 : 1 verloren. Beim Stand von 1 : 1 ließ Schiedsrichter Krug, er wurde unterstützt von seinem Linienrichter Weber, weiterspielen. Nur hatten die beiden Herren im Getümmel zwischen dem Lauterer Marschall und den 60ern Cerny und Torwart Hoffmann übersehen, dass der Ball in vollem Umfang die Torlinie überschritten hatte, ehe man ihn aus der Gefahrenzone schoss. Abgesehen davon, dass Spieler aus Bayern generell besser sind, hat der Unparteiische kein Tor gegeben, obwohl es eins war. König Otto Rehhagel, Trainer der Lauterer, ereiferte sich entsprechend und sagte, eine so schlimme und falsche Spielentscheidung habe er noch nicht erlebt. Und er fügte hinzu, dass er schon seit mehr als fünfzehn Jahren für den Fernsehbeweis eintrete, dann wären viele Fehlentscheidungen nicht getroffen worden.

Falls der DFB und der Weltverband den Fernsehbeweis generell anerkennen sollten, werden wir folgendes Szenario haben: Der Schiedsrichter pfeift ein vorläufiges Foul oder ein vorläufiges Tor, alle Spieler sowie die Trainer und die Schiedsrichter stürmen zur Außenlinie, wo zwanzig Monitore aufgebaut sind, und schauen sich die Bilder der entsprechenden Kamera an. Die Zuschauer können alles auf der großen Stadionleinwand verfolgen. Ist der Beweis eindeutig, wird aus dem vorläufigen Foul oder Tor ein endgültiges Foul oder Tor. Es kann weiter gehen. Ist die Entscheidung aber nicht eindeutig, was dann? Unterbricht man das Spiel? Zieht man Rechtsanwälte zu Rate? Droht man gleich mit einer Klage? Gibt man das Tor unter Vorbehalt einer gerichtlichen Entscheidung?

In der besagten Partie 1860 München gegen Kaiserslautern hat Rehhagel auf einen Protest verzichtet, weil die momentane Regelauslegung wohl keinen Erfolg gebracht hätte. Obwohl der Schiedsrichter später einräumte, er hätte nichts sehen können, zwei Spieler hätten am Boden gelegen, der Ball auch, aber hinter ihnen. Durch die Spieler hätte er nicht hindurchschauen und deshalb nicht auf Verdacht entscheiden können.

Solche Begegnungen verleiten natürlich zu Spekulationen. Rehhagel erklärte danach: »Hätte Krug das Tor anerkannt, wir hätten auch 3 : 1 gewinnen können.«

Und was wäre gewesen, wenn sich – um das Wort »hätten« noch einmal zu strapazieren – der TSV 1860 aufgerappelt und nach diesem Rückstand noch sechs Tore geschossen hätte? Kaiserslautern hätte daraufhin wegen des schlechteren Torverhältnisses nicht im UEFA-Cup teilnehmen können.

Bei verzerrenden und nachträglich falschen Schiedsrichterentscheidungen wird es wohl in absehbarer Zeit eine Änderung geben, dass nicht oder zu Unrecht gegebene, spielentscheidende Tore per Fernsehbeweis anerkannt oder annulliert werden können. Als logische Konsequenz wird dann eben die Begegnung wiederholt. Die zukünftige Auslegung der Fernsehbilder darf allerdings nicht dazu führen, dass man nachträglich Tore aberkennt, weil einige Spielzüge vorher ein Foul begangen worden ist, das der Schiedsrichter nicht gesehen hat. Würde man so verfahren, müsste man möglicherweise alle Spiele wiederholen.

Einen Grenzfall sehe ich in der Partie Werder Bremen gegen den VfB Stuttgart 1993. Nach einem Foul wurde der Ball regelwidrig zehn Meter näher zum Stuttgarter Tor gelegt. Und dieser Freistoß führte zum 1 : 0 für die Bremer. Es macht schon einen Unterschied, ob ich aus 28 Metern Entfernung aufs Tor schieße oder aus 18 Metern. Maradona hat ja sogar bei der Weltmeisterschaft 1986 mit der Hand ein entscheidendes Tor gemacht, was man erst später mit Hilfe von Aufzeichnungen belegen konnte. Maradona sagte dazu, es sei die Hand Gottes gewesen. Das Spiel wurde auch nicht wiederholt.

Ein kurioses Tor wurde in der Begegnung Manchester gegen Arsenal geschossen. Ein Spieler der Heimmannschaft lag verletzt am Boden, und die Gastmannschaft hat, wie allgemein üblich, damit der Verletzte behandelt werden kann, den Ball ins Aus geschossen. Nun hat ja bei Wiederbeginn die andere Mannschaft, also in diesem Fall die Heimmannschaft, das Recht des Einwurfes. In solchen Situationen wirft man immer dem Gegner den Ball zu, weil er sich ja vorher so fair gezeigt hat. Doch die Heimmannschaft hielt sich nicht an das ungeschriebene Gesetz und machte einen weiten Einwurf auf einen eigenen Spieler, der dann ein Tor erzielte. Aber Manchester wollte das Spiel nicht durch diese unfaire Geste gewinnen, der Verband hat das Tor auf Drängen der Gastmannschaft nicht anerkannt und die Begegnung wurde wiederholt. Was wohl die FIFA dazu gesagt hat? Ich weiß es nicht.

Über den Wolken

Die heutigen Youngsters werden hoffentlich auch alle schnell begreifen, dass Fußball nicht das Ein und Alles ist. Einige, wie Oliver Kahn, sind schon so weit in ihrer Entwicklung, die wissen, wo es lang geht und setzen ihre eigenen Prämissen. Fußball kann man bis dreißig, in Ausnahmefällen wie Matthäus auch noch bis vierzig spielen. Normalerweise bleibt nach dem Fußball aber noch mehr als die Hälfte des Lebens übrig. Das Leben fängt überhaupt erst an!

Nur die Wenigsten sehen das in ihrer aktiven Zeit so. Als wir gegen Ajax Amsterdam 4 : 0 verloren haben und ausgeschieden sind, da war ich so down, dass ich, wie schon erzählt, alle meine Sachen aus dem Hotelfenster geschmissen habe. Für mich ist damals meine Welt vorübergehend untergegangen, zumindest meine Sportwelt.

Auf der anderen Seite jedoch habe ich auch gesehen, dass es auf der Welt noch viele andere Dinge und auch viel Leid gibt und habe mir gesagt: Sepp, was bist du doch so narrisch, dass du Fußball so wahnsinnig wichtig nimmst.

Ich erinnere mich an einen Besuch in der Orthopädie München in der Grünwalder Straße, einem Heim für Contergan geschädigte Kinder. Keine Arme und Beine und trotzdem so fröhlich und lustig. Das konnte ich nicht verstehen. Und dann kommst du rein, siehst das körperliche Leid und stehst da wie ein Depp mit deinen kleinen Fußballproblemen. Nur weil du mal verloren hast, verletzt bist oder der Verein dir nicht das Wunschgehalt zahlen will.

Als ich zum ersten Mal in dieses Heim kam – wir Spieler von Bayern sind öfter in solche Heime gegangen –, war ich gerade fix und fertig, denn wir hatten kurz zuvor ein wichtiges Spiel verloren. Ich konnte nicht richtig trainieren und mich nicht konzentrieren. Eine Welt war eingestürzt. Und dann gehst du in das Krankenhaus zu den Kindern, die sitzen dort in Rollstühlen ohne Arme und ohne Beine, die ohne Beine rutschen über den Boden, und du dankst Gott dafür, wie gut es dir geht.

Bulle Roth und ich haben in einem großen Zimmer ein Fußballfeld abgegrenzt, als Tor genügte uns jeweils ein Stuhl, und gegen zwei von den Kindern gespielt. Jeder von uns hatte einen Besen und unser Ball war ein Putzlumpen, den wir mit dem Besen unter den Stuhl geschoben haben. Die Kinder hatten kurze Besen, die sie teilweise unter die Achsel geklemmt hatten, sind über den Boden gerobbt und gerutscht und waren so eifrig dabei, dass einem ganz komisch geworden ist. Du stehst ohnmächtig daneben und weißt, den Kindern kannst du nicht mehr helfen. Und dann dieser Lebenswille! Die Kinder haben 2 : 1 gegen uns gewonnen und sich riesig gefreut. Und ich habe mir gesagt: Was ist schon ein verlorenes Spiel? Schau dir diese Kinder an und hör auf zu jammern. Und meine Probleme sind auf ein nichtiges Maß geschmolzen und ganz unbedeutend geworden.

Und wenn ich später einmal Pech hatte, verletzt war, Massagen bekam, unzufrieden war mit allem, nicht spielen konnte und nicht trainieren, ganz kribbelig wurde und grantig, dann habe ich oft an diese Kinder gedacht. Wenn wir zur Behandlung bei Professor Viernstein im Krankenhaus waren und dort die Patienten gesehen haben, überall vergipst in den Betten auf den Fluren, Schwerverletzte, Beinamputierte, dann denkt man: Was bist denn du für ein Arsch und regst dich auf, weil du am Finger ein bisschen verletzt bist, und die haben keinen Fuß mehr dran, können nicht mehr gescheit laufen, sind vielleicht gerade mal zwölf oder dreizehn Jahre alt. Unfallopfer und für ihr ganzes Leben behindert und gezeichnet.

Und wenn Bayern wieder einmal verliert und jeder meint, die Welt stürzt ein, so wie im Mai 1999 in der Champions League gegen Manchester United in Barcelona, als die Spieler drei Tage nicht reden konnten oder wollten, dann sollte man als Trainer einmal die Mannschaft nehmen und mit ihr in ein solches Krankenhaus gehen.

25 Jahre später hat sich für diese Geschichte der Kreis geschlossen. Das ist auch schon einige Jahre her, da bin ich bei uns im Stadion einer Rollstuhlfahrerin begegnet. Sie war vielleicht Mitte vierzig. Und die Dame hat mich angesprochen und gesagt: »Herr Maier, ich habe mich damals so gefreut.«

Da habe ich überrascht gefragt: »Wann denn, und warum?«

»Sie sind mal nach einem Fußballspiel zu uns gekommen und haben Putzlumpenfußball mit uns gespielt.«

Da ist mir wieder komisch geworden, denn das besagte Spiel war schon mehr als fünfundzwanzig Jahre her. Sie hat mir dann erzählt, dass sie damals so einen riesigen Spaß hatten, die ganze Abteilung hätte wochenlang von diesem Putzlumpenspiel geschwärmt. Und lange davon gezehrt und es immer wieder selbst gespielt.

Und mit einem Schlag ist mir wieder alles eingefallen. Und wenn ich jetzt überlege, weiß ich nicht mehr, welches Spiel wir damals verloren haben, aber ich sehe die Kinder mit den großen, erwartungsvollen Augen vor mir, wie sie um den Putzlumpen kämpfen und uns geschlagen haben. Und ich kann allen nur den Rat geben: Zeigt nicht nur Mitleid mit solchen Menschen, das nützt ihnen überhaupt nichts, sondern sprecht mit ihnen und gebt ihnen das Gefühl, sie zu akzeptieren und als vollwertig zu betrachten.

Da war doch noch was …

Fußball ist ja nicht nur Hinter-dem-Ball-Herlaufen, das ist auch Spaß, Sex, Amüsement. Früher haben die Trainer einem einzureden versucht, man würde bei einem einzigen amourösen Abenteuer mit einer Frau seine ganze Manneskraft auf Tage und Wochen vergeuden, für den Fußball bliebe dann nichts mehr übrig. Selbstverständlich ist das Schwachsinn, allerdings waren diese Aussagen ganz im Sinne unserer Eltern, um uns von den Mädchen fern zu halten. Was ihnen mit zunehmendem Alter natürlich immer weniger gelungen ist.

Jeder Profi ist heute gut trainiert. Und da macht es selbstverständlich nichts aus, wenn er bei seiner Freundin oder seiner Ehefrau im sprichwörtlichen Sinne eine extra Trainingseinheit hinlegt. Das Ganze muss ja vor einer Begegnung nicht gerade in eine Sexorgie ausarten, sodass man erst kurz vor dem Spiel wieder im Hotel auftaucht und sich voller Schuldgefühl gemeinsam mit den anderen auf den Weg ins Stadion begibt.

Ich habe die Erfahrung gemacht, Sex vor dem Spiel schärft meine Aufmerksamkeit und gibt mir mehr Lockerheit. Und es gab auch nie Probleme, außerhalb von München und Bayern unsere Aufmerksamkeit auf diese Art und Weise zu schärfen. Wie heutzutage die Musikstars und die Groupies, so konnten auch wir uns damals nicht über mangelndes Interesse vom anderen Geschlecht beklagen. Dann sind wir halt ausgebüchst, haben uns verdünnisiert und ein paar schöne Stunden erlebt. Nicht nur die Unverheirateten. Selbstverständlich hat jeder den Mund gehalten. Irgendwann kam jeder mal in die Situation, die mannschaftliche Schweigepflicht in Anspruch zu nehmen.

Aber so sehr wir uns auch bemühten, unsere Eskapaden blieben der Vereinsführung, und hier besonders dem Manager Robert Schwan, nicht verborgen. Wir haben schon aufgepasst, war unsere stereotype Antwort auf die Frage, wie es denn gewesen sei, und haben die obere Heeresleitung damit beruhigt. Abstreiten wäre unsinnig gewesen. Zu oft hat der liebe Schwan uns beobachten können, wenn wir uns mit einer netten Maus im Auto vergnügt haben und uns quietschende Stoßdämpfer und Federn verrieten.

Es kam schon vor, dass wir gemeinsam mit den Journalisten – damals waren es nur wenige, die uns begleitet haben – abends auf ein Bier in die Disco oder in eine Bar sind. In der Nacht hat dann jeder einen Hasen abgeschleppt. Selbstverständlich lief alles diskret ab, aber alle konnten sich ausrechnen, dass wir nicht nur zum Trinken weggehen würden. Dazu hätten wir auch im Hotel bleiben können. Möglicherweise hatten die Journalisten damals eine andere Berufsauffassung als heute – noch war der gierige Enthüllungsjournalismus nicht geboren –, auf alle Fälle hat man über unsere Extravaganzen nie etwas in der Presse lesen können.

Unterwegs zu einem Länderspiel haben Trainer und Assistenztrainer versucht, als Hüter unserer Moral aufzutreten. Über lange Zeit war es Brauch, dass sich die Trainer in die Hotelhalle gehockt haben, um aufzupassen, wer um welche Uhrzeit nach Hause gekommen ist. Oder wer nach der sogenannten Sperrstunde noch einmal das Hotel verlassen hat. Die Offiziellen des DFB dagegen hat weniger interessiert, wann wir mit wem unterwegs waren. Hauptsache, wir haben gewonnen.

Aber wenn du auf der Suche nach dem anderen Geschlecht bist, vielleicht auch noch gemeinsam mit deinen Kollegen, trau nie einem Nichtsportler! In einem Trainingslager vor einer Begegnung mit Werder Bremen lernte ich einen Rechtsanwalt aus der Hansestadt kennen, der auch eine Funktion im Vorstand des Vereins hatte. Sein Name tut nichts zur Sache – dieser Mann war schon immer unbedeutend und ist es immer noch.

Ich fühlte mich irgendwie kribbelig. Der Lindenmeier Hans, mein damaliger Spezi, außerhalb Bayerns sagt man Freund dazu, hat mich mit seinem BMW abgeholt, und wir sind gemeinsam mit diesem Rechtsanwalt zu einer Tennisanlage gefahren. Zuerst haben wir auch tatsächlich Tennis gespielt, anschließend aber etwas Aufregenderes. In der Früh, so gegen fünf oder sechs oder sieben, sind wir zurück ins Hotel.

Kurz vor Spielbeginn trifft doch der Hans, ich hatte ihm meine Karte für die Tribüne besorgt, wieder diesen Rechtsanwalt, der auch noch ausgerechnet neben ihm zu sitzen kommt. Und der Bremer tönt ganz laut, damit auch jeder es hören kann: »Da wollen wir doch mal schauen, wie der Sepp Maier nach der heißen Nacht heute das Tor hütet.«

»Du Schwein«, hat da der Hans gesagt. »Hast alles mitgemacht, und jetzt kannst nicht die Klappe halten. Was soll das?«

»Ich kenne einen von der Presse. Wenn der Sepp nicht gut ist ...«

Den Gefallen habe ich ihm nicht getan, wir haben 4 : 1 gewonnen. Der Arsch wird sich nun zweimal geärgert haben: Erstens, weil ich trotz der aufregenden Nacht gut gespielt habe, und zweitens, weil Bremen verloren hat. Aber dieser Vorfall war mir eine Lehre. Geärgert habe ich mich trotzdem gewaltig, weil ich ein solches Verhalten aus dem Sport nicht kenne. Da gibt es keine Kameradenschweine.

Aber all diese Sperenzchen, mal auf die Pauke zu hauen oder die Nacht durchzumachen, gehören im Sport dazu. Dabei wollte ich immer erobern und bin auf die Frauen zugegangen. War es umgekehrt, hatte ich das Gefühl, sie wollten mehr als nur eine kurze Episode und habe mich verdrückt. Ein Techtelmechtel ja, aber um Himmels willen keine problematische Beziehung, das war meine Devise. Um keine Unklarheiten aufkommen zu lassen, habe ich immer gesagt: Ich bin kein Mann für die ganze Nacht, ich bin schon nach fünf Minuten kaputt.

Abgesehen davon, dass ich, wie man gerne sagt, so richtig im Saft meiner Jugend und meiner Manneskraft stand, hat vielleicht noch ein anderer Aspekt eine Rolle gespielt. Geheiratet habe ich mit einundzwanzig. Jung gefreit, oft bereut oder so ähnlich. Deshalb hatte ich das Gefühl: Mensch, Sepp, du versäumst was, wenn du dich nicht auch mit anderen Frauen vergnügst. Vielleicht lernst du noch was von ihnen.

Unterwegs habe ich deshalb die Lage ausgenutzt, nach Miniröcken und langen Beinen geschaut und darauf geachtet, dass meine Frau nichts erfahren hat. Zwar waren es meist schöne, spontane Abenteuer, one night stand nennt man das jetzt, glaube ich, aber ein komisches Gefühl hatte ich schon. Was willst du gegen deinen Trieb machen, wenn er stärker ist als das Hirn? Auf den Körperteil, wo sich das meiste Blut gesammelt hat, hast du halt gehört. Der kleine Kopf hat über den großen bestimmt. Gelegenheit macht Liebe. Aber inzwischen habe ich mir die Hörner abgestoßen, eigentlich schon vor zehn Jahren, als ich eine neue Beziehung eingegangen bin.

Wenn wir gegen den HSV oder eine andere Mannschaft im hohen Norden gespielt haben, hat unser Manager oft noch ein Freundschaftsspiel arrangiert, damit sich auch die weite Reise gelohnt hat. Nun, gegen den HSV hatten wir diesmal gewonnen und am Tag darauf war ich eingeladen zur Eröffnung einer neuen Tennishalle. Schon am Abend zuvor bin ich mit Rainer Bley in diesen Ort gefahren, da gab es eine bekannte Diskothek. Und ich dachte, Sepp, heute geht die Post ab. Morgen nur ein Freundschaftsspiel, das ist nicht so wichtig, da kannst du heute die Wutz raus lassen. Ein bisschen Ablenkung tut gut. Und lockert dich auf. Bist dann nicht so verkrampft.

Manchmal kann ein geplantes Sex-Abenteuer auch zu einem tatsächlichen Abenteuer, allerdings ohne Sex, werden. Wir kamen zu der Diskothek, die Mädchen, so richtige heiße Hasen in kurzen Minis und engen Blusen, warteten bereits auf uns. Man trinkt Whiskey-Cola, noch eins und noch eins und plötzlich hat sich der Alkohol in meinem Kopf eingenistet und mir ist schlecht geworden.

Die meisten fühlen sich stark und werden aggressiv, wenn sie zu viel getrunken haben, mich dagegen umfängt eine unheimliche Müdigkeit. Ich musste zur Toilette, habe gepieselt, mich anschließend auf die Brille gesetzt, um mich etwas auszuruhen, und bin eingeschlafen. Draußen haben alle auf mich gewartet, aber ich bin einfach so eingeschlafen, obwohl ja da Beste noch kommen sollte. Ob sich so vielleicht die Midlife-Crisis anbahnt? Hoffentlich nicht, sonst war ich schon mittendrin.

Irgendwann wache ich auf, durch eine Glaskuppel genau über mir fällt Tageslicht in mein enges und unkomfortables Gehäuse. Ich gehe hinaus und sehe, das ganze Lokal ist leer. Was ist denn passiert, fragte ich mich. Bist doch gerade mal zehn Minuten weg gewesen. Und als ich auf die Uhr schau, es war acht in der Früh, trifft mich fast der Schlag. Etliche Stunden muss ich geschlafen haben und meine treulosen Kameraden haben mich einfach vergessen.

Ich wollte aus der Diskothek, aber die Türen waren verschlossen. Auf der Suche nach einem Fenster bin ich herumgelaufen, aber es gab keins. Nur eine Glaskuppel gab es, und gleich daneben einen Zigarettenautomaten. Ich habe den Automaten unter die Kuppel geschoben, doch sie ließ sich lediglich einen kleinen Spalt öffnen.

Dann habe ich gewartet und gewartet. Um drei am Mittag sollte das Spiel sein. Kein Telefon in der Nähe, wahrscheinlich hat das so ein überaus besorgter Wirt eingeschlossen, damit es niemand heimlich benutzen kann.

Plötzlich höre ich jemanden an der Tür. Ich nichts wie zurück aufs Klo, habe meine Kabine zugesperrt und abgewartet, wer denn jetzt um diese frühe Stunde in die Diskothek kommt. Gott sei Dank ist es die Putzfrau, die mich gleich erkennt.

»Ja, Herr Maier, was machen denn Sie noch hier?«

Ich nichts wie raus, ohne zu antworten, ein Taxi bestellt und zum Hotel gefahren. Gegen elf kam ich dort an, vier Stunden später war das Spiel. Zum Frühstück habe ich dann gleich zu Mittag gegessen.

Was wir auch angestellt, wie wir es auch getrieben haben, auf der Rückreise nach einem Spiel war alles vergessen. Wir haben nicht mehr darüber geredet, da gab es wichtigere Themen. Und jeder, der möglicherweise noch mit den Gedanken bei seinem Hasen war, konnte sich auf die Mannschaft verlassen, es wurde nichts hinausgetragen. Dafür kannten wir uns zu lange, der Stamm der Mannschaft war schon acht, neun oder mehr Jahre zusammen. Und die jungen Spieler, die achtzehn oder neunzehnjährigen, die nachrückten und die Koffer tragen durften, wurden von uns einfach nicht eingeweiht.

Waren zufällig unsere Nachwuchsspieler doch einmal dabei, denn so ganz ausschließen konnten und wollten wir sie nicht, haben wir im Bus gehört, wie sie über ihre amourösen Abenteuer geredet und mit ihren Fähigkeiten geprahlt haben. Und unsere Trainer, die auch nicht über alles informiert waren – warum auch, hatte ja nichts mit Fußball zu tun –, besonders Lattek und Cramer, haben lange Ohren bekommen und wollten gewisse Details aufschnappen.

Weil die jungen Kerle es nicht geschafft haben, diese Dinge für sich zu behalten und alles mehr oder weniger laut heraustratschten, haben wir sie einfach nicht mehr mitgenommen und links liegen gelassen. Oder wir haben gewartet, bis sie zu Bett gegangen waren. Woher sollten wir wissen, dass sie nicht auch außerhalb der Mannschaft Dinge von sich gaben, die man besser für sich behält? Oder die Presse von ihnen darauf angespitzt wird? Ein Gentleman schweigt und genießt.

Es gab im Fußball Zeiten, da haben gewisse Spielerfrauen mehr von sich reden gemacht, standen öfters in den Magazinen und Illustrierten oder vor den Fernsehkameras als die kickenden Ehemänner. Ich denke da an Gabi, die Frau von Bernd Schuster, die auch zugleich seine Managerin war. Bernd hat nichts ohne seine Gabi gemacht. Sie war die entscheidende Kraft für seinen Wechsel nach Spanien. Bodo Illgner wird auch von seiner Frau gemanagt, genau wie Stefan Effenberg und Stefan Reuter. Lolita hat Lothar Matthäus zwar nicht gemanagt, aber sie hat überall versucht, mit reinzureden.

Wie ein Fußballer sich verhält, bleibt jedem selbst überlassen. Aber ob es der richtige Weg ist, die Managerprobleme abends im Bett zu lösen, das wage ich zu bezweifeln. Mittlerweile kommt es sogar schon vor, dass bei Vertragsverhandlungen die Frauen mit am Tisch sitzen und glauben, sie müssten das entscheidende Wort haben. Jetzt möchte ich aber bitte nicht falsch verstanden werden: Ich habe nichts gegen Frauen oder Ehefrauen, aber aus meiner Sicht ist das nicht angebracht. Ich bin doch Manns genug, mit dem Präsidenten über meinen Vertrag und über mein Gehalt zu reden und brauche keine Frau, die sagt, mein Mann möchte aber bitte etwas mehr verdienen. Genauer gesagt, ich war Manns genug, denn meine Ära, über Verträge zu verhandeln, ist lange vorbei.

In der jüngsten Zeit haben die Frauen wesentlich mehr Macht und Mitspracherechte als früher. Inzwischen werden sie gefragt, ob sie, falls der Mann zu einem anderen Verein wechseln will, auch mit Liverpool oder München oder Hamburg als neuem Wohnsitz einverstanden sind. Markus Babbel und Diddi Hamann, die mussten schon auf ihre Frauen Rücksicht nehmen. Manche vom schwachen Geschlecht versuchen, ihre Männer zu beeinflussen: Schau doch, dass du ins Ausland kommst. Aber wenn die bessere Hälfte Mann, die das Geld nach Hause bringt, nicht möchte, muss sie halt weiter in München bleiben. So schlecht ist es bei uns in Bayern ja auch wieder nicht. Es soll da noch ein oder zwei Städte in der Provinz geben, da ist es viel schlimmer – sagt man.

Einem Spieler ist es eher gleichgültig, wo er zum Einsatz kommt. Was er braucht, abgesehen von einem lukrativen Vertrag, ist ein gutes Umfeld und eine Mannschaft, in der es sich lohnt, zu spielen. Ihm bleibt auch nicht so viel Zeit, über die neue Umgebung nachzudenken, denn er geht ja den ganzen Tag über seiner

Arbeit nach. Frauen, besonders wenn sie Mütter sind und die Kinder versorgen müssen, sehen das mit anderen Augen. Wo ist der nächste Kindergarten oder die nächste Schule? Wie weit ist es bis zum Einkaufen? Kann ich ein Hausmädchen engagieren?

Der Eklat von 1974

Zu meiner aktiven Zeit waren Frauen für den DFB ein rotes Tuch. Und wegen ihnen gab es auch oft Ärger und Unruhe. Natürlich hat der DFB auch 1974, als wir Weltmeister geworden sind, bezüglich der Frauen einen gravierenden Fehler gemacht und die Situation total falsch eingeschätzt. Anlässlich der Siegesfeier im München im Hilton Hotel, gemeinsam mit den Holländern, hat der DFB einen großen Saal gemietet. Es sollte ein würdiges Bankett werden. Wir hatten ja auch einen würdigen Titel erkämpft.

Alles schien perfekt organisiert, die Räumlichkeiten schön dekoriert und hergerichtet. Wir von der deutschen Mannschaft kamen etwas später, die Holländer warteten schon im Saal. Cruyff und Neeskens und andere Spieler hatten ihre Frauen mitgebracht.

Und unsere Frauen? Wo sind denn unsere Frauen?, wollten wir von den Offiziellen wissen. Wie sich herausstellte, waren sie in einem anderen Raum und wurden einfach nicht zur Feier zugelassen.

Dagegen haben wir uns natürlich gewehrt. Wir sind Weltmeister geworden, auf dem Gipfel unseres Ruhmes und unsere Frauen sollten ausgesperrt bleiben.

Uli Hoeneß hat seine Susi einfach mit in den Saal genommen, und ein Funktionär hat sie prompt wieder hinauskomplimentiert.

»So geht das nicht«, haben wir uns beschwert. »Die Holländer feiern mit ihren Frauen, wir wollen unsere auch dabei haben.«

Stur, wie ein Verband und wie Funktionäre nun mal sein können, hat man uns gebetsmühlenartig geantwortet: »Die Frauen dürfen nicht dabei sein, das hier ist eine Männersache.« Und als wir immer noch protestiert haben, hat man versucht, sich herauszureden: Es gebe nicht genügend Plätze, die Frauen müssten weiterhin in ihrem Raum bleiben.

Susi Hoeneß hat mittlerweile den Saal verlassen und dabei geweint wie ein Schoßhund. Das war des Guten zu viel. Wir Spieler sind zu den Frauen gegangen und haben gesagt, auf geht's, wir machen unsere eigene Siegerparty. Von den zweiundzwanzig Profis des Aufgebotes sind nur noch neun geblieben, um der offiziellen Feier beizuwohnen. Mit den Frauen haben wir uns anschließend ins Münchener Nachtleben gestürzt. Wie nicht anders zu erwarten, gab es mit dem DFB großen Stunk, aber von diesem Zeitpunkt an haben die Herren des Verbandes die Spielerfrauen anders behandelt. Einen solchen Eklat wollte man nicht noch einmal provozieren.

Seit 1986 dürfen die Frauen mit zu Weltmeisterschaften und anderen Großereignissen fahren, werden aber in einem anderen Hotel untergebracht. Natürlich gibt es da zu bestimmten Zeiten ganz gezielte Wanderbewegungen. Außerdem bekomen die Aktiven Gelegenheit, an freien Nachmittagen für die Familie da zu sein. Man geht bummeln oder Einkaufen und zum Abendessen ist die Mannschaft wieder komplett.

Früher wäre es unvorstellbar gewesen, dass Frauen ins Trainingslager gekommen oder zu Turnieren mitgereist wären. Wenn man verheiratet oder befreundet war, hat man vier Wochen lang oder mehr, je nach dem, wie lange die Vorbereitungszeit dauerte, seine Partnerin nicht gesehen. Was blieb, waren die Post und das Telefon. Das ging vielleicht ins Geld! So lange abgenabelt und isoliert zu sein, hat manche sprichwörtlich zu Verklemmten werden lassen, da ist einem der Saft wirklich ins Hirn gestiegen.

Ich habe mich immer wieder gefragt, warum die Funktionäre so großen Wert auf diese Trennung gelegt haben. Vielleicht waren sie der Auffassung, wenn ein Sportler sich mit seiner Frau oder Freundin vergnügt, dass er all seine Kraft aus dem Körper schießen lässt und nichts mehr für den Fußball übrig bleibt. Dass er dann, wieder zurück im Trainingslager, mit Wehmut an die schönen Stunden denkt, keinen Spaß mehr daran hat, sich zu quälen und zu schinden und später im Spiel seinen Gegner wie seine Freundin behandelt.

Denkbar ist natürlich auch, dass die Offiziellen diese Trennung für gut befunden haben, weil es für die älteren Herrschaften kein Problem darstellte, länger von ihren Eheweibern getrennt zu sein. Im Gegenteil, einige haben sich vielleicht sogar auf diese Wochen gefreut. Endlich einmal ohne. Und den kraftstrotzenden Spielern ihren Spaß nicht gegönnt.

Wenn die Spieler sich heute mit ihrer Ehefrau ein paar schöne Stunden machen, sind sie anschließend viel lockerer und auch viel besser gelaunt. Und auch die Leistung im Spiel ist eine ganz andere.

Wir Spieler vertragen uns meist ganz gut, sind unkompliziert und pflegeleicht, denn immerhin haben wir ja ein gemeinsames Ziel: den Erfolg, die Meisterschaft. Kommen jedoch Frauen hinzu, gibt es oft eine Missstimmung unter dem schönen Geschlecht. Man beäugt sich misstrauisch, weil die eine möglicherweise hübscher ist als die andere, mehr und besseren Schmuck trägt, obwohl die Männer in etwa gleich viel verdienen. Und dieses Abschätzen und Taxieren und Einordnen in gewisse Kategorien, immer im Vergleich zur eigenen Situation, ein richtiger Jahrmarkt der Eitelkeiten, führt zu Neid und unterkühlten Stimmungen. Natürlich werden auch die Ehemänner mit diesen wichtigen Problemen konfrontiert: Wieso habe ich als deine Frau nicht auch so einen teuren Pelzmantel, ein genauso prächtiges Collier. Und dann werden die Männer zur Rede gestellt.

Die Anlässe für Streit unter den Frauen bei Europa- oder Weltmeisterschaften sind manchmal klitzeklein. Eine falsche Bemerkung führt zur nächsten, die Frauen lassen ihren Frust an den Männern aus und schnell erscheinen dann all diese unwichtigen Geschichten in der Presse.

Und wenn man jetzt denkt, weil doch die Frauen mitreisen können, seien alle Probleme gelöst, das stimmt auch nicht ganz. Im Gegenteil, es entstehen neue Probleme, weil auch die Kinder dabei sind. Zum Beispiel, der Spieler besucht seine Familie im anderen Hotel. Es ist drückend warm, so wie 1994 in Chicago. Der Junge hat Fieber oder ihm tut der Magen weh, man telefoniert nach einem Doktor. Schon ist der Aktive nicht mehr frei im Kopf und mit familiären Dingen beschäftigt. Im Training kann er sich nicht mehr so konzentrieren, zwischendurch ruft er an, wie es dem Buben geht. Das belastet natürlich.

Oft muss sich im Ausland der DFB um solche Dinge kümmern, weil die Frauen es nicht können oder die Sprache nicht beherrschen. Eigentlich ist das nicht Aufgabe des Verbandes, der für ein Turnier schon genug zu tun hat. Schnell kommt Unruhe auf.

Zu Hause in Deutschland in einer gewohnten Umgebung gäbe es für die Ehefrauen all diese Schwierigkeiten nicht. Und wenn der Gatte anruft und fragt, wie es dem Nachwuchs geht, wäre mittlerweile sicherlich schon alles geklärt.

Manche Frauen meinen, sie müssten sich unbedingt durch auffälliges Verhalten in den Vordergrund spielen, quasi als Gegengewicht zu ihrem bekannten Mann, um entsprechend beachtet zu werden. Das Bestreben, sich aus der Masse herauszuheben und aufzufallen, weil man für sich einen höheren Stellenwert reklamiert als für die anderen Frauen, trägt seltsame Blüten. Anläßlich der Weltmeisterschaft in Chicago hat der DFB die Spieler mit ihren Frauen zum Essen eingeladen. Bianca, die Frau von Bodo Illgner, hatte ihre Mutter mit nach Chicago gebracht, auch auf Kosten des DFB, damit sie auf das Kind aufpassen sollte.

Während des Essens hat sich Bianca Illgner bei Bernd Pfaff, Direktor beim DFB, beschwert, dass einige Spielerfrauen ihre Kinder und ihr Kindermädchen zu diesem Essen mitgebracht hätten, während sie ihre Mutter habe im Hotel lassen müssen. Sie hätte ihr Kind auch gerne um sich.

»Dann lassen Sie doch Ihre Mutter nachkommen«, hat Bernd Pfaff gesagt. »Es ist doch kein Problem, sie soll kommen.«

»Und wie kommt sie her?«

»Mit dem Taxi.«

Daraufhin wollte Bianca Illgner wissen: »Und wer bezahlt das Taxi?«

Diese lächerliche Situation habe ich mitbekommen. Bernd Pfaff hat mich angeschaut und mit dem Kopf geschüttelt. Da fährt Deutschland zu einer Weltmeisterschaft, die Frauen sind mit dabei, und eine von ihnen sorgt sich darum, wer das Taxi bezahlt, wenn ihre Mutter mit dem Nachwuchs zum Essen kommen soll. Ein Zwanzig-Dollar-Problem wird hier zum Mittelpunkt der Nationalmannschaft.

Von Schauspieler zu Schauspieler

Eine ganz andere Welt ist die der Schauspieler und sogenannten VIPs. Etliche von ihnen habe ich auf Veranstaltungen kennen gelernt, außerdem habe ich ja schon 1968 zusammen mit Gerd Müller einen Film gemacht: »Wenn Ludwig ins Manöver zieht«. Während der Dreharbeiten hat es mit den anderen Schauspielern überhaupt keine Schwierigkeiten gegeben. Natürlich haben wir sie alle an die Wand gespielt – mit dem Ball. Niemand war hochnäsig, alles haben sich normal verhalten und auch mit uns Fußballern geredet.

Andere gaben sich dagegen schon etwas eingebildet. Senta Berger und Michael Verhoeven habe ich mal kennen gelernt, sie sind ja miteinander verheiratet. Senta Berger war in jüngeren

Jahren, als ich sie das erste Mal sah, eine tolle Schauspielerin, unbefangen und locker, eine richtige Augenweide. Wir haben uns gleich geduzt, haben ein bisschen geschäkert und unseren Spaß gehabt.

Vor geraumer Zeit war ich in Salzburg eingeladen, zusammen mit ihr. Wir haben uns unterhalten und da dachte ich, hoppla, was ist denn jetzt los. Plötzlich hat sie mich gesiezt. Nun, ich habe darüber hinweggesehen und gefragt, wie sie zurück nach München kommt. Sie sagte, sie sei mit dem Zug angereist und werde von einem Fahrer zurückgebracht. Da habe ich gemeint: »Ich fahre auch mit dem Auto nach München, Sie können doch mit mir fahren.«

»Nein, nein«, hat sie gesagt. »Ich lasse mich nach München bringen.«

Da hat sie also ein Chauffeur nach München gebracht, und der musste dann wieder zurück nach Salzburg. Das habe ich nicht verstanden und mir gedacht, soll sie doch den Chauffeur nehmen, wenn es ihr lieber ist. Vielleicht aber gibt es auch eine einfache Erklärung: Sie hat Angst vor mir gehabt. Vor einem so dynamischen und durchtrainierten Draufgänger, wie ich einer war. Und immer noch bin – wegen der verpassten Chancen zwanzig Jahre zuvor.

Spaß beiseite. Was ich damit sagen will, ist, dass Menschen sich sehr verändern können. Zu meiner aktiven Zeit kam sie zu unseren Spielen, zum Europa-Cup, zusammen mit ihrem Mann, hat auch oft im Training vorbeigeschaut, wenn sie Zeit hatten, zu den Heimspielen erschienen sie eigentlich immer, es gab einen engen Kontakt zwischen uns und nun tut sie so, als würde sie mich nicht mehr kennen. Das habe ich nicht verstanden und es ist mir schon unangenehm aufgestoßen, weil das nicht meine Art ist.

Ähnlich erging es mir mit dem Präsidenten des FC Bayern, Willi O. Hoffmann, dem Nachfolger von Wilhelm Neudecker. Als er noch Schatzmeister war, haben wir uns geduzt. Selbstverständlich redete ich ihn auch bei einem Auswärtsspiel vor Journalisten auf die gewohnte Art an. Hoffmann nahm mich auf die Seite und gab mir deutlich zu verstehen: »Du, wenn wir unter uns sind, kannst du mich natürlich weiter Willi nennen. Aber wenn andere Leute dabei stehen, musst jetzt schon Sie zu mir sagen.«

Wenn des Präsidenten Himmelreich das Sie ist, warum nicht? Gönnen wir es ihm einfach.

Nadja Tiller und Walter Giller waren da ganz anders als Senta Berger, Gerd Fröbe ebenfalls. Ich erinnere mich noch deutlich an seinen Sketch über einen Fußballtorwart. Fröbe kam oft zu uns zum Training und hatte mich gefragt, wie er das denn wohl am besten anstellen könnte. »Du, Sepp, ich muss eine Parodie auf einen Fußballtorwart machen. Kannst mir da helfen?«

»Natürlich«, habe ich gesagt. »Kennst du dich ein bisschen aus in der Materie?«

»Klar«, hat er geantwortet, »Ich war früher Torwart.« Dann hat er an sich heruntergeschaut und gemeint: »Als ich noch schlanker war.«

Und da habe ich ihm halt Schauspielunterricht gegeben und die Szenen und die neueste Technik vorgespielt. Gerd Fröbe hat trotz seiner Leibesfülle schnell gelernt und es echt gut rübergebracht. Ist ja auch viel weicher gelandet als ich! Aber einen Vertrag bei Bayern hat er trotzdem nicht gekriegt. Das hätte ich nicht zugelassen. Wie gesagt, mit ihm und vielen anderen habe ich mich ausgezeichnet verstanden. Weil ich eben selber ein so guter Schauspieler bin. Wir haben dann sozusagen von Kollege zu Kollege gesprochen und uns Ratschläge gegeben. Man hilft sich halt gegenseitig.

Zur Kunst habe ich ein ganz und gar gespanntes Verhältnis, weil ich vieles, was sich Kunst nennt, nicht verstehe. Andere verstehen es auch nicht, tun aber so, als sei es wahnsinnig interessant, sich an Strichen und Klecksen und ranziger Butter zu ergötzen. Und Joseph Beuys ist für mich ein Scharlatan. Kunstkenner und die sich so schimpfen und das ist ihr gutes Recht, sehen in ihm den größten Künstler aller Zeiten. Besonders die Amerikaner.

Trotzdem finde ich es gut, wie Beuys seine Kunst, ich will es mal so nennen, verkauft und vermarktet. Eine Schubkarre voller Dreck für ein paar Hunderttausend. Bei mir hätten sie das billiger gekriegt. Für dreihundert Mark oder so. Aber wenn die Leute das bezahlen wollen, dann sind sie selber daran schuld.

Gegenständliche Bilder, auf denen man etwas erkennen kann oder auf denen zumindest eine Farbharmonie ist, die gefallen mir schon. Kunst will ich nachvollziehen können, aber mich nicht für ein Bild schämen müssen, um es dann im Keller aufzuhängen.

Natürlich habe ich auch meine Erfahrungen mit der Kunst gemacht. Die »Abendzeitung« hat über Jahre hinweg ein Tennisturnier organisiert, nach dem Motto: Wer sind die besten Tennisspieler unter Münchener Sportlern? Das Sporthaus Scheck hat das Turnier gesponsert, und ich habe gegen Georg Waldenfels antreten müssen, dem Präsidenten des Tennis-Verbandes, der vorher Finanzminister von Bayern gewesen ist. Vier Stunden habe ich mit ihm gekämpft, dann war ich im Endspiel und vorher habe ich wissen wollen: Welchen Preis gibt es eigentlich für den Sieger? Da hat man mir die Frau von dem Künstler Salvador Dalí vorgestellt, die anlässlich des Turniers eine Skulptur ihres Mannes gestiftet hatte. Salvador Dalí lebte damals auch noch, soll aber schwer krank gewesen sein.

Im Endspiel habe ich gegen den Skiläufer Wolfgang Junginger gestanden und er hat gewonnen. Leider. Als ich jedoch dann die Skulptur sah, so irgendetwas Verworrenes mit verbogenem Eisen, worunter ich mir nicht viel vorstellen konnte, war ich nicht mehr böse und habe mich gefreut, dass ich nicht dieses Gestrüpp geschenkt bekommen habe, sondern einen Pokal. Später dann hat mir einer gesagt, dass dieses Gestrüpp, dieses

Kunstgeflecht, einen enormen Wert hat. Aber leider ist mein Kunstverständnis damals nicht so stark ausgeprägt gewesen, um das erkennen zu können.

Die besten Schauspieler

Wie es sich für einen echten Bayer gehört, bin ich politisch schwarz, ein CSUler. Und ich gebe auch zu, dass ich deshalb voreingenommen gegenüber anderen politischen Richtungen bin. Aber bisher hat mich das nicht gestört, denn mit Bayern und der CSU bin ich sehr gut gefahren. Auch wenn die Schwarzen, als sie an der Regierung waren, viele Fehler gemacht haben, ich halte zu ihnen. Das ist meine Heimmannschaft.

Zu meiner aktiven Zeit habe ich mich nicht in dem Maße wie heute für Politik interessiert. Trotzdem hatte ich einen sogenannten politischen Leitwolf und das war unser Franz-Josef Strauß. Ihn habe ich sehr verehrt, weil er ein aufrichtiger Mensch war. Einmal habe ich ihn überraschend persönlich getroffen, während ich mittags spazieren ging, an irgendeinem See im Berchtesgardener Land. Plötzlich kommt mir ein Mann entgegen, in Begleitung – wohlgemerkt, es war mittags –, und schwankt durch die Gegend. Da habe ich mich gefragt: »Ist der um die Zeit schon besoffen?« Und als ich näher komme, erkenne ich, es war Franz-Josef Strauß. Er kam von einer Feier, einer Kirchweih, und hatte eine Lederhose an. Die gibt es ja in allen Größen, sogar in seiner. Strauß musste gestützt werden, seine Begleiter haben ihn zum Auto gebracht. Und das habe ich so sympathisch gefunden, dass er so normal ist und wie jedermann einen trinken geht. Natürlich hat Strauß Fehler gemacht, alle Politiker machen Fehler, sonst wären sie ja Papst geworden.

Aber so, wie es im Augenblick ist, eine Regierung aus SPD und Grün, das Schlimmste, was uns passieren konnte. Nichts haben die bisher auf die Beine gebracht. Immer habe ich das Gefühl, dass die jetzige Regierung viel machen will und doch nichts zu Wege bringt. Purer Aktionismus, den man auch noch versucht, über die Medien zu verkaufen. Überstürzte Maßnahmen werden angekündigt, wie eine Heilsbotschaft angekündigt, und jeder äußerst sich dazu. Fischer pfeift einen SPD-Mann zurück, Schröder pfeift einen Grünen zurück, vor den Mikrofonen werden Scheingefechte ausgetragen. Es gibt nur Reibepunkte, keine Ergebnisse, alles verläuft im Sand. Und das nun schon eineinhalb Jahre.

Es kommt mir vor wie im Fußball. Ein Trainer sagt, spiel endlich den Ball nach links, der andere, gib endlich ab, und ein Dritter: Lauf durch und mach das Tor.

Obwohl ich informiert bin und mich die Politik interessiert, das kommt wohl mit zunehmendem Alter, bin ich nicht so tief involviert, um ein endgültiges Urteil abgeben zu können. Aber das sind andere Bundesbürger ja auch nicht.

Unerklärlich ist das Verhalten unseres Umweltministers Trittin, für mich der beste Schauspieler im Kabinett. Die Atomkraftwerke abschalten auf lange Sicht, sicherlich ist das sinnvoll. Sie aber jetzt abzuschalten, so auf die Schnelle, und den fehlenden Strom vom Ausland über Atomkraftwerke zu beziehen, die wesentlich unsicher sind als unsere, das ist der falsche Weg. Krass ausgedrückt nimmt er durch die Mehrproduktion und die längere Laufzeit von unsicheren Kraftwerken im Ausland dort vorprogrammierte Störfälle, vielleicht sogar Katastrophen in Kauf. Über den Finger geschätzt trifft dies im Umkreis von etwa 600 Kilometern wohl auf hundert ausländische Atomkraftwerke zu. Die Folgen können sehr fatal sein. Wie war es bei Tschernobyl, fast zweitausend Kilometer von uns entfernt, dort hinten bei Kiew? Jahrelang durften wir keine Pilze essen, das Obst war verseucht, der Boden kontaminiert.

Aber was rede ich über die Politik und die Politiker? Was rege ich mich auf? Nirgends gibt es so viele Selbstdarsteller wie in der

Politik. Und wandlungsfähig sind sie allemal. Springen aus Turnschuhen raus, rein in den Boss-Anzug. Und wenn es Stimmen bringt, auch wieder zurück. Obwohl ich Fischer auf seine Art mag.

Achtzig Prozent und mehr haben eine Profilneurose. Wenn ich mir diesen Möllemann anschaue. Immer wieder kommt der auf die Füße. Bei Schalke hat er sich aufstellen lassen, richtig angebiedert hat er sich für den Aufsichtsrat und wollte, wenn ich richtig informiert bin, sogar Präsident werden, weil er in der Politik tot war. Was mich wundert, ist, dass es dann genügend dumme Leute gibt, die diesen Mann in den Vorstand und zum Präsidenten wählen wollen. Einer, der nur lauter Schwachsinn gemacht hat und ein Profilneurotiker hoch drei ist. Ist eine Fernsehkamera eingeschaltet, wird ein professionelles Lächeln aufgesetzt, und schon hat er seinen Schädel auf dem Bildschirm.

Eigentlich schade, wenn Politiker, die das Interesse der Bürger vertreten sollen, sich so verhalten. Als Kommunalpolitiker machen sie noch gute Arbeit. Aber wenn sie aufsteigen, Bundestagsabgeordnete werden, sich mehr und mehr vom Bürger entfernen, denken sie nur noch an sich, an eine gute Publicity, an Tantiemen und andere Vergünstigungen.

Schaust du dir aber eine Debatte im Bundestag an, dann ist fast immer auf den Rängen der Abgeordneten gähnende Leere. Ich erinnere mich, dass von den mehr als dreihundert Abgeordneten der Regierungsparteien bei einer Debatte gerade mal vierzig anwesend waren. Einfach weg, obwohl es wichtig war, an diesem Tag anwesend zu sein. Sind die denn alle ihrer Nebentätigkeit nachgegangen? Haben die kein Interesse an ihrer Arbeit? Für mich ist so etwas unverständlich. Dem Bürger gegenüber haben doch die Volksvertreter eine Verpflichtung. Allerdings nur, so habe ich das Gefühl, bis sie gewählt worden sind. Man muss sich mal vorstellen, Fußballer würden ihren Beruf genauso auffassen. Das ginge ein Wochenende gut – oder schlecht.

Natürlich gibt es auch Ausnahmen, die für das Volk da sind.

In Bayern haben wir solche. Und wir haben ja auch keine Spendenaffäre, die der CDU schwer zu schaffen macht. Jahrelang haben sie die Leichen im Keller gehabt, nun kommt alles nach und nach heraus. Schaffen einfach Geld ins Ausland und bringen es wieder zurück in Form einer Erbschaft. Wenn ein Bürger das macht, geht er dafür ins Gefängnis. Steuerhinterziehung nennt man das. Aber leider wird der Betrug der Parteien am Wähler noch nicht bestraft.

Trotz der Spendenaffäre ist Helmut Kohl für mich auch eine Ausnahme. Er steht zu seinem Wort, die Spender nicht zu nennen, und er hat nie vergessen, wo er hergekommen ist. Immer hat er die Bürgernähe gesucht.

Helmut Kohl, einen wirklich beeindruckenden Mann, habe ich 1986 kennen gelernt, als die Deutsche Nationalmannschaft in Mexiko unter Franz Beckenbauer gegen Argentinien im Endspiel stand. Das Kanzleramt hat angerufen und mir mitgeteilt, dass der Kanzler sich sehr freuen würde, wenn die Weltmeister von 1974 mit nach Mexiko fliegen würden. Und dazu hat er uns eingeladen. Leider konnten nur wenige der damaligen Mannschaft teilnehmen, darunter Wolfgang Overath, Helmut Schön und ich. Wir sind mit einer Bundeswehrmaschine rübergeflogen, obwohl ich das auch als Schmarrn empfunden habe, extra für ein Endspiel Steuergelder auszugeben, um ein Flugzeug zu chartern. Der ganze Flieger war voll mit Journalisten und Politikern, Norbert Blüm war unter anderem auch dabei. Und einige von der GSG 9, als Belohnung für die Befreiung der Geiseln 1977 in Mogadishu. Das war also eine Good-Will-Tour, eine Art Anerkennung für Verdienste. Nun, die Stimmung war ausgelassen, wir haben uns Witze erzählt, hatten unsere Gaudi mit Norbert Blüm.

Jeder Sitz war mit einem Namensschild versehen. Helmut Schön flog auch mit, war aber zu der Zeit schon krank. Auf dem reservierten Sitz vom Bundeskanzler stand der Name Helmut

Kohl, und einige Reihen weiter hinten der Name Helmut Schön. Der ehemalige Bundestrainer machte es sich auf dem Sitz von Helmut Kohl bequem – eben weil da auch »Helmut« stand und er nicht auf den Nachnamen geachtet hatte.

Das Flugzeug war schon voll, als der Kanzler kam und zu seinem Sitz gehen wollte, der nun leider schon besetzt war. Er wies Helmut Schön darauf hin, dass dies sein Platz sei, und der entschuldigte sich und antwortete, er habe nur das »Helmut« gesehen und sich dann eben hingesetzt.

»Bleiben Sie ruhig sitzen«, hat der Kanzler gesagt, als Helmut Schön aufstehen und seinen richtigen Platz einnehmen wollte.

Solche Beispiele wie dieses von Helmut Kohl zeigen mir, dass große Männer, große Politiker, große Menschen allgemein über den Dingen stehen und sich nicht profilieren müssen.

Wir hatten ja nicht nur Kontakt zur Politik, sondern auch zu anderen Sportarten. Allerdings interessiere ich mich für Formel 1 nicht so besonders. Früher, zu Zeiten von Jochen Rindt, der tödlich verunglückt ist, war das anders. Auch noch zu Zeiten von Niki Lauda, obwohl der Österreicher ist. Auch zu anderen Rennfahrern hatte ich ein gutes Verhältnis. So zu Hans-Joachim Stuck, Strietzel genannt, und dem Rallye-Fahrer Walter Röhrl und seinem Beifahrer Geißdörfer. Wir haben ein paar Mal miteinander Tennis gespielt.

Häufig zusammen war ich mit Skifahrern, mit Franz Klammer, Max Rieger, Christian Neureuter, Rosi Mittermaier (alle guten heißen irgendwie Maier) und Armin Maier …, äh, Bittner. Regelmäßig haben wir uns bei Benefizspielen gesehen. Und falls es irgendwelche Probleme gab: Fußballer, Tennisspieler und Skifahrer haben sich gegenseitig geholfen.

Mit dem Skilaufen fing ich erst 1980 nach meinem Autounfall an, aber es ging fix besser, und zwar unter Anleitung der anderen ehemaligen Rennläufer. Wahrscheinlich bin ich der einzige Bayer, der erst mit 36 Jahren damit angefangen hat. Zu meiner aktiven Zeit hatte man uns das verboten. Das haben wir als Spieler auch alle eingesehen, denn für den Verein stand ja viel auf dem Spiel, und selbstverständlich auch für uns, falls wir uns verletzt hätten.

Mit Wilhelm Bungert bin ich befreundet, Jürgen Faßbender, Boris Becker kenne ich gut, genauso Helga Schulz und Helga Masthoff und mit Steffi Graf habe ich einige Schaukämpfe bestritten.

Ich erinnere mich da an einen ganz besonderen Schaukampf – das war das Allerhöchste. Zuerst hatten wir an diesem Wochenende ein Punktspiel gegen Fortuna Düsseldorf und anschließend sollte ich in der Essener Gruga-Halle einen Schaukampf mit Helga Masthoff bestreiten. Anlass war eine Veranstaltung zur Förderung des deutschen Tennisnachwuchses. Zu der Zeit spielte ich vielleicht zwei Jahre Tennis, Helga Masthoff war Deutschlands Nummer eins, ich war die Nummer eins als Torwart. Wilhelm Bungert, der in Düsseldorf wohnte, hat mich betreut und zu mir gesagt: »Du, Sepp, wenn die Helga beim Seitwärtslaufen die Beine über Kreuz führt, dann ist sie müde.«

Wir haben ein paar Spiele gemacht und ich merkte, dass Helga stocksauer war. Wie gesagt, zu der Zeit habe ich zwei Jahre Tennis gespielt. Der Boden in der Halle war schnell, meine Aufschläge kamen eh gut, und vorher dachte ich: »Mensch, gegen Helga verlierst du Haus und Hof.« Dabei habe ich am Ende 4 : 3 gewonnen. Mit der Helga war anschließend nicht zu reden. Aber das hat sich schnell wieder gelegt.

Und gemeinsam mit Uwe Seeler habe ich auch einmal gegen Ilia Nastase und Björn Borg gespielt.

In meiner ganzen Laufbahn als Fußballer war ich nie nervös. Gut, manchmal habe ich mich etwas hektisch aufgeführt, meine Späße gemacht, in mein Repertoire als Schauspieler gegriffen, aber das hatte mit Nervosität nichts zu tun. Als es jedoch hieß, ich könne mit Seeler gegen Björn Borg und Ilia Nastase spielen oder in einem Einzel gegen andere Weltklassespieler, obwohl es nur Schaukämpfe waren, ausschließlich für einen guten Zweck und für die Gaudi, so wie gegen Boris Becker, Henri Laconte oder Yannick Noah, da war ich schon aufgedreht, denn das war für mich etwas Besonderes. Mir haben jedoch all diese Spiele als Tennisfanatiker richtig Spaß gemacht. Und es hat auch Spaß gemacht zu merken, dass diese Sportgrößen vollkommen normal waren, ohne Dünkel und ohne Starallüren.

Einen Schaukampf ganz besonderer Art hatte ich gegen Ilia Nastase. Er hat mit dem Schläger gespielt, wie sich das halt für einen Tennisspieler gehört, und ich stand auf der anderen Seite als Torwart und bin nach den Bällen gehechtet. Und da ich keinen Schläger hatte, habe ich die Bälle zurückgeworfen. Wie es ausging, weiß ich nicht mehr, wahrscheinlich habe ich gewonnen ... Oder? Ist ja auch egal. Wichtig war nur, dass wir die Leute unterhalten haben und die Zuschauer ihren Spaß hatten.

Obwohl wir viel herumgekommen sind, oft eingeladen waren, zu einer Sparte hatten wir nie Kontakt. Zu den Wissenschaftlern. Vielleicht verkriechen die sich auch immer irgendwo im stillen Kämmerlein und wollen nicht gestört werden. Und wenn die zu einem Fußballspiel kommen, berechnen sie bei jeder Flanke und bei jedem Freistoß die Wahrscheinlichkeit des Erfolges oder geben bestimmte Parameter vor, wie trotz Sonnenhöchststand und bei Gegenwind ein Tor zu erzielen ist.

So lange ich mich zurückerinnern kann, haben wir Fußballer immer schon geholfen, wenn Not am Mann war. Viele Benefizspiele sind zu meiner aktiven Zeit eingeschoben worden, falls es der Terminkalender zugelassen hat. Und auch jetzt, in unserem biblischen Alter, helfen wir noch, allerdings nicht mehr nur durch Fußballspielen, sondern durch Golf. Wir, eine Reihe von ehemaligen Spitzensportlern, haben einen Club gegründet, der nennt sich »Die Eagles«. Für alle Nichtgolfer: Ein Eagle ist, wenn ich einen Ball mit zwei Schlägen weniger einloche, als der Platzstandard vorgibt.

Warum wir einen Club gegründet haben? Wir, die Ehemaligen, haben uns ja sowieso immer beim Tennis getroffen. Skifahrer, Tennisspieler, Hand- und Fußballer, Leichtathleten. Nicht zu vergessen die Schauspieler, die auch Mitglied sind und einige Vertreter der Medien. Inzwischen sind wir sechzig Eagles, quer durch Sport, Schauspielkunst und Medien. Oft erhalten wir Anrufe von auswärtigen Clubs: »Wir veranstalten ein Golfturnier, könnten nicht vielleicht zehn oder zwanzig Eagles bei uns teilnehmen?«

Und wenn wir teilnehmen, dann verlangt der Veranstalter für die anderen Golfspieler nicht hundert Mark Startgebühr, sondern dreihundert Mark. Wir werden ausgelost und starten in verschiedenen Flights, gemeinsam mit normalen Golfspielern. Auch Firmen spenden für solche Anlässe respektable Beträge, und so kommen pro Turnier etwa zwanzig- oder fünfundzwanzigtausend Mark zusammen. Das eingenommene Geld wird gespendet, so zum Beispiel zuletzt an eine Familie im bayerischen Wald mit fünf Kindern, wo der Ehemann und Vater tödlich verunglückt ist. Inzwischen haben wir auf diese Weise bis heute etwa 1,5 Millionen Mark eingespielt. Geld, das ausschließlich guten Zwecken zur Verfügung gestellt wird.

Im Fußball gibt es eine ähnliche Einrichtung, die Uwe Seeler-Traditionself. Nach dem gleichen System fließen diese Einnahmen auch einem gemeinnützigen Zweck zu. Allerdings spiele ich Fußball heute nur noch mit Widerwillen. Bist du über fünfzig Jahre alt, tut dir dies und jenes weh, es zwickt immer mal irgendwo, der Körper macht nicht mehr so richtig mit. Du kannst dich nicht mehr so in die Ecken schmeißen, und das schaut dann aus, als wenn Buster Keaton im Tor stünde. Der fällt auch in drei Etappen um. Und wenn ich vor zehntausend Leuten spielen soll, dann möchte ich mich nicht blamieren. Ich höre schon die kleinen Kinder ihren Vater fragen: »Du Papi, wer steht denn da so komisch im Tor?«

Und der Vater antwortet: »Das ist Sepp Maier, der war mal über viele Jahre Deutschlands bester Torhüter.«

»Um Gottes willen«, denken die Kinder, »das soll mal ein guter Torhüter gewesen sein? Der sieht ja eher aus wie Buster Keaton, auf der Flucht erschossen.«

Überreden, noch einmal ins Tor zu gehen, lasse ich mich nur, wenn vorher schon feststeht, wir gewinnen acht oder neun zu null, und ich kriege nicht viel zu tun. Das ist dann nicht so tragisch und für meinen Ehrgeiz gibt es keinen Grund, mich beweisen zu müssen. Da ich ja kaum beschäftigt werde, können die Zuschauer nicht so gut vergleichen, wie der Sepp Maier früher mal war und heute noch ist. Hinzu kommt ja noch eine hervorragende biologische Einrichtung: Nicht nur ich werde älter, die andern auch. Mittlerweile sind die auch längst über vierzig und fünfzig, können nicht mehr so gut laufen und platziert und hart schießen und kommen manchmal zu mir, lehnen sich an den Torpfosten und müssen halt verschnaufen.

Aus dem Alter, mich beweisen zu müssen, bin ich längst heraus. Entscheidend ist, was dabei rumkommt für den guten Zweck. Da vergesse ich auch schon mal meine Wehwehchen und nehme die blauen Flecke, die ich mir jedes Mal einhandele, gerne in Kauf. Wer gewinnt – so wichtig ist das nicht.

Was man in der Öffentlichkeit so nicht mitbekommt oder mitbekommen will – weil es nun mal nicht in das Klischee eines reichen Verbandes passt: Der DFB ist auch sehr gemeinnützig orientiert. Egidius Braun hat bei der WM 1986 in Mexiko ein heruntergekommenes Kinderheim gesehen. Die Mannschaft hat in der Nähe gewohnt und das Heim besucht. Zusammengefallen, kaum Medikamente, alles verwahrlost, die Kinder liefen in zerrissenen und schmutzigen Kleidern herum. Wir waren emotional sehr berührt. Man steckt das nicht einfach weg, wenn man sieht, mit wie wenig die Kinder auskommen müssen. DFB-Präsident Braun hat aus diesem Anlass die Mexiko-Hilfe gestartet. Pro Jahr werden pro Nationalspieler zweihundert Mark an dieses Heim überwiesen. Die Kinder erhalten eine Ausbildung und werden gut versorgt. Und manch ein Fußballer stiftet bei seinem Abschiedsspiel einen stattlichen Betrag für dieses Waisenhaus. So gab zum Beispiel Jürgen Klinsmann 100 000 Mark.

Vor kurzem hat der DFB das Kinderheim besucht und die Schwestern haben sich beklagt, die Fenster müssten auch wieder mal erneuert werden, überall würde es reinziehen. Egidius Braun hat gleich an Ort und Stelle jemanden beauftragt, neue Fenster einzusetzen. Inzwischen ist es ein Vorzeigewaisenhaus geworden. Die Kinder sind ordentlich gekleidet und schreiben an die Nationalmannschaft Briefe, das Geld sei gut angelegt. Einer hat jetzt zu studieren angefangen und sich bedankt, andere haben gute Anstellungen bekommen, weil sie auch entsprechend ausgebildet sind. Eine solche Einrichtung finde ich toll. Hier muss man dem DFB ein dickes Kompliment machen.

Gleichzeitig jedoch kommt mir oft der Gedanke, man könnte auch im eigenen Land noch so viel Gutes tun und braucht deswegen nicht so weit in die Welt zu gehen. Gut, damals mit der Patenschaft anlässlich der Weltmeisterschaft, das war eine spontane Reaktion. Aber die Not wohnt oft gleich um die Ecke. Wer wegschaut, sieht sie natürlich nicht.

An dieser Stelle möchte ich jetzt auch ein entgegengesetztes Beispiel loswerden, bei dem sich mir die Haare zu Berge gestellt haben. Es geht um Albanien. Wenn ich mich nicht täusche, spielte ich zum letzten Mal dort 1979. Nach siebzehn Jahren kam ich wieder in dieses Land, anlässlich eines Qualifikationsspiels für die Europameisterschaft 1996. Wir haben im gleichen Hotel gewohnt wie damals, aber der Service ist schlechter geworden, das Essen, die Straßen, einfach alles.

Die guten Fußballer des Landes spielen alle außerhalb bei europäischen Clubs, besonders in Frankreich, Spanien und Italien, sogar in England und in Deutschland und verdienen auch entsprechend gutes Geld.

DFB-Präsident Egidius Braun, ein sehr sozial eingestellter Mensch, den ich deswegen bewundere, hat den Albanern anlässlich des Spiels für die Jugendarbeit einen Betrag von 60 000 Mark versprochen. Dagegen ist nichts zu sagen, das war auch ganz im Sinne der Mannschaft. Aber vor dem Spiel haben wir gelesen, dass der albanische Verband für jeden Spieler eine Prämie in Höhe von 15 000 Dollar ausgesetzt hat, falls sie uns besiegen sollten. Irgendwie stimmt doch etwas nicht. Wir spenden 60 000 Mark und die albanischen Nationalspieler, Ersatzspieler, Trainer, Co-Trainer und Betreuer erhalten eine Prämie in Höhe von knapp 500 000 Mark, wenn man alles zusammenzählt. Das verstehe, wer will! Ich hätte erwartet, dass zuerst einmal die einheimischen Spieler, denen es ja im Ausland bestimmt nicht schlecht geht, auf ihre Prämie verzichten, und zwar zu Gunsten der albanischen Fußballjugend.

Fußball, das ist ja nicht nur immer Training, die Angst vor dem kommenden Spiel, ein stetes Gegen-den-Ball-Treten. Manchmal sitzen wir Trainer der Nationalmannschaft zusammen, so wie 1990 anlässlich der WM in Italien. Und wenn wir so über Fußball philosophieren, über Spieler reden, fragt mich der Franz immer: »Du, Sepp, hast du einen Schnupftabak dabei?« Franz schnupft nämlich auch.

Kurz vor dem Abendessen, ich habe dem Franz meine Schnupftabakdose gereicht, stehe ich auf und gehe zur Toilette. Kaum war ich zurück, da kam schon die Suppe. Ich dachte mir, nimmst noch schnell eine Prise, bevor du die Suppe herunterlöffelst. Eigentlich hätte mir etwas auffallen müssen, denn die anderen haben schon so komisch geschaut. Nun, ich habe dann geschnupft, meine Nase war etwas zu, deshalb schnupft man ja, ansonsten hätte ich vielleicht auch etwas gerochen. In der Eile habe ich hastig eine Prise reingezogen und als das Zeug in der Nase war, habe ich gemerkt, da war Pfeffer drin. Welches Schwein hat mir da Pfeffer reingetan. Ich habe mir nichts anmerken lassen, meinen Kopf gesenkt und begonnen, die Suppe zu essen. Nach drei oder vier Löffeln kamen die Tränen. Ich habe geweint wie ein kleines Kind. Die anderen haben schon gelacht, sie wussten ja, was los war, aber immer noch wollte ich mir nichts anmerken lassen. Auf einmal, ich konnte es nicht mehr aushalten, bin ich rausgelaufen und hab mir die Nase gespült. Aber die Nase und die Schleimhäute haben mir noch zwei Tage gebrannt.

Bis heute weiß ich nicht, wer es war. Ganz schwer in Verdacht habe ich den Pierre Littbarski, der für jeden Schmarrn zuständig war. Deshalb haben wir beide uns ja auch so gut verstanden. Er wird damals vom Franz die Dose bekommen und sich gesagt haben: Jetzt tun wir mal dem Sepp den Pfeffer rein.

In Seeleiten in Südtirol in der Nähe vom Kalterer See waren wir kurz vor der Weltmeisterschaft 1990 eine Woche im Trainingslager. Mit uns gefahren war Adolf Katzenmaier, ein ruhiger, immer etwas ernster Physiotherapeut. Selten nur habe ich ihn lachen sehen. Er wirkte immer so in sich gekehrt, auch etwas verschlossen, besser gesagt zurückhaltend. Ich habe mir überlegt: Mit dem Katzenmaier musst du mal was machen, damit der lustiger wird, endlich mal richtig lacht.

Schon lange vor diesem Trainingslager habe ich mich mit Hansi Montag und Klaus Eder, ebenfalls Physiotherapeuten, beratschlagt, beim nächsten Freundschaftsspiel dem »Katze« einen Streich zu spielen. Irgendetwas mit einer Maus, einem Hasen oder so was. Ich musste die beiden einweihen, denn ohne ihre Hilfe wäre es nicht gegangen. Zuerst sollte die Aktion anlässlich eines Spiels starten. Das kannst nicht machen, haben die beiden gemeint. Bei zehntausend Zuschauern, da läuft der Katzenmaier aufs Spielfeld und dann springt irgend so ein Tier heraus oder eine Taube fliegt hoch aus seiner Tasche. Der fällt in Ohnmacht. Gut, antwortete ich, warten wir bis zum Trainingslager.

Und gleich am ersten Tag in Seeleiten: Geht es heute los? Heute noch nicht, haben die beiden gemeint, das Fernsehen ist auch da, die müssen informiert werden. Machen wir es morgen.

Die Physiotherapeuten haben mit den Reportern gesprochen und angekündigt, das am kommenden Tag was passieren würde. Sie sollten aufpassen mit den Kameras. Allerdings gab es keinen Hinweis darauf, was geplant war.

Ich bin zum Franz gegangen, dem Besitzer des Hotels Seeleiten. »Franz, ich brauche unbedingt einen Hasen.«

»Für was brauchst du einen Hasen?«

»Das kann ich dir noch nicht sagen.«

Franz hat gedacht, ich hätte einen zweihaxigen Hasen gemeint mit der entsprechenden Oberweite. »Nein«, habe ich ihn aufgeklärt, »einen richtigen Feldhasen, ein richtiges Viech. Ein Tier, keine Frau.«

Der Franz hat gesagt, er kümmere sich darum und ist zum Nachbarn gegangen. Am nächsten Tag vor dem Training hat er mir einen Käfig gegeben, in dem ein dicker, fetter Angorahase gesessen hat, der mich mit großen Augen anglotzte.

»Ist der in Ordnung?«

Ich habe mir den Kerl genau angeschaut. »Ja, der ist schon in Ordnung.«

In der Zwischenzeit hatte ich bereits die Sanitätskoffer präpariert. Aus dem einen war das Innenleben entfernt worden. Ich habe den Hasen reingesetzt, einen zweiten Koffer in die andere Hand genommen und das Gewicht geprüft. Mir kam es vor, als sei der mit dem Hasen etwas zu leicht. Aber der Katzenmaier durfte nichts mitbekommen. Also bin ich auf dem Gelände herumgelaufen und habe Ziegelsteine gesucht. Für den Hasen habe ich drei bis vier Kilogramm einkalkuliert.

Die Spieler und alle anderen waren informiert, als wir mit

dem Bus zum Training fuhren. Der Hase war ein ganz ruhiger, ihn habe ich noch im Käfig gelassen, ein Tuch darüber gelegt und hinten im Bus auf einen Sitz gestellt.

Im Training, es standen hunderte von Zuschauern auf dem Platz, Kameras waren aufgebaut, hat Hans Montag den Katzenmaier abgelenkt, damit der nicht permanent auf seinen Sanitätskoffer aufpasst. Im richtigen Augenblick ist der Koffer vertauscht worden, und ich habe den Fernsehleuten zu verstehen gegeben: Gleich geht es los.

Andreas Brehme sollte auf dem Spielfeld der Hauptakteur sein. Mit ihm war verabredet worden, dass er sich auf mein Zeichnen hin während eines Zweikampfes verletzt. Andreas Brehme fällt auch wie verabredet um und beginnt zu rufen: »Mein Fuß, mein Fuß! Adi, komm schnell!«

Der Katzenmaier schaut so komisch, als hätte er irgendwas gemerkt. Der Montag Hans stupst ihn an. »Lauf doch endlich rein. Siehst du nicht, der Andy ist verletzt. Du musst ihm helfen.«

»Kannst nicht du laufen?«

»Nichts, du bist heute dran.«

Katzenmaier schnappt sich den Koffer, läuft im Stechschritt aufs Spielfeld, kniet sich hin und schaut sich die Verletzung an.

»Komm, mach schon, ich brauch eine Verband«, sagte Andy Brehme.

Adolf Katzenmaier macht seinen Koffer auf – und hups, springt der Hase heraus und der Adi erstarrt zu einer Salzsäure. Aber der Hase war so ein fauler Hund, der hoppelte nur wenige Meter weiter, setzte sich hin und schaute alle an. Besonders den Katzenmaier. Der wird käseweiß, so wie der Hase, der sich einfach umdrehte und Gras zu fressen begann.

Unser Gag war vorbei, das Fernsehen hatte ihn aufgenommen, da geht der Katzenmaier über den Platz und schimpft: »Das ist ungeheuer, das ist unglaublich. So eine Gemeinheit.«

Ich bin zu ihm hin. »Adi, was ist denn los?«

»Hör auf, das kannst du mit mir nicht machen.«

»Aber das war doch bloß ein Spaß.«

»Nein, da hört der Spaß für mich auf. Schau nur her, wie ich erschreckt bin. Da hört der Spaß für mich auf.«

»Adi«, hab ich gesagt, »du brauchst dich nicht zu ärgern. Bis zur WM ist noch viel Zeit und da werden noch viele kommen, denen wir auch einen Streich spielen.«

Und als kurze Zeit später der Vorfall mit dem Schnupftabak passierte, ist Adi Katzenmaier aufgestanden und hat mich angegrinst. »Siehst du, jetzt bis du selbst dran gewesen.« Damit war dann für ihn die Angelegenheit endgültig im Guten erledigt.

Seit jeher beschweren sich im bezahlten Fußball die Zuschauer, wenn die Leistung der Mannschaften nicht stimmt. Dann heißt es: Die laufen nicht genug, die verdienen zu viel, die haben es wohl nicht mehr nötig zu kämpfen. Seit jeher ist es auch so, dass die Spieler in Relation zum Normalbürger wesentlich mehr verdient haben. Zu meiner Zeit war der Durchschnittsverdienst eines Arbeiters im Monat etwa 1500 Mark, wir hatten ungefähr 6000 bis 7000 Mark. Und diese Unterschiede hat der Zuschauer gekannt, der immer genau weiß, wie viel er in der Lohntüte hat und wie viel wir, und deshalb zu vergleichen beginnt.

Zu meiner Zeit hat es außerdem pauschal geheißen: Die Fußballer sind ein bisschen dumm. Man hat uns nicht so recht anerkannt. Zum Teil waren wir selbst schuld, weil wir uns zu leger gegeben und nicht so herausgeputzt haben wie die Tennisspieler. Tennis, eine Sportart, den sich vor dreißig Jahren nur die Gutbetuchten haben leisten können. Man hat drei Bürgen benötigt, um in einen Tennisverein eintreten zu können.

Fußball ist auch heute noch ein volksnaher Sport. Allerdings hatten wir damals wesentlich mehr Kontakt zu den Zuschauern und den Fans. Der kam auch ganz von selbst, denn wir hatten beim Training vielleicht eine Gruppe von dreißig oder vierzig Zuschauern, meist ältere Herrschaften, also Rentner, die ständig gekommen sind und die wir vom Sehen kannten. Heute sind es oft ein- oder zweitausend und mehr. Bei der Nationalmannschaft war es ähnlich. Zu meiner Zeit höchstens bis zu fünfhundert Fans, mittlerweile müssen wir während der Vorbereitungszeit ins Ausland fahren, um unsere Ruhe zu haben. Oder wir gehen freiwillig in Stadien, damit sie uns zuschauen können. Immer aussperren, das ist unmöglich. Zu Recht würden die Fans die Fußballer für überspannt und überheblich halten.

Trotz allen Unkenrufen muss ich die heutigen Spieler im Grunde genommen bewundern. Man kann es nicht jedem recht machen, aber sie schreiben nach dem Training zwei- oder dreihundert Autogramme, ohne zu murren. Falls sie jedoch zwanzig zu wenig schreiben, die letzten Fans eben keine Autogramme mehr bekommen, weil der Mannschaftsbus zurück ins Hotel fährt, dann sind die leer Ausgegangenen eben sauer und schimpfen auf die Spieler, auf die überspannten Fußballer. Zwischen Sympathie und Antipathie, das ist eine richtige Gratwanderung geworden.

Wenn wir heute mit Bayern unsere Vorbereitung in den neuen Bundesländern starten – das ist ein echter Wahnsinn, was da abgeht. Immer sind sechs- oder siebentausend Leute anwesend, die jeden Schritt beobachten. Das Training kostet keinen Eintritt, aber unser Manager Uli Hoeneß macht mit seinen Fanartikeln einen guten Umsatz.

Einmal haben wir Eintritt genommen, während der Weltmeisterschaft in Italien. 1000 Lire pro Zuschauer, also umgerechnet eine Mark. Das Geld kam dem örtlichen Verein in Oggiono zugute.

Heute sind die Profifußballer eben echte Profis, wir waren früher provinzieller. Man muss auch bedenken, dass der FC Bayern zu meiner Zeit überwiegend Spieler rekrutierte, die aus einem Umkreis von vielleicht zweihundert Kilometern stammten, aus Ulm oder Nördlingen und nicht weiter. Alles echte Bayern, mit ganz wenigen Ausnahmen wie der Werner Olk aus der

Gegend von Hannover. Vielleicht war mal ein Österreicher dazwischen wie der Gustl Starek oder ein Schwabe. Später, so um 1970, kam mal ein Däne oder ein Schwede hinzu. Alle waren sie irgendwie deutschsprachig. Die Österreicher sowieso und die Dänen konnten sich auch mit uns unterhalten. Die Mentalität der Schweden ist ähnlich wie die bei uns in Bayern. Die haben gut zu uns gepasst. Heute, da ist hie und da auch mal wieder ein Bayer dazwischen. Wie sich die Zeiten geändert haben.

Es wird einigen nicht gefallen, aber wir haben früher vielleicht nicht so häufig, aber dafür viel härter und länger trainiert. Das kann Berti Vogts bestätigen, und auch Rainer Bonhof, Paul Breitner, Karl-Heinz Rummenigge oder Franz Beckenbauer. Dabei brauche ich nur an die Vorbereitung zu denken, die wir Spieler des FC Bayern in der Sportschule Grünwald an der Isar absolviert haben. Die Hänge hoch und runter gelaufen, bis uns die Zunge als rote Krawatte zum Hals herausgehangen hat. Kondition ist gebolzt worden bis zum Gehtnichtmehr. Die ersten Tage haben wir überhaupt keinen Ball gesehen. Gleich vor dem Frühstück in die Halle, zehn bis zwölf Stationen Zirkeltraining, jede Übung eine Minute, drei Durchgänge full power. Nach dem Frühstuck um halb elf ging es hinaus und wir haben Runde um Runde gedreht. Sklaventreiber Branco Zebec hat etwas erhöht gestanden, in der Hand Steine und für jede gelaufene Runde hat er einen weggeworfen. Und wir haben immer geschaut: Wie viele Steine hat er denn noch? Manchmal sind wir bis zu fünfzig Runden gelaufen.

Anschließend duschen, Mittagessen, etwas Ausruhen und am Nachmittag ging es weiter. Waldlauf, kurze Sprints oder ein Cooper-Test: zwölf Minuten laufen und am Ende die zurückgelegte Strecke messen. Der Maier Sepp als Tormann war da einer der Besten. Nur Jupp Kapellmann, Sepp Weiß und Bulle Roth sind mit ungefähr 3600 Meter etwas weiter gelaufen als ich. Der gute Gerd Müller, der aus Aberglauben vor einem Spiel immer zuerst den rechten Schuh zuband, hat diesen Test nicht ausstehen können, dafür jedoch war er in der Lage, auf einer normalen Fußmatte drei Gegenspieler zu umdribbeln.

Abends warst du so kaputt, da hast du keinen Gedanken mehr an eine Frau verschwendet. Ich sehe noch heute Johnny Hansen vor mir, wie er rückwärts die Treppe runtergeht, weil er einen so gewaltigen Muskelkater hatte. Beim Zählen vor dem Einschlafen kamst du höchstens bis zum fünften Schaf. Alle Freundinnen und Ehefrauen wären zutiefst beruhigt gewesen.

Am fünften Tag erst sahen wir den Ball und es wurde etwas gemäßigter mit dem Training. Hinzu kamen unsere Vorbereitungsspiele, drei oder vier. Heute machen sie ja in der Vorbereitungszeit jeden zweiten Tag ein Freundschaftsspiel. Zwar ist das Spiel das beste Training, aber Kondition bekommt man nur durch Schweiß.

Mittlerweile haben die Mannschaften mehr Verpflichtungen in den einzelnen Cup-Wettbewerben und das ist auch so bei den Spitzenteams der Liga. Dabei darf nicht vergessen werden, dass wir anlässlich der Weltmeisterschaft 1974 im Endspiel gegen Holland das 107. Spiel der Saison bestritten haben. In der deutschen Mannschaft waren die Bayern mit sechs Spielern vertreten. Jeden dritten Tag übers Jahr gerechnet für uns ein Spiel. Bundesliga, DFB-Pokal, Europa-Pokal, Länderspiele, Freundschaftsspiele und andere Begegnungen. Heute kommen Spitzenmannschaften auf eine ähnlich hohe Zahl. Aber wie gesagt, unser Training war wesentlich härter, besonders in der Vorbereitung. Wir haben uns nie erlauben können, falls wir in Urlaub gefahren sind, während der zwei oder drei Wochen einen Tag nicht zu trainieren. Jeden Tag habe ich mich fit gehalten. Gymnastik in der Früh, abends meinen obligatorischen Strandlauf oder einen Cooper-Test. Meine Kondition war und ist ohne Tadel!

Als Torhüter, hört man landläufig, sei so etwas nicht wichtig. Ich war da stets anderer Auffassung: Immer einen Tick mehr tun als die anderen und zwei Tick mehr als die Konkurrenz! Und mittags, in der bulligsten Hitze, habe ich auch noch Tennis gespielt. Fast alle Mannschaftskameraden waren bezüglich der allgemeinen Kondition der gleichen Ansicht wie ich. Nie haben wir auf der faulen Haut gelegen. Und das hat sich auch ausgezahlt. Wenn ich aus dem Urlaub zurückkam und zum ersten Training marschiert bin, habe ich genau feststellen können, wer was gemacht hat und wer nicht.

Heute wird sich, wie man so schön sagt, aktiv erholt. Morgens an den Strand legen, abends aufstehen, zwischendrin mal zur Pool-Bar und ein kühles Getränk schlürfen. Nach so viel Erholung fühlst du dich ganz kaputt und brauchst anschließend eine Kur.

Allerdings hat sich die Trainingsmethode enorm gewandelt. Früher haben wir nicht darauf geachtet, wenn der Muskel zumacht, wie man heute sagt. Wir haben eine Verhärtung bekommen und weiter trainiert. Irgendwann ist der Muskel schon wieder weich geworden.

Haben wir beim Spiel einen Schlag gegen den Oberschenkel gekriegt, dann hat der Muskel zehn Minuten geschmerzt, anschließend war es aber wieder gut. Wir haben so was Pferdekuss genannt, jetzt heißt das Hämatom. Heute wird ein Spieler auch sofort ausgewechselt. Man schont das Kapital. Uns hat das Knie oder die Kniescheibe weh getan, heute ist es die Patella-Sehne, das Außenband oder der Meniskus. Wir sind natürlich auch behandelt worden, das wurde weiß Gott nicht oberflächlich abgetan. Aber in der Sportmedizin hat sich ja auch einiges getan. Wurden wir am Meniskus operiert, konnten wir mindestens fünf oder sechs Wochen nicht trainieren und spielen. Heute spielen sie durch die Arteroskopie bereits nach fünf Tagen wieder. Kein Wunder, dass der Körper dadurch schneller verschlissen wird.

Zweifellos trainieren die Spieler heute effektiver. Wir haben uns zwei Stunden bewegt, standen auch mal auf dem Platz herum, heute ist das Programm kompakter und natürlich durch neue Trainingsmethoden auch viel gezielter und intensiver. Bei dem prallen Terminkalender der heutigen Profis gibt es keinen Leerlauf mehr, auch nicht im Training.

Beim FC Bayern wurde stets großer Wert auf die Betreuung der Spieler gelegt. Der Verein hat seine Aktiven meist besser behandelt als andere Mannschaften. Zu meiner Zeit war in dieser Beziehung der Unterschied zu den übrigen Clubs sehr groß.

Deutlich haben wir das gemerkt, wenn wir zu anderen Mannschaften gefahren sind und uns deren Klagen anhören mussten. Bei denen funktionierte es nur lückenhaft. Wir dagegen hatten stets eine ausgetüftelte Organisation, nichts ist dem Zufall überlassen worden. Und genau das war auch das Geheimnis unseres Erfolges. Weil es uns bei den Bayern gut ging, haben wir erst gar nicht versucht, zu einem anderen Verein zu wechseln. Wir kannten uns über Jahre und fanden zu einer mannschaftlichen Geschlossenheit, von der andere nur träumen konnten. Wir verstanden uns blind, besonders die Achse Müller, Beckenbauer, Maier.

Heute jedoch wird die Betreuung übertrieben. Mittlerweile ist es eine Rundumbetreuung, vielleicht sogar ein Verhätscheln der Spieler. Man erfüllt ihnen jeden Wunsch, sie reisen mit allem erdenklichen Komfort, werden von allen Lasten und Sorgen des Alltäglichen befreit, man möchte sie in Allem völlig zufrieden stellen und das geht natürlich auf Kosten der Selbstständigkeit.

Nach dem Training fällt die schmutzige Wäsche in einen Schacht und landet in der Waschküche. Am nächsten Tag liegt alles sauber geplättet auf den Umkleideplätzen. Ist mal etwas nicht zu ihrer Zufriedenheit geregelt, schimpfen sie in der Gegend rum oder mosern in der Kabine und rufen nach dem Manager. Sie kommen heute leider nicht mehr auf die Idee, selbst mal in die Waschküche zu gehen und ihre Schuhe beim Zeugwart abzuholen oder eigenständig etwas zu organisieren, was nicht gerade in der Trainingskabine für sie bereit liegt. Lieber telefonieren sie nach den fehlenden Dingen und rufen nach Charly, unserem Zeugwart, der die Sachen gefälligst zu bringen hat. Oder sie schimpfen darauf los: Wo sind meine Socken? Warum fehlt das Trikot?

Manche, die vom Naturell ungehalten sind, werden aggressiv, andere gehen die Situation etwas gelassener an. Generell jedoch ist der Ton unfreundlicher und unpersönlicher geworden als zu meiner Zeit. Es fehlt die Gelassenheit, nebensächliche Dinge auch als solche zu betrachten.

Die Arbeit mit dem Geld

Ab einer gewissen Gehaltskategorie haben Fußballprofis schon fast automatisch einen Manager. Früher, vor drei Jahrzehnten, sah man sie auch schon hie und da. Franz Beckenbauer hatte den Robert Schwan, Gerd Müller den Nehl. Aber Katsche Schwarzenbeck, Bulle Roth und der Maier Sepp haben nie einen gebraucht und alles selbst geregelt. Weil es sich aus unserer Sicht nicht gelohnt hätte. Franz schwebte in einer anderen finanziellen Region als ich. Und der Gerd auch.

Lang, lang ist es her. Was waren das noch Zeiten. Wenn heute jedoch ein Youngster 17 oder 18 Jahre alt ist und ein bisschen geradeaus laufen kann, flugs gibt es auch schon einen Manager in feinem Anzug und mit schön gedruckten Visitenkarten. Manager im Fußball, das ist fast schon eine Plage geworden. Sie fliegen in der Welt herum und schauen, wo Jugendturniere stattfinden, um sich die Talente mit Verträgen zu sichern. Wir Bayern haben dafür einen sogenannten Späher. Leverkusen, Dortmund, Berlin – eigentlich alle haben ihre Späher. Unentwegt auf Touren, sortieren sie aus, welcher Nachwuchsspieler welche Eigenschaften hat und von seiner Veranlagung in die jeweilige

Mannschaft hineinpassen könnte. Klingt es interessant, was uns der Späher mitteilt, versuchen wir, mit dem jungen Spieler ins Geschäft zu kommen.

Immer öfter erscheint zu einem solchen Termin, wenn Bayern ein erstes Sondierungsgespräch mit einem 15- oder 16-jährigen führt, der Vater, der sich dann als Manager aufspielt und uns verklickern will, nur sein Sohn allein sei das größte Talent, das jemals gegen einen Ball getreten hat. Es ist in einem solchen Fall wahnsinnig schwer, den Vater von den Wolken herunterzuholen und davon zu überzeugen, dass es schon mal hier und da Fußballtalente gibt, die sogar noch besser, noch mehr gefragt sind. Aber das wollen stolze Väter, die meist den verlorenen Chancen ihrer eigenen Jugend nachjagen, überhaupt nicht hören. Wir vom Verein tun dann so, als würde man sie ernst nehmen, denn bei Minderjährigen geht der Vorvertrag oder der Vertrag nur über die Erziehungsberechtigten.

Inzwischen gibt es von der UEFA registrierte Manager, die offiziell Spieler vermitteln dürfen. Der bekannteste deutsche Spielervermittler ist Norbert Pflippen, zugleich auch Manager, der schon mit Berti Vogts und Günter Netzer zu tun hatte und im Augenblick wohl annähernd zwanzig aktuelle Spieler betreut. Auch schillernde Figuren sind darunter, die schon mal mit dem Gesetz in Konflikt geraten sind oder mit der Steuerfahndung zu tun hatten.

Aber nicht genug damit, dass Spieler einen Manager haben, sie halten sich auch einen Finanzberater. Wo wer was am besten zu welchen Konditionen anlegt. Der Markt ist ja unüberschaubar geworden, und Spieler können sich einfach nicht neben ihren normalen Verpflichtungen auch noch gezielt um die Geldanlage kümmern.

Zu meiner Zeit war das kein Problem mit dem Finanzberater. Wir haben ja wesentlich weniger verdient, unsere Nullen vor dem Komma konnten wir noch gut zählen Mein Geld habe ich stets so angelegt, wie es reingekommen ist. Einen Steuerberater benötigte ich anfangs nicht, weil ich Angestellter des Vereins war und man mir schon gleich alle Belastungen, Steuern und Abgaben abgezogen hat.

Lediglich einmal habe ich vom Verein ein Darlehen von 300 000 Mark erhalten, und zwar 1973 beim Abschluss eines Fünfjahresvertrages, um eine Tennisanlage zu bauen. Nach einer guten Saison habe ich einfach meine Anlage ausgebaut und so in die Zukunft investiert.

Als typischer, konservativer und misstrauischer Bayer, der oft unbequeme Fragen stellt und alles wissen will, habe ich nur Geschäfte gemacht oder mich von solchen Leuten beraten lassen, die ich auch kannte und zu denen ich Vertrauen hatte. Für mich gab es deshalb auch nur ganz saubere Lösungen.

Fast jedes Jahr stehen und standen sie an: die Vertragsverlängerungen. Da wurde und wird gepokert, man tut so, als sei ein anderer Verein an einem interessiert. Damals konnte man noch pokern, denn viele Verhandlungen wurden vertraulich auf Autobahnraststätten oder in einem einsam gelegenen Gasthaus und nicht über die Medien geführt. Hatte man sich schließlich geeinigt, gab es immer ein Handgeld. So auch für Bulle Roth und andere Spieler. Dieses Handgeld hat es aber offiziell nicht gegeben, sondern nur unter dem Tisch, wie man zu sagen pflegt. Und das war noch nicht einmal wenig. Eine Quittung wurde auch nicht ausgestellt. Wie hoch der Betrag war, wollte nachher niemand mehr wissen. Jupp Kapellmann, den Bayern damals von Köln für 800 000 Mark gekauft hat, der teuerste Spieler bis dahin, bekam als Handgeld 20 Prozent, also 160 000 Mark.

Bulle Franz Roth wollte sein Geld, vielleicht auch sein Handgeld, gut anlegen und hat zusammen mit Robert Schwan, dem Manager von Franz Beckenbauer, ein Abschreibeobjekt mit einem Schiff angeleiert. Wäre die Anlage ein paar Jahre gelaufen, hätte Bulle Roth schönes Geld verdient. Aber es ging nicht gut.

Bulle Roth hat für drei Jahre unterschrieben und sich festgelegt, es musste auch noch Geld nachgeschossen werden und insgesamt ging bei dieser Spekulation sehr viel verloren. Mit dem Schiff ist auch sein Erspartes untergegangen, einige hunderttausend Mark. Vielleicht hat er dann wieder schnell einen Vertrag verlängert und sich neues Handgeld auszahlen lassen.

Der Verlockung des Geldes kann kaum jemand widerstehen. Selbst ausgebuffte Fußballer nicht. Zu unserer Zeit stand der Schwindel mit dem Investment von IOS, Bernie Cornfeld, in den schönsten Blüten. Mit Fredy Heis, dem Rechtsaußen von den 60ern, habe ich oft in meiner Freizeit Tennis gespielt. Zusammen mit dem Kohlhaas Wilfried, der heute Architekt ist, haben die beiden mich auf IOS angesprochen und gemeint, wir sollten mal das Büro in der Prinzregentenstraße in München aufsuchen. Da könnte man doch mal finanziell was machen. Gutmütig wie ich war, bin ich mitgefahren und habe mich hingehockt. Mir ist fast der Unterkiefer heruntergefallen, als die Berater anfingen, die tollsten Sachen über IOS zu erzählen. Das kann doch nicht möglich sein, habe ich gesagt, dass ich 5000 Mark einzahle und in zwei Monaten sind daraus zehntausend geworden.

Luffe Wolter, der Braunschweiger Torwart und zugleich Nationalmannschaftskollege, hatte sich auch in IOS engagiert. Alle, die Geld hingeblättert haben, waren auch am Anfang begeistert und haben sich immer wieder die neuesten Renditen und Kurse über den Platz zugerufen. Kurze Zeit später dann das große Jammern. Schlagartig war alles weg. Bernie Cornfeld war auch weg, seine Rolls-Royce waren weg, geplatzt wie eine Seifenblase. Luffe Wolter hat sein Haus verloren und noch mehr. Alle Spieler, die sich damals bei IOS eingekauft hatten, auch Werner Olk, ließen sich von den Papiergewinnen blenden. Auf dem Kurszettel waren ihre Anteile heftig gestiegen, doch als sie sie verkaufen wollten, brach alles in sich zusammen. Nichts blieb übrig, nicht einmal eine Mark. Das war hart.

Aus Straubing kam zu dieser Zeit ein Fußballer zum FC Bayern, der auch bei IOS groß raus kommen wollte, noch größer als im Fußball. Der kam doch tatsächlich einmal im Training mit einem Rolls-Royce vorgefahren.

»Was ist denn mit dir los?«, haben wir gefragt. »Hast du im Lotto gewonnen?«

»IOS«, hat er nur gesagt. »IOS.«

Hätten meine Kollegen früher einen Berater gehabt, vielleicht wäre ihnen der Verlust erspart geblieben. Oder sie hätten zumindest gewusst, wer genau den Reibach gemacht hätte, nämlich der Berater.

Warum Fußballer oder Sportler allgemein auf solche dubiosen Geschäfte reinfallen oder den Beratern glauben, ist einfach erklärt. Da sie selbst keine Zeit haben, sich um alles zu kümmern, lassen sie den Beratern freie Hand, weil sie ihnen glauben. Sportler, im Grunde genommen alle Leute mit einer fairen Einstellung, sind zu gutgläubig. Auch heute noch. So konnte es eben zu dem IOS-Desaster kommen. Oder zu dem Reinfall mit Bauherrenmodellen wie bei Lienen, Matthäus, Wuttke und Rahn. Auch Uli Stein hat, wenn ich recht informiert bin, Bekanntschaft mit den, wie er sagt, gottverdammten Bauherrenmodellen gemacht. Bum Kun Cha musste seine Häuser mit Defizit verkaufen, Gerd Strack aus Köln hat sogar beim Club um einen Kredit angefragt, weil er seinen Darlehensverpflichtungen nicht mehr nachkommen konnte. Natürlich sind Immobilien eine bodenständige Sache, so wie meine Tennisanlage. Aber leider können viele Spieler nicht die Tragweite ihrer Entscheidungen abschätzen.

Bei uns in der Mannschaft sind die Akteure stark in Aktien engagiert. Die rufen sich in der Kabine Zahlen zu, da weißt du als Außenstehender nicht, sind das die Maße einer neuen Freundin oder die Daten der Wetterstation. Und dabei nicken sie, als hätten sie alles verstanden.

Treffpunkt für den Austausch von Insiderwissen, was Aktien anbelangt, ist unser Fernsehraum. Dort steht ein Gerät mit einem riesigen Bildschirm. Vor dem Training entspannen sich die Spieler, es gibt Obst und was zu trinken. In dieser gemütlichen Bistro-Umgebung können die Spieler auch ihrer Verpflichtung nachkommen, die da lautet, Autogramme zu schreiben. Jeder muss in einer Woche fünftausend Autogramme schreiben. Und wehe, er erfüllt nicht die Norm, dann gibt es ein Donnerwetter. Ottmar Hitzfeld kann dann sehr ungemütlich werden. Und es gibt eine Strafe von einigen tausend Mark. Während die Spieler also dort sitzen und schreiben, reden sie über Aktienkurse, schauen sich die aktuellen Daten bei N-TV an und geben sich gegenseitig Empfehlungen.

»Die musst du kaufen«, sagt der Mehmet Scholl. Und Oliver Kahn antwortet: »Hab ich doch längst.« Er hat alle Kurse dabei und schaut nach, was ihn noch interessieren könnte.

Uli Hoeneß hat einen Ticker, ein kleines schwarzes Gerät wie ein Handy mit einem Display, auf dem er die aktuellen Kurse verfolgen und abrufen kann. Bei jeder Gelegenheit schaut er da drauf. Stimmt was nicht oder sieht er eine gute Gelegenheit, dann greift er zum Telefon und gibt Anweisungen. »Noch nicht kaufen! Warten bis zu einem Kurs von ich-weiß-nicht-was.« So zu agieren und zu zocken, das macht dem Uli wahrscheinlich noch mehr Spaß als sein Managerposten.

Termine, Termine, Termine. Kann ich einmal zufällig in den Terminkalender eines jungen Spielers schauen, dann ist da nichts mehr frei. Training und die Verpflichtungen für den Verein sowieso, Autogrammstunden, Banktermine, Termine beim Berater, Architekten, mit der Frau oder Freundin.

Mich erstaunt, wie ein Matthäus, ein Effenberg und ein Kahn, die so viele Verpflichtungen haben, alles unter einen Hut bekommen und koordinieren können. Wenn man einmal davon ausgeht, dass sie durchgehend samstags und Mittwochs spielen, zu den einzelnen Begegnungen an- und auch wieder zurückreisen müssen, an den übrigen Tagen trainieren, dann müssen zwangsläufig alle anderen Verpflichtungen auf den eng gewordenen Raum dazwischengeschoben werden.

Ich bewundere die Spieler, wie sie mit ihren Terminen zurechtkommen. Zu meiner Zeit war das eher harmlos. Da hast du vielleicht mal in der Woche zwei Interviews gemacht, das spulen die ja heutzutage schon an einem Vormittag herunter. Zusätzliche Werbemaßnahmen oder Veranstaltungen können die Aktiven nicht mehr annehmen. Und wenn die Spieler wegen des übervollen Terminkalenders einmal zu spät zum Training erscheinen, gibt es fünf- oder zehntausend Mark Strafe. Die Spieler merken also schnell, welche Termine die wichtigen und welche nicht so wichtig sind. Und ich finde die Regelung, dass die Spieler mindestens eine halbe Stunde vor Trainingsbeginn in der Kabine erscheinen müssen, auch sehr sinnvoll. Vor jedem Training gibt es etwas zu sagen und zu klären und das muss ja nicht gerade draußen auf dem Platz geschehen.

Natürlich sind wir früher auch mal zu spät gekommen. Aber da sich unser Trainer immer in einer separaten Kabine umgezogen hat, ist es nicht so aufgefallen. Um keine Strafe zahlen zu müssen, bist du halt halb fertig angezogen hinausgestürmt und hast noch schnell das Trikot in die Hose geschoben. Franz und ich, wir beide sind oft als Letzte erschienen. Und weil es nicht auffiel, haben wir viel Geld gespart. Da wir jedoch auch immer unsere Leistungen gebracht haben, hat man wohl ein Auge zugedrückt. Hast du aber mal schlecht gespielt, dann war es sinnvoll, schon eine Viertelstunde eher auf dem Platz zu erscheinen, um zu signalisieren, dass du dich bessern willst.

Wie oft habe ich in den Zeitungen nachlesen können, dass es zwischen den Spielern und dem DFB gekriselt haben soll. Das kann ich jedoch so nicht bestätigen. Normalerweise denkt ein Spieler nicht an die Offiziellen oder den Verband und es ist ihm im Grunde genommen egal, was auf der Funktionärsebene geschieht. Sie denken an ihren Sport, vielleicht auch an die nächste Berufung in die Nationalelf, an einen neuen Vertrag und an ihr Portmonnee. Damit haben sie ja schließlich genug zu tun. Diejenigen Funktionäre, die in den Gremien sitzen, Spielausschuss, Ligaausschuss, haben sicherlich mehr Probleme untereinander als die Spieler mit dem Verband allgemein.

Natürlich gibt es auch mal Spannungen mit dem DFB, man fühlt sich drangsaliert und ungerecht behandelt. So wie bei uns 1974 zum Abschluss der Weltmeisterschaft, als der DFB uns verbieten wollte, unsere Frauen mit zum Bankett zu bringen und wir auf die Barrikaden gegangen sind. Dagegen haben wir uns natürlich zu Recht gewehrt, heute dürfen die Frauen dabei sein. Immerhin waren wir erwachsene Männer, Ehemänner und Familienväter, die auch entsprechend behandelt werden wollten.

Mein Verhältnis zum DFB ist immer noch gut und es war für mich stets, auch noch bei meinem letzten Länderspiel, eine Ehre, für Deutschland antreten zu dürfen. Es ist schon ein schönes Gefühl, zu den besten Deutschen zu gehören und ein Land vertreten zu dürfen. Das hat nichts mit Patriotismus zu tun, sondern mit Stolz.

Für uns, so glaube ich, bedeutete die Tatsache, in der Nationalmannschaft zu spielen, viel mehr als für die Spieler heute. Es gab ja nicht die Möglichkeiten, überall ins Ausland zu wechseln, außerdem hatten wir nicht die Anzahl von internationalen Begegnungen, wie die Spieler sie heute kennen. Deshalb war ich auch besonders stolz, als ich Hans Tilkowski 1966 nach der Weltmeisterschaft in England als Stammtorhüter ablösen durfte.

Heute haben die Spitzenspieler viele Wettbewerbe, an denen sie mit der Mannschaft teilnehmen müssen, da kommt ihnen schon mal ein Länderspiel sehr ungelegen. Man merkt es daran, wenn ein Freundschaftsspiel ansteht, etwa gegen Norwegen, dass einige Spieler schnell absagen, auch wenn sie spielen könnten.

Andere wiederum freuen sich, aufgestellt zu werden, weil es mal was anderes, was Neues ist und sie aus der Tretmühle der Mannschaftsspiele herauskommen. Sie können die Reise genießen, locker trainieren, haben keinen Druck beim Länderspiel, weil es nur um den Sport, um die Ehre geht und nicht um eine Platzierung oder um Punkte.

Alles in allem unterstelle ich auch heute jedem Profi, dass er gerne in der Nationalmannschaft spielen möchte, weil es keine höhere Berufung für einen Fußballer gibt. Außerdem reizt auch die Abwechslung, in einer anderen Mannschaft zu spielen, man hat Kontakt zu den Kollegen, kann auch mal über andere Themen reden als sonst, sich gegenseitig ein paar Tipps geben, was das Wechseln ins Ausland betrifft oder die Vertragsverlängerung beim alten Verein. Natürlich kommen auch Problemchen zur Sprache, die man mit dem jeweiligen Manager, dem Präsidenten oder auch dem Trainer hat. Und man holt sich Rat bei denjenigen, die den Trainer vielleicht schon mal genossen haben und seine Marotten kennen. Andere wollen von uns wissen, warum es bei den Bayern so häufig kriselt oder ob der FC Hollywood wirklich den Brasilianer verpflichten wird. Ein bisschen Häme und Schadenfreude kommt bei der Konkurrenz auch auf, dabei lenkt das oft nur von den eigenen Problemen ab.

Länderspiele, das war für mich immer ein großes Hallo. Als ich sechzig Länderspiele hatte, sagte ich mir: Die Hundert machst du schon noch voll. Ohne Unfall wäre mir das auch sicherlich gelungen. So bin ich eben nur auf fünfundneunzig gekommen, genauso viele wie Karl-Heinz Rummenigge. Berti Vogts liegt ein Spiel vor mir, Thomas Häßler wiederum eins vor ihm und der Franz hat einhundertsieben. Jürgen Klinsmann hat ein Spiel mehr als Franz. Wenn ich mich nicht täusche, liege ich an siebter oder achter Stelle. Rudi Völler ist auch noch vor mir.

Und wenn jemand wie Lothar Matthäus den Weltrekord hält, was die Anzahl der Länderspiele betrifft, meiner Meinung nach ein Rekord für die Ewigkeit, dann gibt ihm das auch ein hohes

Maß an Befriedigung. Obwohl er kaum Geld für Länderspiele bekommt und woanders wesentlich mehr verdienen könnte. Falls Lothar auch noch bei der Europameisterschaft dabei sein sollte, und alles sieht jetzt danach aus, dann macht er die 160 voll und es wird ihm niemand mehr den Rekord abjagen können. Wo hat es denn schon so etwas mal gegeben, dass im Fußball ein Spieler konstant über zwanzig Jahre in der Nationalmannschaft eingesetzt wird? Und dazu noch als Feldspieler und nicht als Torwart?

Um noch einmal auf den DFB zurückzukommen und das Verhältnis zu den Spielern – normalerweise sind ja die Spieler in ihren Club eingebunden, sie denken nicht an den Verband. Die meisten haben auch nie etwas mit ihm zu tun, es sei denn, sie bekommen eine rote Karte und müssen vor das Sportgericht. Außerdem sitzen beim DFB ganz manierliche Leute, mit denen man gut auskommen kann. Dort sieht man nicht die typischen Funktionäre, wie man sie noch vor zwanzig Jahren kannte. Das sind auch alles Managertypen, die mit der Zeit gehen und versuchen müssen, einen Verband modern zu führen. Und sie müssen mit viel Geld und einflussreichen Leuten umgehen können, wenn man nur einmal an die Übertragungsrechte denkt oder an die Öffentlichkeitsarbeit des Verbandes. Ein Verband kann es sich heute nicht mehr leisten, mit den Spielern im Clinch zu liegen. Es gibt genügend Reporter, die nur auf eine solche Entwicklung warten.

Motivation

Motivation, dieses Wort wird heute oft strapaziert. Hat ein Verein in der ersten Liga eine Pechsträhne, sprich, die Mannschaft verliert am laufenden Band, muss natürlich ein Sündenbock her. Und das ist meist der Trainer. Als Begründung dafür, dass man ihn rauswirft, heißt es oft, er könne die Mannschaft nicht mehr motivieren. So ein Quatsch. Als wenn ein Trainer für die Motivation zuständig wäre! Kommt es so weit, dass ein Trainer die Spieler motivieren soll, dann ist eh schon alles zu spät und die Mannschaft krebst ohne rechte Orientierung in der Liga herum. Spieler mit einer professionellen Einstellung sollten in der Lage sein, sich in verfahrenen Situationen sprichwörtlich selbst an den Haaren aus dem Sumpf zu ziehen und der Begegnung noch eine Wende zu geben. Eigentlich müssten sie ausschließlich den Erfolg sehen, mannschaftsdienlich spielen und den Ball uneigennützig an einen Mitspieler abgeben, der eine bessere Position hat. Auch wenn der Betreffende meint, das ist ein Depp, dem gebe ich keinen Ball, was ja vorkommen soll. Wir hatten mal für vier Wochen einen aus Duisburg-Meiderich – länger hat er es nicht ausgehalten –, der von der ganzen Mannschaft im Spiel geschnitten wurde und ausgeruht zum Duschen gehen konnte.

Auf dem Platz, wenn es um Punkte, den Tabellenplatz und um Geld geht, ist jeder Spieler gleich sympathisch. Spannungen und Antipathie, das kann man nach dem Spiel austragen und sich dann auch bildlich gesprochen gegen das Schienbein treten. Auf dem Platz steht eine Mannschaft und dazu gehören nun mal elf Leute. Einer allein kann nicht gewinnen, er braucht seine Mitspieler. Dies sollen sich bitte auch falsche Ehrgeizlinge merken, die meinen, der liebe Gott habe allein sie zum Toreschießen auserwählt.

Ich brauchte keinen Guru für die Motivation, ich war motiviert, ich wollte Leistung bringen, Länderspiele absolvieren, in der Liga spielen und auch mein Geld verdienen. Schon als Kind, als ich noch beim TSV Haar spielte, bin ich mit dem Fahrrad nicht nur viele Kilometer zum Training, sondern auch ins Grünwalder Stadion von TSV 1860 gefahren, um mir die Begegnungen der 60er mit Nürnberg und Augsburg oder auch mit Offenbach und Frankfurt anzuschauen. Da habe ich oben auf den billigen

Rängen gehockt und zu mir gesagt: Sepp, da unten möchtest du auch mal spielen. Das wäre doch toll. Und dieses Ziel, einmal dort unten zu spielen, mit den ganz Großen im Fußball, das gab mir die Motivation.

Als Fernsehzuschauer und Radiohörer bei der Weltmeisterschaft 1958 in Schweden – mit Pelé wurde ein neuer Star geboren –, wusste ich mit einem Mal: An einer solchen Meisterschaft möchtest du unbedingt teilnehmen. Und während Wolfgang Fahrian 1962 in Chile seine Paraden machte, da ahnte ich bereits, ich könnte es schaffen. Und ich trainierte noch häufiger, noch intensiver, meine Motivation war schier unerschöpflich.

Mein nächstes Ziel war, in die Nationalmannschaft zu kommen und im Ausland zu spielen. Einmal in den großen Stadien der Welt zu spielen. Wembley, Maracana, San Siro, Hampton Park, Heysel und wie sie alle heißen. Diese Vorstellung hat genügt, in mir die Kraft so groß werden zu lassen, dass es auch tatsächlich dazu kam. Ich war 1966 bei der Weltmeisterschaft in England dabei und der Rasen vom Wembley, er hatte tatsächlich etwas heiliges an sich. Plötzlich habe ich den Spruch verstanden: Einmal auf dem heiligen Rasen von Wembley spielen! Ich fühlte mich wirklich auserwählt. Das war ein tolles Gefühl.

In all den Jahren habe ich viele Male in den großen Stadien der Welt gespielt. Und immer wieder, wenn ich wenige Sekunden vor dem Anpfiff zwischen den Pfosten stand und mir das Tor so gewaltig groß vorkam, habe ich an meine Jugendzeit zurückgedacht. Ich sah mich als Achtzehnjährigen auf der Tribüne sitzen, dessen Wunsch so riesengroß war, dass er eigentlich gar nicht in meinen schlanken Köroper reingepasst hat. Siehst du, Sepp, sagte ich mir in solchen Situationen, du hast dein Ziel erreicht. Noch vor fünf oder sechs oder zehn Jahren hast du es dir gewünscht, nun ist es Wirklichkeit. Eigentlich könntest du zufrieden sein. Aber zufrieden war ich nie, immer wieder gab es ein neues Ziel.

Motivation, echte Motivation von innen heraus, die dich zittrig werden lässt, wenn du an dein Ziel denkst, die dazu führt, dass du, obwohl der Trainer gesagt hat: »Sepp, es ist genug für heute«, noch heimlich trainieren gehst, kann kein Verein auf der Welt kaufen. Entweder du hast sie oder du hast sie nicht.

Motivation kann auch manchmal seltsame Blüten treiben wie bei mir kurz vor dem Endspiel im Europapokal der Cupsieger in Nürnberg, am 31. Mai 1967. Unser Gegner war eine »unbedeutende« schottische Mannschaft, die Glasgow Rangers. Wenn manche Fußballclubs nur diesen Namen hören, haben sie schon die Partie verloren.

Um uns in Ruhe auf diese Begegnung vorbereiten zu können, hatten wir uns in Behringersdorf in ein Hotel zurückgezogen. Trainingslager haben wir immer dazu gesagt, obwohl so viel nicht mehr trainiert wurde. Wichtig war allein, mit der Mannschaft die letzten Stunden vor einem Spiel gemeinsam zu verbringen, und zwar in Ruhe und Abgeschiedenheit, ohne die Ablenkungen des Alltags oder der Familie.

Vor jedem entscheidenden Spiel gibt es am Abend zuvor ein Vorbereitungsgespräch, in dem der Trainer wie ein Chirurg auf dem Operationstisch den Gegner seziert, jedem seinen direkten Gegenspieler vorstellt, mit Schwächen und Stärken. Aber die Nordeuropäer hatten anscheinend nur Stärken, so wie Tschik sich voller Respekt in Rage redete. Immer wieder wurde ich von ihm vor den Schotten, ihren gefährlichen Flanken und den harten Kopfbällen gewarnt. »Sepp, du musst früh herauslaufen und dich gegen die Stürmer durchsetzen. Und den Ball vor ihnen abfangen. Und du musst den Winkel verkürzen, ein paar Schritte vorgehen, aber um Himmels willen keinen Ball verlieren.«

Der Rigotti Hansi und ich teilten uns ein Zimmer. Kurz vor dem Einschlafen habe ich mir stets die Ratschläge des Trainers noch einmal durch den Kopf gehen lassen, so auch vor diesem Endspiel. Irgendwie muss ich über diese Ratschläge eingeschlafen sein. Und ich träumte, wie ich im vollen Stadion von Nürnberg gegen die Rangers spielte. Ich fing die hohen Flanken ab und die Zuschauer jubelten mir zu. Plötzlich ein Schrei und ein

Stoß in die Seite. Ich wachte auf und hatte den Kopf von Rigotti Hans in meinen Händen.

»Bist du wahnsinnig«, schrie er. »Willst du mir den Kopf abreißen?« Wütend schaute er mich aus dem Schwitzkasten heraus an.

»Tut mir Leid, Hans, aber da kam so eine wunderschöne Flanke, die habe ich einfach halten müssen. Sei bloß froh, dass ich keinen Abstoß gemacht habe.«

Motivation kann man nicht mit Geld bezahlen, denn das würde bedeuten, ich brauchte nur die entsprechende Summe hinzublättern, schon hätte ich einen motivierten Spieler. Und je mehr ich hinblättere, desto motivierter ist er. Schmarrn ist das, vollkommener Schmarrn. Warum wohl spielt noch ein Lothar Matthäus? Und wie der noch mit seinen knapp vierzig spielt! Mit Geld kann den doch niemand mehr ködern.

Wer ein Ziel hat und etwas erreichen will, und das unterstelle ich einfach mal jedem Spieler, der kommt ohne Motivationstrainer zurecht. Deshalb ist es für mich unverständlich, wenn in Zeiten der Erfolglosigkeit die Motivation eine Sache des Trainers oder des Vereinsvorstandes wird. Da machen es sich die Spieler sehr einfach, um ihre fehlende Leistung zu begründen. Allerdings kann ein in Erklärungsnotstand gekommener Vereinspräsident auch eher einen Trainer austauschen als eine ganze Mannschaft.

Sehen wir das Problem zur Verdeutlichung mal von der anderen Seite. Ein Trainer, das reinste Motivationsgenie, trifft auf einen Spieler, bei dem aber auch gar nichts von innen kommt, der jede professionelle Einstellung vermissen lässt, dem alles gleichgültig ist. Da kann der Trainer den Zampano machen bis er schwarz wird, er schafft es nicht, den Spieler zu motivieren. Und wenn jetzt jemand sagt, so einen Spieler gibt es nicht im bezahlten Fußball, dann täuscht er sich aber gewaltig. Es gibt etliche. Wir hatten einen beim FC Bayern, der häufiger auf dem

Golfplatz anzutreffen war als anderswo, der seinen Vertrag auf der Tribüne abgesessen hat und mit Namen Thomas Berthold hieß. Den ist der Verein einfach nicht losgeworden, über Jahre nicht.

Heute, das ist eine total andere Zeit. Das haben unsere Väter vor Jahrzehnten zu uns gesagt, wenn sie uns nicht mehr verstanden haben, und unsere Kinder werden es später auch zu ihren sagen. Aber das allein ist noch keine Begründung dafür, dass es uns an Nachwuchs mangelt und der darüber hinaus auch noch gewisse Fähigkeiten vermissen lässt. Wenn ich mich zurückerinnere, hat man sich früher alles irgendwie persönlich erobern müssen. Angefangen damit, welchen Spind du im Umkleideraum benutzt hast, möglichst den nahe bei der Dusche, ob die Mannschaft auf dem Hauptplatz trainieren durfte, bis hin zum Kampf um die Ausrüstung und den Stammplatz. Um alles haben wir uns gekümmert, das meiste sogar notgedrungen selbst organisiert.

Heute wird den Spielern zu viel von außen vorgegeben. Sie fangen nicht bei Null an, sondern auf einem hohen, meiner Meinung nach auf einem viel zu hohen Niveau. Ich musste schon eine gewisse Mindestleistung vorweisen, um besser ausgerüstet zu werden, neue Schuhe zu bekommen oder eine Tasche. Durch Schweiß habe ich mir das verdient. Gab es früher als Preis irgendwo ein Paar Fußballschuhe zu gewinnen, dann hast du dich gefreut, die Dinger geputzt und geschont. Aber mit so was kannst du heute keinen Zwölfjährigen mehr locken. Die fragen ganz cool: Trainer, was gibt es, wenn ich anfange? Man muss sich das mal vorstellen: Bevor sie überhaupt anfangen, stellen sie schon Forderungen.

Von Jugend an werden alle Sportler, nicht nur die Fußballer, zu sehr verhätschelt und verweichlicht. Man fährt sie zum Training, dafür ist die Mutti zuständig, damit sie sich nicht erkälten. Einen Kilometer oder noch mehr geht doch niemand zu Fuß. Und das Fahrrad nehmen sie nur, wenn es ein neues Mountain-

Bike mit allen Schikanen ist. Vier, fünf Kilometer ist das absolute Limit. Bei Regen und Schnee liegt es bei null Kilometern.

Und wie die Kinder und Heranwachsenden heute daherkommen, das sehe ich doch beim Tennis. Die beste und teuerste Ausrüstung, wie aus dem Katalog gepellt, aber keinen Ball treffen sie. Klappt es nicht so recht, wie sie es sich vorstellen, muss ein neuer Schläger her, weil es nur an ihm liegen kann. Nicht am fehlenden Training, nicht an der fehlenden Motivation oder der eigenen Unfähigkeit. Man darf es nicht zu laut sagen, aber davon lebt ein ganzer Wirtschaftszweig. Und das nicht mal schlecht. Da braucht man nur an das Skifahren zu denken und an die sogenannten Fun-Sportarten. Was ich mache und welche Leistung ich bringe, ist eigentlich sekundär. Hauptsache, ich habe Spaß und sehe gut aus.

Mit diesem Phänomen hat auch der Fußball zu kämpfen. Überwiegend sind in einer Mannschaft Spieler, die sich von Jugend an nicht mehr so hart durchsetzen mussten. Und dieser Trend schreitet voran. Für jeden Trainer ist es heutzutage ungemein schwer, die Achtzehn- bis Zwanzigjährigen bei der Stange zu halten. Sie wollen Spaß. Aber Fußball, das ist auch Arbeit, das ist Training, das sind schweißfeuchte Trikots und blaue Flecken und brennende Lungen.

Mich persönlich stört, dass ein Spieler aus der ersten Bundesliga, der ständig auf der Bank sitzt, wesentlich mehr verdient als ich zu meiner Zeit. Wer sich mit einer Million im Jahr zufrieden gibt, der braucht heute fast nicht mehr aufzulaufen. Der geht mit fünfundzwanzig in Pension. Oder spielt Golf.

Selbstverständlich darf man das nicht pauschalieren, aber die meisten sind wirklich satt und mit weniger zufrieden, als sie erreichen könnten. Sie selbst geben sich keine Impulse mehr und sehen nicht ein, warum sie über ein gewisses Maß hinaus trainieren und sich schinden sollten. Mit dem Minimalaufwand das Bestmögliche erreichen. Aus ökonomischer Sicht ist das richtig gedacht. Aber was könnten sie wohl erreichen, würden sie sich für einen Maximalaufwand entschließen?

Die laxe Einstellung vieler Profis schlägt durch bis ganz nach oben. Wie oft habe ich unter Berti Vogts gesehen, dass es bei der Nationalmannschaft im Training ausgezeichnet klappt. Sie spielen locker, sind gut gelaunt und lustig, bringen tolle Aktionen. Unter Erich Ribbeck ist es ähnlich. Super, wie die spielen, würde jeder sagen. Sausen rum, zeigen Spielwitz, sprühen vor Spielfreude, auch ein Andy Möller. Später im Länderspiel, wenn es um etwas geht, reißt der Faden, nichts klappt mehr, keine Harmonie und auch kein Kampf. Gegenseitig ziehen sie sich runter auf ein Normalmaß oder noch tiefer und liefern eine katastrophale Leistung. Jeder sucht die Schuld beim andern und zum Schluss bleibt nur noch der Schiedsrichter, der Platzwart oder das Wetter übrig. Und der Trainer – heutzutage sind sie ja um keine Ausrede mehr verlegen, wie in der Politik – sagt in der Pressekonferenz: Wir haben uns bemüht, aber der Gegner hat uns nicht zur Entfaltung kommen lassen. Wie wahr!

Natürlich besteht ein Unterschied zwischen Training und Wettkampf. Im Training steigt man nicht so hart ein, zieht schon mal eher einen Fuß zurück, geht nicht direkt auf den Mann und lässt seinen Gegenspielern mehr Raum. Aber die Hauptregel lautet immer noch: Im Wettkampf sollte man besser sein als im Training. Diese Grundregel wird heute auf den Kopf gestellt. Nicht nur in der Nationalmannschaft, sondern auch in der Bundesliga.

Schon oft haben wir bei Trainerbesprechungen gerätselt, warum es heutzutage im Spiel ganz anders läuft als in der Vorbereitung. Ob die Spieler mit dem Druck nicht mehr zurechtkommen, ob die Erwartung zu hoch sind? Ich weiß es nicht. Für mich ist das unerklärlich. Besonders, wenn ich mir die einzelnen Sitzungen vor den Spielen vergegenwärtige, in denen die Taktik besprochen wird, jeder Spieler genau seine Position und seine Aufgabe kennt, er also wirklich bis ins kleinste Detail weiß, wie er sich zu verhalten hat und welche Stärken sein Gegenspieler hat. Da bleibt keine Frage offen. Und später auf dem Rasen bleiben nur noch Fragen offen. Vielleicht sind die heutigen Fußballer von Jugend an keine richtigen Gefühlsfußballer mehr und vom Instinkt her nicht die richtigen Typen? Weil sie kaum noch auf der Straße spielen? Nicht mehr improvisieren müssen?

Franz war ein Instinktfußballer und der Gerd war auch einer. Denen musste man nicht sagen: Du, wenn hinter deinem Rücken einer wegläuft, dann musst du dem nachgehen. Verstehst du? Das haben die automatisch registriert und einfach aus dem Bauch heraus das Richtige getan. Instinktfußballer sehen, wo sie reinlaufen müssen, welchen Raum sie abzudecken haben, wie sich eine Situation wenige Sekunden später entwickeln kann. Warum sonst hat der Gerd so viele Tore gemacht und das aus den unmöglichsten Positionen?

Muss ich heute dagegen in einer Spielersitzung der Nationalmannschaft jedem einzelnen Akteur erklären, wie er zu spielen hat, wo er reinlaufen und wie er auf bestimmte Entwicklungen reagieren soll – der direkte Gegenspieler ist ein Rechts- oder ein Linksfuß, er geht immer durch die Mitte oder außen vorbei, täuscht mit dem Standbein an, knipst vor der Flanke ein Auge zu – dann zeigt das doch deutlich die Misere bei uns im Fußball. Unseren so genannten Profis gibt man Allerweltsratschläge, die eigentlich ein Jugendspieler schon nicht mehr nötig haben darf: Hat dein Gegenspieler den Ball und geht dort rein – der Trainer zeigt es noch auf einer Tafel, damit es keine Missverständnisse gibt –, musst du die Seite zumachen und den Raum abdecken.

Ich würde meinen, diese grundlegenden Dinge müsste eigentlich ein Spieler, der für Deutschland aufläuft, von sich aus können. Aber vielleicht gibt man all den sogenannten Talenten zu viel Unterstützung, zu viel an Taktik und Verhaltensweisen vor und würgt damit ihre Selbstständigkeit ab. Kommen sie in eine Situation, die nicht besprochen worden ist, wissen sie nicht, was sie zu tun haben. Und dann geht das Spiel verloren.

Money, Money, Money …

Als wäre es gestern gewesen, erinnere ich mich noch genau an meine Vertragsverhandlungen kurz nach dem Aufstieg 1965 in die Bundesliga. Das monatliche Grundgehalt betrug astronomische 1200 Mark. Da ich Nationalspieler war, bekam ich sechshundert Mark mehr. Bei zwanzig Länderspielen wäre es ein Plus von fünfzehnhundert gewesen. Pro Punkt erhielten wir weitere zweihundert Mark. Wenn ich alles zusammenzähle, dann kam ich damals im Durchschnitt auf etwa 2400 Mark im Monat. Um am Monatsende 3000 Mark zu haben, hätten wir jedes Spiel gewinnen müssen.

Berti Vogts ging es 1970 bei Gladbach finanziell nicht besser. Grundgehalt 1800 Mark und 500 Mark Siegprämie. Für den Titelgewinn erhielt er 10 000 Mark.

Fünfzehn Jahre später, also 1979, belief sich mein Endgehalt auf etwa 50 000 Mark im Monat, also 600 000 Mark pro Jahr. Das war eine ganze Menge, eine tolle Steigerung, und man konnte davon mehr als gut leben.

Dabei war ich stets der schlechtbezahlteste Spieler des FC Bayern. Das wurde mir sehr deutlich vor Augen geführt, als ich 1970 von der WM in Mexiko zurück nach München kam. Immerhin waren wir mit der Nationalmannschaft Dritter geworden. Mein Verein hatte in der Zwischenzeit einen anderen Torhüter verpflichtet, weil man sich mit mir noch nicht über einen neuen Vertrag hat einigen können. Zu dieser Zeit hatte ich ein Grundgehalt von 4000 Mark im Monat.

»Was ist jetzt, Sepp, mit deinem Vertrag«, wurde ich von Präsident Neudecker gefragt. »Willst verlängern? Ja oder nein?«

»Sie haben doch schon einen neuen Tormann.«

»Du warst fabelhaft in Mexiko. Den Löber können wir so mitziehen. Der kostet bloß siebentausend im Monat.«

»So, siebentausend kriegt er? Wissen Sie eigentlich, was ich als Stammtorwart verdiene?«

Der Präsident hatte von Spielergehältern keine Ahnung, dafür waren Manager Schwan oder Geschäftsführer Fembeck zuständig. Und ich habe mich schwarz geärgert, dass man für einen Ersatztorwart 3000 Mark mehr im Monat ausgeben wollte als für mich, den Stammtorwart. Der Prophet im eigenen Lande – da ist was dran. Aber mein Grundgehalt wurde daraufhin schon angehoben. Hinzu kam ein Verärgerungszuschlag. So etwas würde mir nicht noch einmal passieren.

Da ich immer bei Bayern geblieben bin, wurde für mich auch nie eine Ablösesumme gezahlt. Trotzdem konnte ich mir meinen Marktwert ausrechnen, der seinerzeit für einen deutschen Torwart astronomisch hoch lag. Als Faustregel gilt, dass ein Spieler etwa 20 Prozent der Ablösesumme als Jahresgehalt bekam. Bei drei Millionen macht das also 600 000 Mark pro Jahr. Folglich betrug mein Marktwert 1979 eben diese drei Millionen Mark.

Seit dem Bosman-Urteil entfällt die Ablösesumme, wenn ein Vertrag ausläuft. Deshalb sind heute den Spielern Tür und Tor geöffnet, wesentlich mehr Gehalt als früher zu fordern. Und sie bekommen es auch. Erich Ribbeck hat in einem Zeitungs-Interview gesagt, das Bosman-Urteil sei ein Fluch für den Fußball, das Schlimmste, was in den letzten 100 Jahren im Fußball passiert sei. Damit meint er den Zusammenbruch des Transfer-Systems, das vorher ausgezeichnet funktioniert und sich eingespielt habe. Nun seien die Profis in der Lage, die Vereine mit ihren Gehaltsforderungen zu erpressen.

Fängt ein zwanzigjähriger Spieler bei Bayern an, hat er zu Beginn mindestens das Einkommen, das ich zu meinen Glanzzeiten bekam. Dabei ist er noch lange kein Stammspieler und hat selbstverständlich auch noch kein Länderspiel absolviert.

Stammspieler der Bayern haben ein Jahreseinkommen zwischen zwei und sechs Millionen Mark. Spitzenverdiener sind bei uns Effenberg und Elber und Matthäus. Mit dem Effe, er kam vor Jahren von Gladbach zu uns, ist das eine Besonderheit. Obwohl er nicht mehr in der Nationalmannschaft spielt, gehört er zu den Spitzenverdienern im deutschen Fußball.

Zwischen den Dortmundern und den Bayern gibt es bezüglich der Gehälter keine großen Unterschiede. Gerade deshalb sind diese beiden Clubs von den Akteuren sehr begehrt, gibt es doch so viel gutes Geld – für eine vielleicht etwas bessere Leistung als in den anderen Clubs.

Ich verstehe nicht, warum man bei uns in Deutschland immer so ein Geheimnis macht aus dem Einkommen. Sei es nun in der Wirtschaft, der Politik oder im Sport. In Amerika legen die Geschäftsführer und die Sportler ihren Verdienst offen. Deshalb gibt es keine Gerüchte und auch keine Spekulation, ob jemand nun weniger oder mehr als ein anderer verdient. Und es entfällt die Möglichkeit, das Sportler einander ausspielen, oder Spieler den Verein. Und wenn einer in Amerika viel verdient, sagen die anderen: Super, dass du ein so gutes Gehalt hast. Wirklich toll. Das bist du ja auch wert. Hier bei uns jedoch regiert der Neid. Keiner gönnt dem anderen etwas. Auch unter den Spielern. Das scheint eine typisch deutsche Krankheit zu sein.

Von diesem Bazillus Neid sind viele infiziert. Da bemüht sich eine in Vergessenheit geratene Band, die sich »Tote Hosen« nennt, um hohe Verkaufszahlen ihrer neuen CD, indem sie über den FC Bayern herfällt und ihn als »Scheißverein« betitelt. Die Chaoten geben wirklich ihr Bestes und dazu genügen einige Sekunden, deshalb stehen wir vom Verein auch drüber. Der Name der Möchtegernband sagt ja schon alles: Tote Hosen. Alles in der Hosen ist tot.

Zuschauer sind auch vom Neid infiziert, eine Krankheit unserer Zeit. »Sieh doch mal, wie pflaumig der spielt«, tönen sie auf den Rängen. »Für so viel Geld. Das ist doch eine Sauerei.«

Warum, so frage ich, soll ein Spieler nicht so viel Geld verdienen? Warum soll Michael Schumacher nicht in der Formel 1 seine achtzig oder hundert Millionen im Jahr machen? Die

Neidhammel sollten sich mal überlegen, dass in der heutigen harten Geschäftswelt niemand einem Sportler grundlos so viele Millionen gibt. Das ist ihr Marktwert, weil sie so gefragt und so gut sind, dafür leisten sie ja auch mehr als andere. Und wenn der Markt- oder Werbewert sinkt, verdienen sie eben weniger. So läuft das Spiel. Sind sie zu alt, verdienen sie überhaupt nichts mehr. Dem Sportler bleiben im Höchstfall zehn Jahre, in denen er für die restlichen vierzig Jahre zu sorgen hat.

Bei all den Millionen darf man eins nicht vergessen: Schumacher, das ist ein Alleinunterhalter, der Zigmillionen vor den Fernseher lockt und fesselt. Eben weil er so gut und so spektakulär fährt. Und auch schon mal Risiken eingeht. Schumacher verkauft sich und auch sein Leben. Diesen Thriller wollen viele sehen, die Quote steigt. Und die Quote garantiert dem Sender Werbeeinnahmen und dadurch machen sich die Sportler bezahlt. So einfach ist das. Und noch etwas: Sportler, das sieht man an mir, sind die besten Schauspieler und Unterhalter.

Oft beschweren sich Sportler aus anderen Sportarten: Schau mal, die Fußballer, die verdienen so viel und ich bekomme viel weniger. Das ist ungerecht! Solche Typen plappern wirres Zeug. Niemand hat sie gezwungen, Schwimmer oder Leichtathlet oder sonst was zu werden.

Und wenn den Fußballern, die auch Grund zum Jammern hätten, wenn sie an Schumacher oder einen amerikanischen Basketballer denken, ihr Geld nicht reicht, dann sollen sie doch Rennen fahren. Verdammt schnell werden sie sich wieder nach dem Stadion und dem Ball sehnen.

Der dornige Weg nach oben

Es kommt mir vor, als gäbe es auf dem sportlichem Sektor untereinander nicht mehr die gesunde Rivalität, wie wir sie früher gekannt haben. Jeder von uns wollte in die erste Mannschaft, später alle aus der Bundesliga in die Nationalmannschaft, weil die Kluft zu den anderen Spielern, was Reputation und Einkommen betraf, wesentlich größer war als heute – eben eine Frage des Images und der Wertschätzung.

Falls in unserer Zeit überhaupt noch Rivalität besteht, dann nur noch um die Höhe des Einkommens. Die verpflichteten Spieler haben ihr Fixum, das kann schon eine Million sein. Zwar kämpfen sie, um noch mehr zu verdienen, werden auch besser, liefern einige gute Spiele und merken dann vielleicht, dass der Aufwand, um ständig Stammspieler zu bleiben, sehr hoch ist. Deshalb geben sich viele mit dem Status quo zufrieden, werden hie und da aufgestellt, auch schon mal eingewechselt und schauen ansonsten, dass sie den Vertrag erfüllen und die Zeit gut überbrücken. Gegen Vertragsende legen sie etwas zu, machen wieder auf sich aufmerksam, um ein einigermaßen gutes Gehalt beim neuen Arbeitsgeber aushandeln zu können. Aber ansonsten haben sie resigniert, besonders in einer Mannschaft wie den Bayern, da es bei uns so viele gute Spieler gibt und der Weg nach oben zur Stammbesetzung sehr beschwerlich und steinig sein kann.

Es liegt fast nie am Trainer, dass ein Spieler nicht aufgestellt wird, sondern nur an seiner Leistung und an seiner Einstellung. Ein Trainer, der gute Spieler nicht einsetzt, wäre ja mit dem Hasen gepudert und würde sich um die eigenen Lorbeeren bringen. Aber Akteure, die sich elegant durchlavieren wollen und nur ihre Zeit absitzen, werden von jedem Trainer schnell enttarnt. Ein- oder zweimal gibt er ihnen eine Chance, das war es dann auch schon. Schnellstmöglich versucht nun der Verein, den Spieler loszuwerden.

Wenn jemand unbedingt will, aber nicht so das große Talent ist und eher über den Kampf geht – auch das merkt ein Trainer. Vielleicht setzt er ihn nicht gerade in der Champions League ein, sondern in der Bundesliga gegen Köln oder Hamburg. Das ist ja auch schon was.

Es ist ein Schmarrn, wenn in diesem Zusammenhang plötzlich Gerüchte kursieren, der Trainer stelle denjenigen Spieler auf, der ihm unter der Hand eine Art Auflaufprämie zahle. Damit der Betreffende auf seine Anzahl von Pflichtspielen kommt und an den Prämien partizipieren kann.

Wie hoch, frage ich diejenigen, die so etwas behaupten, müssten wohl die sogenannten Auflaufprämien sein, wenn ein Trainer drei oder vier Millionen im Jahr verdient? Etwa zweihunderttausend? Oder noch mehr? Wer das meiste Geld als Spieler hat, der wird berücksichtigt? Um es ganz klar zu sagen: So etwas kenne ich nicht und das kann sich ein Trainer auch nicht leisten. In der Politik gibt es das vielleicht, aber da werden ja eh nicht die Besten aufgestellt, sondern diejenigen, die am besten tönen können. In der Politik werden Tore nicht gespielt, sondern geschrien.

In letzter Konsequenz sind natürlich die Trainer verantwortlich für Sieg oder Niederlage, immerhin stellen sie die Mannschaft auf. Und weil sie das tun, sind sie auch bestrebt, neue Spieler zu bekommen, die in das Team passen. Wir vom FC Bayern haben ja unsere Späher, die für so etwas verantwortlich sind und herausfinden, wer gut in das Gefüge passen könnte und wer eher nicht.

Wie zu meiner Zeit ist Bayern auch heute noch für fast alle Spieler der Wunschclub. Da ein Verein jedoch nicht nur zukaufen kann, sondern auch abgeben muss, werden selbstverständlich diejenigen ausgemustert, die nicht wollen, nicht können oder die Homogenität der Mannschaft stören. Zuerst haben es die neuen Spieler im ungewohnten Umfeld schwer, es sei denn, sie tragen schon einen großen Namen. Aber die Neuen, für die man schon sehr viel Geld bezahlen muss, haben kein automatisches Anrecht auf einen Stammplatz, sind jedoch normalerweise zumindest motiviert, möglichst schnell Stammspieler bei den Bayern zu werden. Und dann merkt plötzlich ein etablierter

Stammspieler, hoppla, da kommt frisches Gemüse, der will mir den Platz streitig machen. Genau das ist es, was Trainer oft beabsichtigen, aber nie zugeben. Sie erzeugen künstlich innerhalb der Mannschaft eine gesunde Rivalität und bauen darauf, dass der Stammspieler auch gerne ein solcher bleiben möchte. Und der junge, bissige Spieler strengt sich um so mehr an, seinen Platz zu erobern. Es liegt nun an der Fähigkeit des Trainers, niemanden zu verprellen. Dem einen zu signalisieren, du bleibst meine Nummer eins und dem anderen, du kannst Nummer eins werden.

Beim FC Bayern gelingt das dem Trainer noch am ehesten, denn wir haben über das Jahr gesehen bis zu hundert Spiele, und damit gibt es Gelegenheiten genug, den jungen, bissigen Draufgänger so einzusetzen, dass der das Gefühl hat, er kann es schaffen. Hört nach zwei oder drei Jahren der Stammspieler auf, weil er die Altersgrenze erreicht hat oder an einen anderen Club verkauft wird, rückt der Jüngere nach und alle sind zufrieden. Der Handel hat sich gelohnt, die Taktik des Trainers ist aufgegangen.

Allerdings hat es auch schon oft Fehlkäufe gegeben. Zu spät merkt man, der Spieler passt nicht in die Mannschaft, wird nicht aufgenommen oder kann dem Spiel keine Impulse geben. Dann sind natürlich beide Seiten enttäuscht. Der Spieler schaut sich nach einem neuen Arbeitgeber um, der Club nach einer Möglichkeit, den Fehlkauf irgendwie auszugleichen und den Verlust möglichst gering zu halten.

Und es hat auch Spieler gegeben, die anfänglich lange auf der Reservebank gesessen haben, sich aber trotzdem noch in Szene setzen konnten. Ein gutes Beispiel dafür ist Christian Nerlinger, den ich nie verkauft hätte. Jemand mit so viel Biss und Motivation, der ist für jede Mannschaft ein Gewinn. Christian Nerlinger und Markus Babbel haben beide einen Fehler: Sie kommen vom eigenen Nachwuchs. Markus ist bereits seit 1981 Mitglied des FC Bayern, seit seinem neunten Lebensjahr. Nun wird er für vier Jahre nach England zum FC Liverpool wechseln. Das ist verständlich, denn der Prophet im eigenen Land … So ganz verstehen kann ich ihn jedoch nach den vielen Jahren als Mitglied des Vereins nicht, wenn er in der Presse verlauten lässt: »Der FC Bayern ist ein Haifischbecken.« Womit gemeint ist, dass die Münchener Verantwortlichen ihn mehrfach wegen seines Wechsels kritisiert hätten und es deswegen Spannungen gebe. Vielleicht hat er das mit dem Haifischbecken auch positiv gemeint? Eine Dose Ölsardinen wäre doch schlimmer, oder?

Schon zu meiner Zeit hatten die eigenen Spieler nie den Stellenwert wie andere, gleich gute, die man eingekauft hatte. Dabei müsste man froh sein, so viele Millionen gespart zu haben, weil eben der eigene Nachwuchs so eine Fundgrube sein kann. Ich verstehe einfach nicht, dass mein Club nicht in der Lage ist, aus dem Nachwuchs mehr Spieler in die erste Mannschaft zu bringen. Lieber werden sie verkauft an andere Vereine, weil man den einen oder anderen Star haben will, und Jahre später manchmal für teures Geld zurückgekauft. Sicherlich ist das im Sinne der Zuschauer, die keinen Meier, mit »ei« geschrieben, oder Huber sehen wollen, sondern bekannte Namen, weil Zuschauer dem Nachwuchs noch weniger zutrauen als die Vereinsführung. Und die Sponsoren und die Medien denken in die gleiche Richtung.

Wer in der Nationalmannschaft seinen Stammplatz hat, für den gibt es, im Gegensatz zum Verein, schon einige Privilegien. Dabei spielt es keine kaum eine Rolle, welche Leistung die Aktiven in ihren Clubs bringen. Wer zum Stamm der sechs bis acht Nationalspieler gehört, wird auch eingesetzt, wenn es im Verein nicht so gut läuft. Das hängt auch damit zusammen, dass eine Nationalmannschaft ein Gerippe an verlässlichen Spielern haben muss. Man kann schlecht für jedes Länderspiel eine Art Hitparade machen und die gerade zur Zeit besten Bundesligaspieler aufstellen. Das gäbe ein Chaos. Außerdem darf man nicht vergessen, dass Stammspieler in der Nationalmannschaft auch für eine gewisse Kontinuität bürgen. Sie sind, was die Grundleistung angeht, eine berechenbare Größe und deshalb auch vom Bundestrainer gut einzuschätzen. Was zählt, ist Vertrauen und Konstanz.

Im Augenblick wird sehr viel experimentiert, ähnlich wie unter Berti Vogts, aber wir haben leider keine bessere Nationalmannschaft. Das weiß auch ein Erich Ribbeck.

Nicht immer die Besten

Aber noch längst nicht jeder gute Spieler wird auch tatsächlich aufgestellt. Die Situation mit Stefan Effenberg ist dafür vielleicht bezeichnend. Zuerst 1994 bei der WM in den USA wegen seines Stinkefingers von den Medien fertiggemacht – so etwas darf ein deutscher Spieler nicht tun, er brüskiert die Zuschauer, man muss ihn rausschmeißen –, wurde er vom Verband auf der Stelle für Länderspiele gestrichen. Andere haben gemeint, eine so harte Reaktion sei nicht nötig gewesen, aber sicherlich spielten da auch noch andere Gründe mit hinein. Etwa in der Art eines Revanchefouls, weil Stefan vielleicht mal den einen oder anderen verpellt hat.

Stefan ist wenig später mit Gladbach abgestiegen, die Bayern haben ihn gekauft und hier bei uns hat er sich daraufhin sehr gut entwickelt. Und nun haben die gleichen Medien wieder gefordert: Effenberg muss zurück in die Nationalmannschaft. Alle haben ihn überredet und Stefan erklärt sich schließlich bereit, wieder zur Qualifikation für die Europameisterschaft anzutreten. Gegen Zypern hat die ganze Mannschaft schlecht gespielt, auch ein Stefan Effenberg konnte das nicht herumreißen. Aber was tritt nun ein? Man hat nicht die Mannschaft schlecht gemacht und kritisiert, sondern fast überwiegend den Stefan. Die Art, wie er daraufhin reagierte, das war für mich absolut verständlich. Nach dem Motto: Ihr könnt mich alle mal.

Fritz Walter ging es vor vierzig Jahren ähnlich. Als Deutschland nach der Weltmeisterschaft von 1954 gegen die Schweiz mit

1 : 3 verloren hatte, verkündete er seinen Rücktritt – die Medien haben ihn fertiggemacht. Kurz vor der Weltmeisterschaft 1958 hat der damalige Bundestrainer Sepp Herberger ihn mit Hilfe der Medien wieder überreden können, in der Nationalmannschaft zu spielen. Und im WM-Spiel gegen Schweden, das die Deutschen – sie hatten nur noch acht Spieler auf dem Feld – mit 1 : 3 verloren, wurde seine Karriere durch in hartes Foul des schwedischen Spielers Parling für immer beendet.

Für mich ist es bedauerlich, welche Macht die Medien haben und wie fast alle vor ihnen kuschen. Und es ist bedauerlich, dass die Medien nicht mit ihrer Macht umgehen können, sondern sie nur für das benutzen, was ihnen dient: steigende Einschaltquoten, höhere Auflagen.

Der Frust der Unterlegenen

Unterstellt man einem Spieler, dass er motiviert ist und sein Ziel im Auge behält, in der Bundesliga oder für die Nationalmannschaft zu spielen, dann ist er selbstverständlich frustriert, wenn er nicht aufgestellt wird. Die einen stecken es besser weg als die anderen. Und wird jemand nicht für das Nationalteam nominiert, kann er sich ja noch damit herausreden, dass er zumindest in der Bundesliga eingesetzt wird.

Etwas anderes ist es, wenn man an großen Turnieren teilnimmt – der Kader umfasst zweiundzwanzig Aktive –, und es kommen stets die besten elf, vielleicht noch drei oder vier Auswechselspieler, zum Einsatz. So etwas führt zu Spannungen, als Folge kann es innerhalb der Mannschaft zu Cliquenbildung kommen. Das ist gefährlich, weil man nicht offen, sondern hintenherum murrt und die Stimmung vermiest. Die nicht aufgestellten Spieler wählen den bequemsten Weg, und zwar nicht den über die Leistung, sondern sie gehen zur Presse und klagen ihr Leid. Eigentlich seien sie viel besser als der und der, deshalb habe es auch nur ein Unentschieden gegeben und der Trainer sei nicht in der Lage, die richtige Mannschaft aufzustellen. An diesem Punkt sind dann der Trainer und der DFB gefragt, die für Ruhe sorgen und notfalls auch mal einen Spieler heimschicken müssen.

Inzwischen hat sich für die Spieler die Lage entspannt, die Aufmüpfigkeitstruppe wird ein bisschen kleiner gehalten. Drei Aktive dürfen pro Begegnung ausgewechselt werden, es gibt immer wieder Verletzte, sodass im Verlauf eines Turniers annähernd alle zweiundzwanzig zum Einsatz kommen können.

Helmut Schön hat das zu seiner Zeit gut gelöst. Er hat nicht immer die jeweils besten Spieler für eine Begegnung mitgenommen, sondern mehr auf Verlässliche, mehr auf Kontinuität gesetzt. Im Kader waren deshalb überwiegend Profis, die für die Dauer eines Turniers permanent ihre Leistung gebracht haben. Und der Beste ist schon mal zu Hause geblieben, weil er nicht in das Mannschaftsgefüge gepasst hat.

Eingeladen für ein Turnier hat Bundestrainer Schön fünfundzwanzig oder sechsundzwanzig Spieler, die sich in Malente vorbereitet haben. Nach dem Trainingslager, in der abschließenden Mannschaftssitzung hat er vier Spielern sagen müssen: Ihr bleibt zu Haus. Das hat natürlich keinem gepasst und war dem Trainer wie den Spielern gleich unangenehm. So hat Helmut Schön zum Beispiel 1966 zur Weltmeisterschaft den Max Lorenz mitgenommen und Horst Szymaniak zu Hause gelassen, der daraufhin in der Sportschule Malente alles kurz und klein geschlagen hat. Allein dieser Vorfall hat Helmut Schön schon in seiner Entscheidung bestärkt.

Später, zur Weltmeisterschaft 1974 in Deutschland, wollte Helmut Schön dieses unangenehme Aussondieren am Ende der Vorbereitung vermeiden und hat nur noch zweiundzwanzig Spieler ins Trainingslager eingeladen. Zu weiteren vier oder fünf hat er gesagt: Haltet euch bereit, falls sich jemand verletzen sollte. Dann rückt ihr nach.

Fazit: Innerhalb des Kaders war Ruhe und das war enorm wichtig. Querulanten und Unruhestifter gab es keine, die wurden einfach nicht eingeladen.

Berti Vogts ist ähnlich vorgegangen. In den Vorbereitungsspielen und der Qualifikation zur Europameisterschaft 1996 in England hat er darauf geachtet, dass die Homogenität der Mannschaft durch Einzelne nicht gestört wurde. Ältere Spieler hat er ausgemustert und Mario Basler wurde, weil er eben Unruhe gebracht hätte, nicht berücksichtigt. Genauso ist er mit Stefan Reuter verfahren. Dabei ist Mario Basler gar kein Quertreiber, sondern jemand, der sich Dinge herausnimmt, die andere nicht dürfen. Mit ihm gab es stets Kapriolen. Er ist einmal dringend zu seiner Frau geflogen, hätte am Montag zurückkommen sollen und kam erst am Mittwoch. So was geht einfach nicht. Als er verletzt war, konnte der Arzt Müller-Wohlfahrt nicht anreisen und Mario flog nach München. Auch dieses Mal kam er einen Tag später als geplant zurück. Ein so extravagantes Verhalten bringt Unruhe in eine Mannschaft. Deshalb, aber auch wegen seiner Verletzung, wurde Mario nicht berücksichtigt. Damit war für ihn die Nationalmannschaft für immer tabu.

Harmonie innerhalb des Teams war Berti Vogts wichtiger als gute Einzelkämpfer, die sich nicht anpassen und einfügen können. Und Berti Vogts hat Recht behalten. Wir sind 1996 nicht wegen unserer spielerischen Überlegenheit Europameister geworden, sondern durch eine geschlossene mannschaftliche Leistung und auch, das darf man nicht vergessen, durch Glück. Die deutsche Mannschaft hatte zu ihren Tugenden gefunden. Nicht zaubern wie die Brasilianer, sondern kämpfen wie die Bayern.

In der Nationalmannschaft gibt es trotz eines Stamms von etwa acht Spielern keine zweite Garnitur, was die Leistung anbelangt. Alle zweiundzwanzig Spieler sind gleichwertig. Ein Gefälle wie früher, dass man sechs gute Profis hatte und die restlichen fünf waren deutlich schwächer, gibt es nicht mehr. Teilweise werden Spieler allerdings hingehalten und wissen nicht, ob sie aufgestellt werden. Das ist in der Bundesliga so, kommt aber auch in der Nationalmannschaft vor. Acht oder neun sind gesetzt, für die restlichen drei oder zwei Plätze kommen vier oder fünf Spieler in Frage. Entschieden wird oft erst in letzter Sekunde und nach dem Gefühl des Trainers, weil alle in etwa gleich gut sind. Dabei wägt er natürlich ab, wer von seinem Naturell her am ehesten in Betracht kommt, wenn man gegen England spielt und die britische Spielweise berücksichtigt. Gegen Brasilien könnte es ein anderer sein. Wer nicht aufgestellt wird, ist selbstverständlich unzufrieden.

Aushängeschilder und Prügelknaben

Schon seit jeher hat es Aushängeschilder, Prügelknaben und Reizfiguren im deutschen Fußball gegeben. Franz Beckenbauer ist immer noch ein Aushängeschild, auch Lothar Matthäus und viele andere. Sie sind eine Werbung für den Fußball und kommen in der Presse auch durchgehend positiv weg. An einem Beckenbauer vergreift sich so schnell niemand. Klaus Augenthaler meinte einmal, an 10 oder 15 Prozent der Profis wage sich die Presse nicht heran. Für weitere 15 Prozent interessiere sich die Presse nicht. Die dazwischen aber könne die Presse manipulieren.

Ich weiß nicht, ob der Klaus da richtig liegt, aber man darf, und das ist meine Erkenntnis aus vielen Jahren, einfach nicht alles glauben und ernst nehmen, was die Presse schreibt. Auf der permanenten Suche nach Sensationen und Insidergeschichten geht sie dabei oft unter die Gürtellinie, so wie bei Effenberg, den man zum Prügelknaben abgestempelt hat, obwohl er ein ganz anderer Kerl geworden ist. Effe ist heute eine Stütze für den FC Bayern, nicht nur sportlich gesehen. Hoffentlich bleibt er dem Verein noch lange erhalten.

Lothar Matthäus hat sich auch enorm gewandelt. Früher war er anders, intrigant ist vielleicht das falsche Wort, aber er hat Lunten gelegt. Ich denke da besonders an das Geplänkel mit Klinsmann, für die Medien ein gefundenes Fressen. Die beiden haben sich über Wochen und Monate gegenseitig beleidigt. Aber vielleicht war auch alles am Telefon zwischen ihnen so besprochen worden. Dann wäre es ein gelungener PR-Gag gewesen. Überhaupt hat sich der Lothar ungemein zum Positiven verändert, wenn ich da an seine überschäumenden Interviews denke. Zwei Minuten am Stück gesprochen hat der ohne Pause und ohne Luft zu holen, und jeder hat sich nachher gefragt: Was hat er denn jetzt eigentlich gesagt, diese Quasselstrippe? Lothar ist reifer geworden. Das bringt das Alter mit sich und die Erfahrung, einen Berater dafür braucht er wohl nicht.

Beim Franz war es ja früher ähnlich. Er hat einen Satz angefangen, kam vom Hölzchen aufs Stöckchen und hat nachher die Kurve nicht mehr gekriegt.

Soweit ich mich zurückerinnern kann, gab es Spieler, die mit der Presse auf Kriegsfuß standen und das auch gebraucht haben. So zum Beispiel Uli Stein und Toni Schumacher. Und es gibt auch Trainer und Manager, die sich in der Presse mit ihren Aussagen wiederfinden wollen. Bekannt für seine harten Sprüche ist der Manager von Leverkusen. »Spieler sind wie Esel«, hat er gesagt. »Man muss sie an den Ohren ziehen, sonst bleiben sie stehen.« Vielleicht hat Calmund da ein paar Bier zu viel getrunken, so kenne ich ihn eigentlich nicht. Im »Kicker« hat auch einmal über ihn gestanden: »Wenn man einen Spieler dreimal lobt, muss beim vierten Mal die Peitsche raus. Anders geht es nicht. Die Spieler verstehen nur die Sprache des Knüppels.«

Möglicherweise hatte Leverkusen gerade zu Hause verloren, und er hat sich über die mangelnde Leistung einiger Spieler aufgeregt? Calmund ist eigentlich der ideale Manager, der alles zwangsläufig aus einer gewissen Distanz beobachten muss. Wegen seines dicken Bauches. Zwar hat er früher als Amateur auch mal Fußball gespielt, aber heute nimmt man ihm eher den Sumo-Ringer ab.

Aber genau auf solche Sprüche fliegen die Reporter. Und sie finden auch immer einen, der ihnen Futter gibt. Da möchte ich mich nicht ausklammern. Wie oft habe ich der schreibenden Zunft einen Spruch geliefert, den sie dann begierig aufgriffen.

Sportgericht oder sportgerecht?

Der Zuschauer und der Leser hat ständig das Gefühl, in der Bundesliga gehe es verdammt rau zu, wenn er von Prellungen, Blutergüssen, Stauchungen, Zerrungen und Bänderüberdehnungen hört und liest. Oder noch schlimmer, von Muskelanriss, Muskelabriss, Kreuzbandriss und Knochenbrüchen.

Natürlich kommt das alles vor, aber eben nicht so gehäuft, wie man es aus effekthascherischen Gründen oft darstellt. Der Stuttgarter Trautner laborierte mal über ein Jahr an einem Knochenbruch, der Homburger Jelev ebenso. Und das Foul von Oechler an Krümpelmann vor einigen Jahren in der Begegnung Uerdingen gegen Nürnberg war ein besonders schlimmes. Schien- und Wadenbeinbruch und Sprunggelenksverletzung.

Ähnlich erging es Ulf Kirsten etwa zur gleichen Zeit, als er von dem damaligen Dortmunder Torwart Stefan Klos schwer gefoult und mit einem Notarztwagen in die Klinik gefahren wurde. Wenn ich richtig informiert bin, sollen die Ärzte sogar erwogen haben, dem Ulf einen Unterschenkel zu amputieren, wegen des Compartment-Syndroms, einem Blutstau.

Es kam auch vor, dass ein Spieler mit einem Torwart zusammenprallte und man dem Spieler von Hertha anschließend die Milz und eine Niere entfernen musste. Ein wirklich schlimmer Unfall.

Und ein Spieler aus Trier brach auf dem Spielfeld zusammen, ihm rutschte die Zunge in den Hals und nur ein anwesender

Mannschaftsarzt konnte ihn vor dem Tod bewahren. Der Arzt sagte anschließend: »Der Mann war tot, wir haben ihn ins Leben zurückgeholt.«

Warum ich diese Vorfälle erwähne? Zum einen, weil sie natürlich bedauerlich sind und zeigen, dass der Fußballsport eben mit Risiken behaftet ist. Da gibt es nichts dran zu rütteln. Zum anderen jedoch auch, um zu zeigen, dass diese Vorfälle über Jahre gesehen nur einen verschwindend geringen Prozentsatz der vielen Begegnungen ausmachen. An jedem Wochenende in allen Ligen und Klassen, zusammengenommen etwa achtzigtausend Spiele! Damit man mich nicht falsch versteht: Ich möchte keineswegs die Gefahr verharmlosen. Auch nicht dadurch, indem ich auf den Ski-Sport verweise, wo es wesentlich fatalere Verletzungen gibt, auf die Formel 1, American Football, also Rugby, oder auf das Boxen. Nicht zu vergessen Eishockey.

Fußball ist weiß Gott keine lebensbedrohende Gefahr. Und durch ein Foul wird man auch normalerweise nicht zum Krüppel, wie manche Reporter es suggerieren, die ihr Geld durch das Schreiben von Sportberichten verdienen. Ein gutes Spiel dauert übrigens neunzig Minuten und gerade mal zehn Sekunden werden von den Berichterstattern oft herausgegriffen und dann als brutal beschrieben. So kann ein einziges schlimmes Foul ein ganzes Spiel prägen. Damals, als der eine gegen den anderen – weißt du noch? Hast du gesehen, wie der Lienen am Oberschenkel geblutet hat? In solchen Fällen wird das Ergebnis sekundär.

Wenn ich jedoch Aussagen ehemaliger Fußballer lese, was sie alles an Verletzungen überstanden haben, dann klingt das für mich wenig glaubhaft. Zuerst werden Millionen verdient, anschließend machen sie den Sport madig. Toni Schumacher hat in seinem Buch geschrieben: »Zerschundener Körper. Kein Zentimeter, der nicht schon mal geprellt, gezerrt, getreten worden ist.«

Von Prellungen, Zerrungen und Tritten wird so schnell kein Körper zerschunden. Das stecken Spieler in einer Begegnung mehrfach weg. Bedenklicher wird es, wenn Toni Schumacher sagt: »So weit ich zurückdenken kann, habe ich gegen meine Schmerzen gespielt. Muskelfaserrisse, Menikusoperationen ...«

Meiner Einschätzung nach war Fußball früher wesentlich härter, es gab schlimmere und brutalere Fouls, das grenzte manchmal sogar an Körperverletzung. Aber man kannte ja die lieben Kollegen, die so unfair eingestiegen sind, genau wie man sie auch heute kennt. Horst Höttges war berüchtigt für seine harte, fast brutale Spielweise, dazu der Sepp Piontek, beide von Werder Bremen. Kaiserslautern war wegen seiner Treter gefürchtet, unter anderem Diehl und Klimaschewski, die in der Abwehr standen. In einer Begegnung stellte der Schiedsrichter 1966 vier Spieler vom Platz, drei Pfälzer und unseren Bayern Koulmann.

Mittlerweile steht der Bundesliga-Rekord bei fünf Platzverweisen. Ein trauriger Rekord!

Berti Vogts, er spielte 1970 bei der WM in Mexiko phantastisch und verdiente sich das Prädikat Weltfußballer, war auch nicht gerade zart besaitet. Nicht umsonst hat er ja den richtigen Beinamen bekommen: Terrier. Wenn ich damals mit dem FC Bayern gegen Gladbach spielte, dann war Berti der Terrier, vor dem man sich in Acht nehmen musste. Wenn er jedoch in der Abwehr der Nationalmannschaft stand, bis zum Umfallen kämpfte und die gegnerischen Stürmer ausschaltete, applaudierten ihm die gleichen Leute, die ihm sonst zu viel Härte vorwarfen. Verkehrte Welt!

Zu meiner Zeit sind die schweren Fouls nicht so stark vom Schiedsrichter geahndet und eher geduldet worden, als wäre dies ein Zeichen für ein echtes Fußballspiel, als gehörten sie nun mal dazu.

Heute gibt es keine solchen Treter mehr wie noch vor fünfzehn oder zwanzig Jahren. Und das ist eine gute Entwicklung. Ich möchte auch einmal etwas Positives über die Medien sagen. Zu meiner Zeit gab es nur die Tatsachenentscheidung durch den Schiedsrichter. Und kaum eine Kamera hat einmal ein schweres

Vergehen eingefangen, besonders wenn es sich hinter dem Rücken des Schiedsrichters abspielte. Das war eher zufällig. Heute dagegen kann man bestimmte spektakuläre Szenen drei- oder viermal in Zeitlupe sehen. Der Spieler hat bei diesen eindeutigen Bildern überhaupt keine Möglichkeit mehr, sich herauszureden. Er kann nicht sagen, er habe den Ball gespielt oder seine Aktion sei auf den Ball bezogen gewesen. Solche lupenreinen Beweisaufnahmen gab es damals nicht, deshalb passen die Spieler heute viel besser auf. Weil sie wissen, der DFB schaut sich die Übertragungen ganz genau an und bestellt die unfairen Profis nach Frankfurt zum Sportgericht. Dabei spielt es keine Rolle, ob der Schiedsrichter das gesehen hat oder nicht, ob es eine rote Karte gegeben hat oder nicht. Der DFB sperrt den Spieler anhand der eindeutigen Fernsehbeweise.

Einige glauben, hier einen Widerspruch zu erkennen, denn ihrer Meinung nach zählt allein die Schiedsrichterentscheidung. Dass es nicht mehr so ist, sehe ich positiv. Und dass man sogar hingeht, nachträglich eine Schiedsrichterentscheidung revidiert und die Strafe höher setzt, auch. Normalerweise bedeutet eine rote Karte für den Spieler eine Sperre von vier Wochen. Hat er jedoch vorsätzlich und brutal seinen Gegner gefoult und ist dieser dabei verletzt worden, muss die Strafe höher ausfallen. Es ist doch ein Unding, dass der verletzte Spieler möglicherweise für zehn oder zwölf Begegnungen ausfällt, der Foulspieler dagegen schon nach vier Wochen wieder antreten darf. Wir brauchen keine Brutalos im Sport, das hat der Fußball nicht nötig. Außerdem sollte jeder Gegner Respekt vor dem anderen und der Unversehrtheit seines Körper haben. Das verstehe ich unter sportlicher Grundfairness.

Der DFB, die UEFA und die FIFA sind natürlich bestrebt, die Risiken zu minimieren. Seit geraumer Zeit ist das Hineingrätschen von hinten verboten und wird mit einer roten Karte geahndet. Und dieses Verbot besteht zu Recht, denn die Versicherungsgesellschaft ARAG hat herausgefunden, dass 45 Prozent der Sportverletzungen eben auf dieses Hineingrätschen zurückzuführen sind.

Auch wenn jemand nachweislich den Ball gespielt hat, erhält er Rot und wird gesperrt. Und das ist richtig. Die schlimmsten Fouls, die schlimmsten Verletzungen kamen eben durch diese Grätschen von hinten zu Stande. Hinzu kommt noch ein anderer Aspekt: Werde ich als Spieler von der Seite attackiert, so sehe ich das und kann gegensteuern, die Aktion trifft mich nicht unvorbereitet. Zur Not kann ich auch noch über den Fuß oder über das gestreckte Bein hinwegspringen. Kommt jedoch der Gegner von hinten, werde ich überrascht und habe keine Chance. Sicher gehen aber der Bundesliga durch das Grätschverbot eine ganze Reihe von Oskar verdächtigen Schwalben im Strafraum verloren. Aber die sind zu verschmerzen.

Verletzungen – das alltägliche Risiko

Was ist nicht alles schon über Verletzungen im Fußball geschrieben und spekuliert und phantasiert worden? Teilweise stellen sich mir dabei die Haare zu Berge. Kurz nach der Jahrhundertwende, ich meine die vom 19. zum 20. Jahrhundert, hat die Presse das Spiel mit dem Ball als eine Art kollektiven Selbstmordversuch bezeichnet. Im Jahre 1910 druckte die »Rhein-Westfälische Zeitung« folgende Kurzmeldung: »New York. Fußball. Sieben Spieler gefährlich verletzt. Zwei starben wenige Minuten später. Verlustliste: 29 Mitglieder getötet, 19 schwer verletzt, lebenslange Krüppel.«

Natürlich ist das Quatsch! Kein Wunder, dass bei solchen Horrormeldungen Fußball unter anhaltender gesellschaftlicher Diskriminierung gelitten hat. Oft wurden Vereine durch die Polizei ohne Anlass zu Strafen verdonnert, weil sie »der Lustbarkeit in Form von Fußballspielen« frönten. Wenig später kam der Erste Weltkrieg, die Fußballer sprangen in die Schützengräben, die Horrormeldungen über den Fußball hörten auf. Es gab da nämlich einen wesentlich schlimmeren Horror.

Aber das mit der Lustbarkeit trifft nach meiner Meinung in jeder Beziehung zu. Gott sei Dank! Und so wäre es auch angebracht, die 1923 abgeschaffte Lustbarkeitssteuer für Sportveranstaltungen wieder einzuführen.

Fußball ist ein Kampfsport mit festen Regeln. Die Zuschauer wollen den Kampf Mann gegen Man sehen, dafür bezahlen sie. Unausweichlich kommt es zum Körperkontakt und es gehört zum Berufsrisiko eines jeden Spielers, dass er verletzt werden kann. Außerdem wird kein Spieler auf der Welt gezwungen, zumindest habe ich noch nie davon gehört, zu einer Begegnung anzutreten. Das höhere Risiko gegenüber anderen Berufen wird ja auch durch das höhere Einkommen etwas abgefedert. Spieler können sich deshalb auch Behandlungsmethoden leisten, die dem Bürger verschlossen bleiben. Lothar Matthäus hatte im April 1992 eine schwere Knieverletzung, Abriss des Kreuzbandes, und ist zur Operation in die USA geflogen.

Bänder und Muskelverletzungen sind im Fußball Alltag. Andere Sportler, zum Beispiel in der Leichtathletik, verletzen sich sogar, ohne dass sie mit einem Gegner in Berührung kommen und fallen für viele Wochen aus. Darüber redet niemand.

Profis kennen das Risiko, das sie eingehen. Jeder Berufssport ist mit körperlichem Verschleiß verbunden. Und weil Muskeln und Sehnen und Gelenke des Fußballers Handwerkszeug sind, ist er verpflichtet, sich darum zu kümmern. Je stärker der Gegner, je länger ein Turnier, desto mehr kommt der Körper an die Grenze der Belastbarkeit. Und umso schmerzunempfindlicher werden die Spieler zwangsläufig.

Ich war in meiner aktiven Zeit viele Male lädiert und ich habe auch viele Spritzen bekommen, gegen Verletzungen und gegen die Schmerzen. Wir Spieler sind ja keine Autos mit Knautschzonen, die man auswechseln kann. Wenn bei uns etwas bremst, dann ist es die Muskulatur. Ich weiß nicht, wie oft ich ein Spiel durchgestanden habe, obwohl mir der Schmerz Tränen in die Augen trieb. Alles ist bei mir ramponiert: Bandscheibe, Rücken, Leisten und besonders die Knie. Kein Wunder, wenn du dich mehr als eine halbe Million Mal nach dem Ball geworfen hast. Gerd Müller hatte auch große Probleme mit der Bandscheibe. Einmal hat er beim Europapokal in Amsterdam eine Halbzeit mit gebrochenem Wadenbein gespielt. Bestimmt nicht, weil er ein Masochist ist. Es ging einfach nicht anders – denn es stand sehr viel auf dem Spiel.

Berti Vogts ging es nicht besser. Sommer 1978 ein komplizierter Beinbruch, aber bereits im März 1979 wurde er wieder zum Rückhalt seiner Gladbacher Mannschaft. Fußballer sind schon harte Burschen!

Noch ein paar Worte zu Gerd Müller. Für mich ist es unverständlich, dass es für ihn, der immerhin 13 Jahre für den FC Bayern Tore am Fließband schoss, 365 Treffer in 427 Bundesligaeinsätzen, nie ein Abschiedsspiel gegeben. Ein begnadeter Stürmer, der insgesamt siebenmal Torschützenkönig geworden ist und dabei in der Saison 1971/72 mit vierzig Treffern einen Rekord für das nächste Jahrhundert aufgestellt hat. Gerd, unser Nationalmittelstürmer, der als einziger Fußballprofi auf der Welt mehr Tore geschossen hat, als er an Länderspielen teilgenommen hat. Insgesamt 68 in 62 Länderspielen! Eine Traumquote von 1,1 Toren pro Spiel. Wirklich einmalig! Allerdings gibt es einen Rekord, den der Gerd nicht gebrochen hat: Die meisten Tore in einem Länderspiel hat 1916 Gottfried Fuchs mit zehn Treffern in der Partie gegen Russland erzielt. Gegen Anastasia und Rasputin hätte unser Bomber das auch geschafft.

Was kaum noch jemand weiß: Helmut Schön, ehemaliger Bundestrainer, kommt in seiner internationalen Karriere als Fußballer von 1937 bis 1941 in 16 Länderspielen auf 17 Tore!

Gerd wird Weltmeister, Europameister, Weltcupsieger, Europacupsieger, viermal Deutscher Meister, viermal Deutscher Pokalsieger, Fußballer des Jahres 1967, 1969 und Europafußballer 1970. Aber man hat ihm kein Abschiedsspiel zugestanden. So etwas ist auch einmalig!

Verletzungen haben unterschiedliche Ursachen. Sie entstehen nicht nur durch Fouls, auch durch die Belastung an sich. In einer Begegnung, bei einer Aktion oder als Summe der Belastungen durch die vielen Spiele. Schnell verschleppt man da mal einen kleinen Muskelfaserriss, der sich wenig später gravierend bemerkbar machen kann.

Heutzutage haben ja die Spieler kaum noch Gelegenheit, ihre Verletzungen auszukurieren. Nach einer gewissen Behandlungszeit fühlen sie sich wieder fit, es klappt auch im Training, sie kommen mit einer gewissen Schonhaltung über die Runden, sie merken nichts. Und dann im Spiel, ein etwas härterer Einsatz, die Schonhaltung greift nicht mehr, vielleicht ist es auch noch kalt, der Muskel dadurch nicht so dehnfähig und schon reißt die alte Verletzung wieder auf. Das ist Fußballeralltag und jeder Verein hat damit mehr oder weniger seine Probleme.

Aus meiner Sicht kommt noch ein anderer Aspekt hinzu. Ich glaube, die Widerstandsfähigkeit der Spieler ist heute nicht mehr so groß wie früher. Allgemein ist die Gesellschaft viel empfindlicher geworden, was den Körper betrifft. Und bei den Profis im Fußball ist es genau das Gleiche. Sie horchen in sich hinein, da zwickt etwas, was sonst nicht zwickt: Trainer, ich kann nicht spielen, ich bin verletzt. Manche gehen ja direkt auf die Suche: Was finde ich denn heute? Bin ich heute fit oder was? Nein, das Knie tut mir weh, die Achillessehne schmerzt, ich spiele nicht.

Ob es einem gut geht, kann der Bereffende nicht sagen, er muss zuerst seinen Hausarzt fragen. Danach seinen Physiotherapeuten, seinen Seelendoktor und zum Schluss womöglich auch noch den Berater bei der Bank. Bei so viel Fragerei, da kann es einem ja nicht mehr gut gehen!

Nicht jedes Zipperlein ist eine Verletzung, wegen der man nicht spielen kann. Profis sollten in solchen Fällen versuchen, langsam ins Training einzusteigen und zu probieren, ob es nicht doch geht. Falls nicht, dann kann man sich immer noch behandeln lassen. Allein schon die Vorstellung im Kopf, mir tut der Muskel weh, er macht zu, führt natürlich dazu, dass etwas passiert. Wenn ich auf eine Krankheit warte, kommt sie auch. Verletzungen, das ist oft die Psyche. Bei guten Spielern merkt man nicht, ob sie jetzt achtzig Prozent geben oder hundert. Mit achtzig Prozent kann ich auch über die Runden kommen, falls es zwickt oder der Muskel etwas hart ist.

Selbstständige und erfahrene Spieler kennen ihren Körper und wissen, was sie sich zutrauen können oder nicht. Aber die wenigsten Spieler sind selbstständig. Wegen jedem Scheiß rennen sie zum Physiotherapeuten oder zur Massage. Manche, so kommt es mir vor, liegen länger beim Masseur auf der Bank als sie trainieren.

Unselbstständige Profis können einen Muskelkater nicht von einem Muskelfaserriss unterscheiden. Habe ich einen Muskelkater, dann macht natürlich jeder Muskel zu. Aber das kann in einer halben Stunde erfolgreich vom Masseur behandelt werden. An die einfachen, nahe liegenden Dinge denken manche jedoch überhaupt nicht und meinen, aus dem Wehwehchen könnte ganz was Schlimmes werden. Alles ist aus, meine Karriere geht zu Ende, ich bin fertig.

Fit fürs Spiel

Der Vereinsarzt stellt fest, ob ein Spieler wieder antreten kann. Ärzte kommen sich oft vor wie Götter und aus Angst, es könnten genau die Befürchtungen eintreten, die ein übervorsichtiger Mediziner in pechschwarzen Farben malt, ordnet der Spieler sich unter.

Ich habe selten auf Ärzte gehört. Doktor Müller-Wohlfahrt hat zu mir gesagt: »Sepp, ob du spielen kannst, das musst du selbst entscheiden.« Und dann beruhigte er mich: »Es kann aus medizinischer Sicht nichts passieren, auch wenn es etwas weh tut.«

Der Müller-Wohlfahrt weiß, was er sagt. Wer kennt denn meinen Körper besser als ich? Wer hört früh die Signale, kann gewisse Schmerzen und Reaktionen deuten? Doch nur ich allein. Heute dagegen entscheidet der Arzt und der Spieler fügt sich. Deshalb kommt es nur selten vor, dass sich ein Spieler über den Arzt, dessen Aussage für ihn wie ein Evangelium ist, hinwegsetzt. Er könnte es tun, wenn er wollte. Aber das ärztliche Verbot scheint manchen Profis willkommen zu sein. Sie haben Zeit, sich zu schonen. Dabei versuchen sie noch nicht einmal, ob es nicht doch gehen könnte.

Wir waren nicht so rücksichtsvoll und sensibel zu unseren Körpern. Unsere Grundhärte war größer als heute, wie auch sonst die in der Gesellschaft alle viel empfindlicher geworden sind.

Mindestens so wichtig wie ein Vereinsarzt sind die Physiotherapeuten. Inzwischen kennen die sich in der Medizin enorm gut aus und stellen schnell fest, ob ein Muskel angerissen oder nur gezerrt ist, ob das Innenband noch gehalten hat oder der Spieler vielleicht sogar unter das Messer muss. Im Zweifelsfall, und das rechne ich ihnen hoch an, schicken sie einen zum Arzt und maßen sich nicht an, alles zu wissen und alles heilen zu können.

Allerdings kann man ja die Verletzungsmöglichkeiten im Fußball relativ schnell einkreisen. Die anfälligsten Punkte sind die Knöchel und die Knie. Bänder; Meniskus und Patellasehne. Hinzu kommen die Achillessehne und der Muskelapparat; besonders an den Beinen. Anfällig sind alle Spieler an den Adduktoren, die heranziehenden Muskeln im Innenoberschenkel. Besonders Lothar Matthäus kann davon ein Lied singen. Bauchspeicheldrüse und Herzkranzgefäße spielen bei uns weniger eine Rolle.

Selbstverständlich gibt es auch schlimme Verletzungen, die einen Spieler zwingen, über Monate zu pausieren. Mathias Sammer kennt sich damit besser aus, als ihm lieb ist – Achillessehnenriss, Kreuzbandriss, diverse Muskelrisse –, aber auch unser Thomas Strunz. Kurz vor Weihnachten 1999 kam für ihn die traurige Nachricht, dass er für vier Monate ausfällt.

Wie verbissen ein Spieler darum kämpft, mit seiner Verletzung fertig zu werden und gegen die Folgen von Operationen angeht, dafür ist, neben Lothar Matthäus, der Hamburger Karsten Bäron das beste Beispiel. Normalerweise ist es bei gravierenden Verletzungen mit dem Profi-Fußball vorbei. Erst recht, wenn sie wie bei Lothar im Alter von dreißig oder dreiunddreißig auftreten. Mit zwanzig kann man das möglicherweise noch wegstecken.

Bäron wurde im April 1997 zum letzen Mal eingesetzt. In der Zwischenzeit hat man ihn viermal am Knie operiert, und Mitte Dezember 1999, nach 32 Monaten, wurde er zum ersten Mal wieder in der Begegnung Hamburger SV gegen MSV Duisburg eingewechselt. Gut, die Hamburger lagen mit 6 : 1 vorn, sie gingen kein Risiko ein. Aber es war ein Spieler aus Duisburg, der den Ball ins Aus schoss, damit Trainer Pagelsdorf den Karsten einsetzen und dem Wunsch der Zuschauer entsprechen konnte. Und die Reaktion der Spieler hat der tapfere Karsten auch verdient. Obwohl er erst vier Wochen hatte trainieren können, durfte er die letzten zehn Minuten spielen und wurde von jedem der Aktiven per Handschlag begrüßt. Solche Szenen gibt es vielleicht nur im Fußball. Freund wie Feind, besser gesagt Gegenspieler, zollten dem Karsten Respekt für seinen Biss und seine Ausdauer und seinen Kampf gegen seinen Körper. Und nach dem Spiel trugen ihn die Mitspieler auf den Schultern vom Platz.

Ich weiß nicht, ob der Zuschauer oder der normale Bürger ermessen kann, was es bedeutet, nach einjähriger Verletzung wieder zurückzukommen und Tritt zu fassen. Normalerweise ist so etwas kaum möglich. Nicht nur im Fußball, sondern auch im Tennis. Man kann das Jahr nicht so schnell auslöschen und den Trainingsrückstand wettmachen. Um es dennoch zu schaffen, gehört eine große Portion Selbstvertrauen und Motivation dazu. Das ist nicht nur eine enorme körperliche, sondern auch eine psychische Anstrengung, Willenskraft pur. Ich habe enormen Respekt davor, dass es Sportler gibt, die in solchen Situationen nicht den Kopf in den Sand stecken und aufgeben.

Jetzt höre ich schon die Kritiker rufen: Wer so handelt, der macht seinen Körper kaputt und wird zum Invaliden. Diese Spieler sind zu ehrgeizig, sie wollen immer im Rampenlicht stehen und können einfach nicht aufhören.

Recht haben sie, die Kritiker. Der Spieler entscheidet über seinen Körper und nicht der Kritiker. So soll es auch bleiben. Oder würde sich ein Kritiker gefallen lassen, dass ein Spieler über ihn entscheidet? Ihn darauf hinweist, falls er raucht und Alkohol trinkt, wie gefährlich das ist? In der Politik nennt man so etwas Einmischung in innere Angelegenheiten.

An dieser Stelle will ich jedoch einmal etwas klarstellen und die Verhältnisse zurechtrücken. In der ersten und zweiten Bundesliga gibt etwa 800 Profifußballer. Und diese 800 Profifußballer sind kaum öfter verletzt und können deshalb nicht ihrer Arbeit nachgehen, als Normalbürger krank sind. Anders ausgedrückt: Statistisch gesehen ist jeder bundesdeutsche Arbeitnehmer fünfzehn von knapp zweihundert Tagen krank. Das sind 7,5 Prozent der Arbeitszeit. Auf einen Spielerkader der Bundesliga bezogen, der normalerweise bis zu 25 Spieler umfasst, sind das ständig zwei Verletzte, die zuschauen müssen. Das kommt ungefähr hin.

Allerdings kann es eine Mannschaft auch einmal knüppeldick erwischen, so wie die Bayern kurz vor der Jahreswende 1999/

2000. Ottmar Hitzfeld hatte kaum noch Spieler, um sie in der Champions League gegen Kiew einzusetzen. Giovane Elber, Bixente Lizarazu und Thomas Strunz sind verletzt, der Thomas fällt wohl für einige Monate aus. Jens Jeremies ist für die Begegnung gesperrt, Stefan Effenberg hat eine Grippe – das kommt auch bei Profifußballern vor. Mehmet Scholl kann nicht spielen, eine Verhärtung in der Wade. Lothar Matthäus hat gerade eine Adduktorenverletzung überstanden. Verständlich, dass der Ottmar jammerte: »Wir sind am Limit angelangt. Man kann nicht alle Leistungsträger ersetzen.« Aber Oliver Kahns professionelle Einstellung, er wird ja auch von mir trainiert, spricht für sich. »Das ist schon ein bisschen happig. Keine Mannschaft der Welt kann so viele erstklassige Spieler ersetzen. Jammern hilft aber nicht.«

Und um Ausreden verlegen ist ein Trainer auch selten. Ottmar Hitzfeld hat nach dem Abschlusstraining in einer Pressekonferenz gesagt, man werde mit weniger Künstlern, dafür jedoch mit mehr laufstarken Spielern antreten.

Aus der Begegnung mit Kiew mussten nach dem mageren 1 : 1 gegen Trondheim unbedingt noch drei Punkte kommen. Und diese drei Punkte kamen auch, das ist die positive Nachricht. Und die negative: Nur knapp zwanzigtausend Zuschauer fanden den Weg in das Münchener Olympiastadion, ein Negativrekord. Und die Daheimgebliebenen haben nichts versäumt. Es hilft keine Ausrede, die Begegnung verlief enttäuschend. Nach dem schnellen 1 : 0 durch Carsten Jancker dachten alle, es würde ein interessantes und temporeiches Match werden, aber dem war nicht so. Zwischendurch waren Sprechchöre zu hören: »Wir wollen euch kämpfen sehen.«

Aber man kann nur so kämpfen, wie es der Gegner erlaubt. Kiew war schnell und ballsicher und unser Flügelspiel über Markus Babbel und Hasan Salihamidzic klappte überhaupt nicht. Nicht zuletzt haben es die Bayern wieder einmal Lothar Matthäus und Oliver Kahn zu verdanken, dass es dennoch ein Sieg wurde. Besonders Lothar, der die Abwehr gut organisierte.

Die Zahnpastakur

Natürlich gibt es ungewöhnliche Behandlungsmethoden. Großmütter haben meistens mehrere in der Schublade. Aber manch ein Trainer nimmt es mit jeder Großmutter auf. Ich hatte mir einmal einen Fuß vertreten. Heute heißt das Subluxation des Sprunggelenkes oder so ähnlich. Wenn du dieses schlimme Wort nur hörst, rufst du schon gleich einen Krankenwagen. Unser damaliger Trainer Gyula Lorant sah sich meinen Fuß an und sagte: »Kein Problem. Haben wir schnell im Griff. Schmier'dir Zahnpasta drauf, das kühlt.«

Ich muss ihn wohl skeptisch angeschaut haben, denn der Lorant wiederholte seinen Vorschlag, obwohl auch zu unserer Zeit den Medizinern und Physiotherapeuten schon viele gute Mittel zur Verfügung standen, ein ganzer Schrank voll. Seine Begründung kam gleich hinterher: »Ich hab mir immer Zahnpasta draufgeschmiert«, gab er kund und nickte. »Das kühlt. Zuerst gehst du zum Masseur und dann nach Hause und machst die Zahnpasta drauf. Morgen ist alles vorbei.«

Eins muss ich zugeben: Es hat geholfen. Ich habe an meinen Füßen nie Karies bekommen.

Fit durch Spritzen

»Die haben ihn kaputtgespritzt.« So hat sich Uli Stielike, Co-Nationaltrainer, zu Jungtalent Deisler von Hertha BSC geäußert, der sein Nationalmannschaftsdebüt schon dreimal wegen Knieverletzungen hat verschieben müssen.

Ich weiß nicht, ob man einen Spieler überhaupt kaputtspritzen kann. Und erst recht nicht, ob sich ein Arzt so eine schwere Unterstellung nachsagen lassen möchte. Ärzte helfen normalerweise und machen nichts kaputt. Besonders nicht die Karriere eines jungen, begabten Nachwuchsspielers. Aber in einem gebe ich Uli recht: Es wird im Sport heutzutage wahnsinnig viel gespritzt. Was du auch hast, wo es auch zippelt und zuppelt, die richtige Mixtur liegt schon parat.

Zur Klarstellung: Allgemein bezeichnet man es als Fitspritzen, wenn ein Spieler lädiert ist, Schmerzen hat, aber trotzdem spielen will oder muss, und dazu eine Injektion verabreicht bekommt. Ihm geht es nicht besser und nicht schlechter als jedem Bundesbürger, der sich auch bei Schmerzen durch seinen Hausarzt behandeln lässt. Einen Unterschied gibt es vielleicht doch: Während der normale Bürger krank geschrieben wird, zu Hause bleibt und seine Krankheit oder was immer er hat, auskuriert und der Arbeit fern bleibt, spritzt man den Profifußballer wieder fit. Er kann in den meisten Fällen nicht zu Hause bleiben und sich erholen, immerhin hat der Verein sehr viel für ihn bezahlt.

Sehr oft habe ich in meiner Laufbahn Spritzen erhalten, um für eine Begegnung fit zu sein. Zu meiner aktiven Zeit war Kortison das Allheilmittel. Man hat es uns schon fast zum Frühstück aufs Brot geschmiert. Manchmal kam es mir vor, als wüssten die Ärzte nicht recht, wie sie etwas behandeln sollten. Im Zweifelsfall gab es eben Kortison. Damit, so dachten sie bestimmt, könnten sie nichts falsch machen.

Kurz bevor wir zu Hause im Pokal gegen Schalke spielten und 3 : 0 gewannen, habe ich mich am Schultereckgelenk verletzt. Und da hat man mir das Zeug verabreicht, Spritze für Spritze in den Körper reingepumpt. Vor dem Spiel eine schmerzstillende Spritze, in der Halbzeit noch eine. Ich hab vielleicht eine Birne bekommen. Rot und heiß war sie und auch angeschwollen. Aber Kortison hat geholfen, ganz eindeutig geholfen. Während des Spiels habe ich keine Schmerzen gespürt.

Ähnlich ist meine Fingerverletzung behandelt worden. Auch da habe ich unzählige Spritzen gegen die Schmerzen bekommen. Und verrückt wie ich war, habe ich mir die Finger zusammengebunden, den lädierten mit zwei gesunden stabilisiert, um im Tor stehen zu können.

Natürlich hätte ich nicht spielen müssen, aber ich wollte einfach. Das war kein krankhafter Ehrgeiz, sondern Notwendigkeit, weil es um die Mannschaft und um wichtige Ereignisse ging und der Trainer in solchen Fällen stets das beste Team auf den Platz bringen muss. Unser Ersatztormann, Manfred Seifert aus Rosenheim, war zwar stets im Training anwesend, um von mir was zu lernen, aber noch zu unerfahren, um in wichtigen Begegnungen eingesetzt zu werden.

Und wohin man mich überall gespritzt hat? Ich wusste vorher gar nicht, wie viele Möglichkeiten und Stellen es dafür im und am Körper gibt. In die Gelenke, ins Knie, überall. Und weil ich vielleicht im Grunde genommen sadistisch veranlagt bin, habe ich stets zuschauen wollen, wo der Arzt mir einen Ballon reingedrückt hat. Bulle Roth hat mich einmal gefragt, als wir gemeinsam bei Doktor Spannbauer in Behandlung waren: »Kannst du da so einfach zuschauen?«

»Na klar«, habe ich geantwortet. »Ist doch nichts dabei.«

Bulle Roth wollte es auch versuchen, ihm ist schlecht geworden und er ist umgekippt. Merke: Nicht jeder Bulle verträgt eine Spritze!

Bulle Franz war eigentlich immer beim Arzt und ist unentwegt mit Kortison behandelt worden. Ich wundere mich, dass das viele Kortison nicht seine Gelenke und Bänder dauernd geschädigt hat. Heute läuft der sechs Stunden über den Golfplatz, als wäre nie was gewesen. Demnach scheint Kortison doch nicht so schlimm zu sein, wie man es uns mal hat glauben machen wollen, was die Kristallbildung in den Gelenken und andere Nebenwirkungen betrifft.

Mich hat gewundert, dass ich nach meiner Verletzungsserie Anfang der siebziger Jahre dann lange Zeit kaum verletzt war und auch kaum behandelt werden musste. Eigentlich hätte es doch, wenn man den Medizinern glauben darf, genau umgekehrt sein müssen. Je älter, desto anfälliger. Und mich wundert auch, wenn ich höre, dass Schmerz der ständige Wegbegleiter eines Spitzensportlers sein soll. Mag ja sein, dann war ich vielleicht überhaupt kein Spitzensportler.

Verletzungen haben auch was Gutes. So zum Beispiel die an meinem Schultereckgelenk. Da ist mir nämlich gleich am Schlüsselbein ein kleiner Hügel gewachsen, ein so genannter Taschenhalterknopf. Heute rutschen mir Taschen nicht mehr von der Schulter, wenn ich sie richtig umgehängt und eingehakt habe.

Schmerz und Spiel

Kleine Zipperlein zähle ich nicht zu den Verletzungen. Die vergisst man sofort, wenn man im Spiel ist und vom Geschehen abgelenkt wird. Wenn du dich aber fragst: Warum tut mir der Fuß eigentlich nicht mehr weh? – dann spürst du ihn auch prompt. Gut, nach dem Spiel mag es schlimmer werden, aber das war für mich nie ein Grund, von einer Verletzung zu sprechen. Was man im Grunde genommen nicht registriert, ist eben keine Verletzung. Ich bin ja auch morgens nicht verletzt, wenn ich aufstehe und die ersten steifen Schritte mache, bis sich mal wieder alles richtig eingerenkt hat. Aber manche haben eine Blockade, besonders im Kopf. Die können sich nicht bewegen und probieren es auch nicht einmal. Die wissen nicht, dass, wenn sie sich aufwärmen und einlaufen, anschließend alles verschwunden ist. Dabei haben es die Spieler heute viel einfacher als wir früher, weil sich die Medizin weiter entwickelt hat und die Behandlungsmöglichkeiten viel besser geworden ist. Und weil alles besser geworden ist, deshalb spüren sie auch dauernd was.

In der Nationalmannschaft haben wir einen Chirurgen dabei, einen Internisten, drei Physiotherapeuten. Für jedes Schmerzchen hast du deinen Doktor zu Hand, die finden schon was.

Und wenn es nur ein Schnupfen ist. Hab ich es am Magen, gehe ich zum Kindermann, dem Internisten, der für die Nationalmannschaft zuständig ist. Früher hatten wir nie einen Internisten dabei. Wem hättest du sagen sollen, dass du was am Magen hast? Etwa Helmut Schön? Ich hätte mir dann schon selbst einen Doktor suchen müssen. Also hast du eben gespielt. So einfach war das. Und ich lebe immer noch.

Und warst du wirklich lädiert, hast du es auch für dich behalten, weil du eben unbedingt antreten wolltest. Dabei hast du manchmal aber auch mit deiner Gesundheit gespielt. So wie ich im Jahre '63, einen Tag vor dem Abflug zu einem Amateurturnier in England.

Auf dem Heimweg rast ein Auto in meinen Ford 12 M, mein erstes Auto, das ich mir für etwas mehr als 1000 Mark zusammen mit meinem Bruder Horst gekauft hatte. Unser Ford hatte Totalschaden. Der Unfallgegner war total betrunken, ihn hat man mit dem Schneidbrenner aus dem Blech befreien müssen. Und im Inneren unseres Wagens sah es aus wie auf einem Schlachtfeld. Ich hatte eine tiefe Schnittwunde am Kopf. Aber ich wollte unbedingt nach England. Also ein Pflaster draufgeklebt und am kommenden Morgen zum Flugplatz gefahren. Zu Helmut Schön, der besorgt drein blickte, hab ich gesagt, ein Stück Eisen sei mir bei der Arbeit auf den Kopf gefallen. Wir wurden Gruppensieger, unter anderem spielten Overath, Libuda und Patzke in der siegreichen Mannschaft.

Vierzehn Tage nach dem Unfall in München, immer noch hatte ich ein Pflaster auf dem Kopf, riss ich das Pflaster herunter und bemerkte eine dicke Beule. Ich kratzte und drückte, die gerade verheilte Wunde platzte auf und begann zu bluten. Und als ich sie näher untersuchte, entdeckte ich einen Glassplitter aus der Windschutzscheibe des Ford, der mich die ganze Zeit über geärgert hatte.

Mein unüberlegtes Verhalten soll nun bitte nicht als Aufforderung verstanden werden, auch noch mit dem Kopf unter dem

Arm auf das Spielfeld zu laufen und sein Bestes zu geben. Aber wenn du heute einen Spieler fragst: »Wie geht es dir?«, antwortet der: »So genau weiß ich das nicht, ich muss erst meinen Doktor fragen.«

So wie mal jemand von einem alten Bauern aus dem Bayerischen Wald wissen wollte: »Wie alt bist du denn?«

»Jetza fünfundachtzig. Aber ich war noch nie krank.«

Meint der andere: »Das kann doch nicht gesund sein.«

Meint der Bauer: »Ja, stimmt, meinem Vater geht es im Moment auch gar nicht gut.«

Leistung um jeden Preis?

Über den Dopingfall Ben Johnson bei den Olympischen Spielen in Seoul ist mehr geschrieben worden als über alle sportlichen Ereignisse zusammen. Aber nicht, weil Doping so wichtig ist, sondern weil es von den Medien so wichtig genommen wird.

Zu unserer Zeit ist auch gedopt worden. Ohne jetzt jemandem zu nahe treten zu wollen, sind mir Spieler in Begegnungen aufgefallen, die waren völlig neben dem Hut. Ich erinnere mich an die Partie gegen St. Étienne vor etwa dreißig Jahren, als es in München noch kein Olympiastadion gab. Zu Hause haben wir 2 : 0 gewonnen und sind zum Rückspiel nach Frankreich angereist. Kurz vor dem Spiel, das war irgendwie seltsam. Normalerweise redet man ein bisschen, tauscht auch ein paar Dinge aus. Wir sind auf die Franzosen zugegangen – keine Reaktion, kein Händeschütteln, nichts. Mit gläsernen Augen haben die uns angestarrt oder besser: durch uns hindurchgestarrt. Kaum ist das Spiel angepfiffen worden, sind die rumgesaust wie aufgedrehte Männchen. Und nach einer Viertelstunde lagen wir auch schon 0 : 2 zurück. Die sind gestürmt, pausenlos nach vorne marschiert und wir haben das Ergebnis bis zur Halbzeit gerade mal so halten können. Aber es war der reinste Einbahnstraßenfußball.

In der regulären Spielzeit konnten wir dank unserer Routine und Cleverness das Ergebnis über die Runden retten. Dann kam die Verlängerung und wir dachten, jetzt endlich kommt unsere Zeit, jetzt packen wir sie, die haben sich total verausgabt. Nichts war. Die liefen im gleichen Tempo weiter, schossen das 3 : 0 und das 4 : 0 und wir gingen sang- und klanglos unter. Nach dem Spiel waren wir uns alle einig: Die waren hundertprozentig gedopt.

Bei uns gab es so was natürlich nicht. Dettmar Cramer, wir nannten ihn »Laufender Meter«, hat beim Training immer so kleine Tabletten verteilt. Aber nicht an jeden.

»Herr Cramer, ich möchte auch mal so eine haben.«

»Ach Sepp, du brauchst keine. Du bist eh immer so impulsiv und so fit.«

Da wollte ich es genau wissen: »Ist das Captagon?«

»Na, na«, hat er gemeint, »das sind einfache Salztabletten.«

Ich erinnere mich, dass 1970 anläßlich der Weltmeisterschaft in Mexiko die Dopingkontrollen eingeführt worden sind. Einer pro Mannschaft wurde ausgelost, der hat dann zum Pinkeln in die Kabine gehen müssen. Und da hat es Horst Höttges erwischt, aber der hat nicht gekonnt. Er bekam Bier zu trinken, daraufhin soll es ja laufen wie verrückt. Endlich, nach zwei oder drei Stunden, kam der Kontrollierte halb besoffen zurück ins Hotel. Ich weiß nicht, ob es mit rechten Dingen zugeht, wenn man durch Dopingkontrollen zum Alkoholiker wird. Da stimmt doch was nicht im System.

Aber wenn ich jetzt so zurückdenke, war Doping für uns nie ein Thema. Wir haben nicht darüber gesprochen, nicht darüber nachgedacht und auch nicht gewusst, was uns der Arzt alles verschrieben hat. Ich glaube sogar, dass der Arzt es selbst nicht wusste. Wie soll man sich auch auf dem Beipackzettel mit den vielen lateinischen Bezeichnungen zurechtfinden?

Manfred Ommer hat mal gesagt, dass seiner Meinung nach in den beiden Ligen etwa 50 Prozent verbotene Mittel einnehmen, ohne es jedoch zu wissen. Oder Peter Geyer, der in Braunschweig spielte, hat behauptet, schon die Amateure in Siegen hätten sich gedopt, dort seien die Tabletten frei angeboten worden. Dann haben diese beiden andere Erfahrungen gemacht als ich. All das kann ich mir eigentlich im bezahlten Fußball nicht vorstellen. Oder sollte es so sein, dass Doping an der Basis stärker verbreitet ist als an der Spitze?

Sich in einer Mannschaft zu dopen, bringt meiner Meinung nichts. Wenn jemand im Fußball durch Doping auffallen sollte, dann vielleicht weil er verletzt war, wie der Spieler aus Bielefeld, der jedoch dafür nichts konnte. Der Mannschaftsarzt hatte ihm das entsprechende Mittel ohne sein Wissen verabreicht.

Bei so vielen Spielern in der ersten und zweiten Liga und so vielen unterschiedlichen Typen, von denen einige eben doch den vermeintlich einfacheren Weg über verbotene Substanzen gehen wollen, bleibt es natürlich nicht aus, dass man mal jemanden erwicht, der gedopt ist. Seit 1995 gibt es im bezahlten Fußball Dopingkontrollen. Meines Wissens sind seitdem fünf Spieler aufgefallen. Einer aus Nürnberg wegen der Einnahme von Anabolika, zwei aus Bochum und einer aus Kaiserslautern durch andere Mittel. Und beim DFB-Hallenpokal in München am 15. Januar 2000 wurde der Gladbacher Lanzaat positiv getestet. Man hat in seinem Urin den Wirkstoff von Haschisch und Marihuana gefunden. Pikant an dieser Angelegenheit ist, dass die Gladbacher den Hallenpokal gegen Fürth gewonnen haben. Natürlich hat daraufhin Fürth prompt Protest eingelegt. Immerhin geht es um die Siegprämie von 60 000 Mark und um 200 000 Mark, die im kommenden Jahr der gesetzte Titelverteidiger erhalten soll.

Allerdings gibt es bei Haschisch und Marihuana für alle Sportler ein großes Problem: Sie können positiv getestet werden, ohne etwas genommen zu haben. Was auch Spieler Lanzaat gegenüber Trainer Meyer beteuert hat. Als Passivraucher setzt man sich der Gefahr aus, Dopingsünder zu sein und wegen seines Umgangs bestraft zu werden. Ob das fair ist?

Es hat sich immer wieder gezeigt: Doping lohnt nicht. Warum, so frage ich, soll sich einer im Fußball dopen, wenn er gut trainiert und fit bis in die Haarspitzen ist? Und unsere Profis sind allesamt gut beieinand, das kann man wohl sagen. In einem solchen Fall, so meine ich, hat Doping eher den umgekehrten Effekt und stört Koordination und Leistung. Außerdem hat jeder Spieler innerhalb der neunzig Minuten genug Gelegenheiten, zu verschnaufen und sich zu erholen.

Gut, bei einem Spieler, der länger verletzt ist, da könnte ich es mir vorstellen. Er muss ja wieder sein Limit erreichen, um aufgestellt zu werden. Und weil er am Anfang, also kurz nach der Verletzung, noch nicht voll trainieren kann, ist Doping – genauer gesagt, vom Arzt verordnete Medikamente mit Substanzen, die auf der Dopingliste stehen – schon eher vorstellbar und hilft mit beim Muskelaufbau. Und erst recht beim Aufbau der Psyche, die wichtiger als alles andere ist. Der Spieler fühlt sich wieder bombig und ist in der Verfassung, das Training besser zu verarbeiten und sich schneller zu regenerieren. Der gleiche Effekt würde auch eintreten, wenn er ohne sein Wissen nur Placebos bekäme.

Etwas anderes ist es in der Leichtathletik. Die laufen ja nur oder springen hoch, deren Belastung dauert einen kurzen Moment. In zehn Sekunden ist da alles vorbei. Da kann man sich schon gezielt aufputschen. Aber ein Fußballer, der sich dopt, kann ja deswegen nicht besser einen Ball stoppen, einen Pass spielen oder seine Technik verfeinern. Was er kann, ist rennen. Aber was nützt ihm das ganze Über-den-Platz-Rennen, kreuz und quer, hin und zurück, wenn seine Pässe nicht ankommen? Oder er immer in die falsche Richtung saust? Und wenn er eine Sekunde vor dem Ball da sein sollte, nützt das seiner Mannschaft auch nichts. Da kann er eine ganze Schachtel Pillen fressen.

Hinzu kommen noch andere wichtige Aspekte wie die geistige Fitness, schnell auf eine Situation reagieren zu können, den Überblick zu bewahren, gewisse Spielzüge voraussehen und gegensteuern zu können. Doping wird all dies behindern, nicht steigern. Auch wenn St. Étienne damals gegen uns gewonnen hat.

Bei der Tour de France geht es sicherlich nicht ohne Doping. Diese mörderische, diese unmenschliche Anstrengung ist sonst nicht durchzustehen. Dreitausend Kilometer innerhalb von vierzehn Tagen, bergauf und bergab, die fahre ich noch nicht einmal mit dem Auto. Und die Radfahrer haben nur ihren menschlichen Akku. Für mich ist unfassbar, wie das einer aushalten kann. Die armen Kerle müssen ja immer unter Strom stehen. Was sagt denn deren Körper dazu? Und wie schaffen sie es, sich wieder zu regenerieren? Zwar ist ein Turnier, wie die Europa- oder die Weltmeisterschaft, auch eine große Strapaze, aber nichts im Vergleich zur Tour de France.

Wenn ich mich nicht täusche, habe ich auch mal eine ganz ausgefallene Version von Doping kennen gelernt. Ich erinnere mich da an eine Begegnung mit Bota Fogo, Rio de Janeiro, im Maracana-Stadion. Fast zweihunderttausend Zuschauer, das ist die Hölle. Wenn die schreien, brauchst du eine doppelte Lage Ohrstöpsel. Die schießen keine Tore, die schreien den Ball einfach ins Netz. Nix kannst dagegen machen. Unglaublich, diese Stimmung. Falls du auf der falschen Seite stehst, kommst du dir vor wie bei einer Hexenverbrennung.

Sepp Weiß, unser linker Verteidiger, hatte als Gegenspieler den Nationalrechtsaußen, ein großer Mann, der hat ihn schwindelig gespielt. Was der Sepp auch versuchte, er fand kein Mittel und hatte nicht den Hauch einer Chance, seinen Widersacher zu neutralisieren. Zum Schluss wusste der Sepp überhaupt nicht

mehr, wo er dran war. Jede Aktion von ihm verpuffte wirkungslos.
Als die zweite Halbzeit angepfiffen wurde, da dachte ich, hier stimmt doch was nicht. Vor mir sah es so leer aus, und ich habe den Sepp Weiß gesucht. Er war nicht da. Und wie ich so über das Feld schaue, da sehe ich ihn in der Abwehr der Brasilianer stehen. Ob die ihm so sympathisch waren? Oder wollte er endlich hinter das Geheimnis des brasilianischen Ballzaubers kommen? In diesem Zusammenhang frage ich mich noch heute, wer von den beiden gedopt gewesen war: Der wie Jesus spielende Brasilianer oder unser verwirrter Sepp.

Trotz Sepp Weiß haben wir noch 1:1 gespielt. Gar nicht mal so ein schlechtes Ergebnis, wenn zehn Mann gegen zwölf spielen. Schon oft habe ich mir vorgestellt, wie es wohl ausgeschaut hätte, wenn ich an Sepps Stelle gewesen wäre, im brasilianischen Tor gestanden und mich gewundert hätte: Da gibt es ja noch einen Zweiten!

Spendenaffären

Leider gibt es im Fußball nicht immer nur positive Schlagzeilen. So ermittelte vor Weihnachten 1999 die Staatsanwaltschaft gegen Inter Mailand wegen des Verdachts der Steuerhinterziehung. Inter soll Anfang der 90er Jahre unter anderem auch für Lothar Matthäus, Jürgen Klinsmann und Andreas Brehme fingierte Werbeverträge abgeschlossen haben. Die Honorare in Höhe von je einer Million Mark seien am italienischen Fiskus vorbei an die Spieler geflossen.

Zur gleichen Zeit habe ich erfahren, dass der Präsident von Atletico Madrid Gelder aus den Transfers für seine eigene Firma abgezweigt, sich sozusagen selbst etwas gespendet hat. Warum soll es im Fußball besser sein als in der Politik? Es sind schon so viele Politiker und Fußballer der Verlockung des Geldes und des

Ruhmes erlegen. Sie erkennen nicht den Trugschluss, dass sich Bestechung oder diskrete finanzielle Zuwendungen auf die Dauer nicht auszahlen.

Für mich das beste Beispiel ist der Bundesliga-Skandal von 1971. Das ist eine ganz heiße, aber noch nicht in allen Einzelheiten in der Öffentlichkeit bekannte Geschichte, denn der FC Bayern sollte auch bestochen werden. Und zwar über mich.

Eines Tages erhielt ich einen Anruf von Ernst Lambrecht, einem Möbelhändler aus Friedberg bei Frankfurt – ein ehemaliger Torhüter, früher habe ich bei ihm Möbel gekauft –, und er sagte mir, er hätte etwas ganz Wichtiges mit mir zu besprechen. Aber am Telefon ginge das nicht. Nun, Ernst Lambrecht kannte ich ganz gut, wir waren sogar befreundet, und er kam extra mit dem Auto zu mir nach München in die Sportschule Grünwald gefahren, wo wir uns auf die Begegnung mit Offenbach vorbereiteten.

Während eines Spaziergangs auf dem Gelände der Sportschule meinte der Ernst zu mir: »Du, Sepp, ich bin mit dem Präsidenten von Offenbach, dem Canellas, befreundet. Er hat mich beauftragt, dir fünfzigtausend Mark zu geben. Du kannst das Geld aufteilen wie du willst. An den Gerd und an den Franz vielleicht, aber nicht an alle Spieler. Denk daran: Offenbach muss bei euch gewinnen.«

»Sag mal, wie soll ich das denn machen?«, habe ich gefragt. »Bist du denn wahnsinnig?«

»Sepp, wenn ihr verliert, das fällt doch nicht auf.«

»Wie soll das denn gehen? Wie sollen wir das machen? Wir sind überlegen und schießen nicht auf euer Tor? Das merkt doch jeder Depp.«

»Nimm das Geld, dir wird schon was einfallen.«

»Du bist wahnsinnig«, habe ich noch mal gesagt. »Da lass ich mich nicht darauf ein.«

Ernst war enttäuscht, denn er hatte das Geld schon dabei. Er war sogar mehr als enttäuscht, richtig entsetzt, dass ich ihm einen Korb gegeben habe. Und dann kamen die Offenbacher zu uns – damals spielten wir noch in der Grünwalder Straße, das Olympia-Stadion wurde erst ein Jahr später fertiggestellt –, und sie verloren glatt mit 0 : 6.

Zu dieser Zeit hatte ich noch keine Ahnung, wie sich der Skandal ausweiten würde. Ich dachte, es sei eine einmalige Angelegenheit, die Offenbacher hätten nur den Sieg in München kaufen wollen. Dabei wäre dieser Sieg nur ein Glied in der langen Kette von gekauften Spielen gewesen. Canellas, Importeur von Obst und Gemüse, hat nicht nur die Mannschaften bestochen, gegen die Offenbach direkt gespielt hat, sondern auch die Gegner von Bielefeld, damit Bielefeld verlieren sollte. Und weil es die Offenbacher nicht geschafft haben, in der Bundesliga zu bleiben, dort weiter um das große Geld zu spielen, hat ihr Präsident Horst Canellas alles auffliegen lassen.

Ausgerechnet an seinem 50. Geburtstag, zu dem Carnellas neben vielen Journalisten und Freunden auch Bundestrainer Helmut Schön eingeladen hat, geht die Bombe hoch.

Als alle Gäste versammelt sind, lässt Canellas ein Tonband laufen. Zu hören sind Mitschnitte von Telefonaten mit Spielern und Vereinsvertretern, in denen ganz offen über Schmiergeld und Bestechung gesprochen wird. Deutlich zu hören sind Dialoge zwischen Canellas und Tasso Wild von Hertha BSC. Im Gegensatz zu dem Bestechungsversuch bei mir bietet Canellas dem Tasso Wild 120 000 Mark, damit die Berliner ihr letztes Spiel gegen Arminia Bielefeld gewinnen, dem Konkurrenten der Offenbacher Kickers im Abstiegskampf. Wild sagt nicht zu, sondern erwähnt, er habe ein Gegenangebot. Keine Frage für mich, dass es von den Bielefeldern kam. Daraufhin erhöht Canellas auf stolze 140 000 Mark und denkt, der Handel sei perfekt. Aber für Offenbach war nichts in Ordnung, denn die Bielefelder müssen nachträglich erneut erhöht haben, was Canellas zu diesem Zeitpunkt nicht wissen konnte. Sie zahlten 220 000 Mark und gewannen 1 : 0.

Und nun kommt etwas, was mir, wenn ich das Angebot von Ernst Lambrecht angenommen hätte, mit einem Bayern-Stürmer auch hätte passieren können: Kurioserweise spielt ein Aktiver von Hertha, der Ungar Varga, auf Sieg, weil ihm seine Frau, die er in der Pause angerufen hat, gesagt hat, es sei noch kein Geld eingegangen. Varga schießt gegen die Latte, kann aber im Alleingang die Manipulation nicht verhindern. Allerdings stellt er sich nur deswegen gegen die Manipulation, weil er sich einen höheren Anteil ausgerechnet und gefordert hat.

Schalke, ein auch in neuerer Zeit von Skandalen heimgesuchter Verein, hat das große Geld gerochen – sie konnten nichts mehr verlieren – und das Spiel am 17. April 1971 an Bielefeld verkauft. Die Spieler von Schalke haben sich im Park getroffen und sind von Dieter Burdenski ausgezahlt worden. Acht der Stammspieler, von Fischer über Fichtel bis zu Rüssmann, wurden rechtskräftig wegen Meineids verurteilt und haben pro Kopf nur 2300 Mark Strafe bekommen. Kronzeuge war ausgerechnet Dieter Burdenski. Da gehen doch diese geldgierigen Kerle hin und werden zu Kriminellen, und das für 2300 Mark. Das will mir nicht in den Kopf. Wenn ich so etwas mache, dann kostenlos, weil mir der Verein sympathisch ist.

Wie der Skandal ausging, ist hinlänglich bekannt: Zwei Vereine verlieren ihre Lizenz, Bielefeld und Offenbach. Sechs Funktionäre und zwei Trainer verlieren ebenfalls ihre Lizenz, beziehungsweise müssen sich aus dem bezahlten Fußball verabschieden. Insgesamt 53 Spieler werden überführt, darunter auch Nationalspieler wie Bernd Patzke, für den es mir besonders Leid tut, und »Cassius« Manfred Manglitz, der Kölner Torwart. Allerdings galt die Sperre nur innerhalb Deutschlands. Einige der Spieler sind nach Südafrika gegangen, so auch der Bernd, und haben dort weiter gespielt. Zwei Jahre später wurden sie vom Verband begnadigt und konnten zurückkehren.

Der Stuttgarter Spieler Arnold packt gleichfalls aus und erzählte, dass er und Weiß und Eisele zusammen 55 000 Mark von

Bielefeld erhalten haben, und zwar durch den Geldbriefträger Jürgen Neumann. Arminia Bielefeld siegte gegen Schalke, Köln, Berlin und Stuttgart jeweils 1 : 0.

Interessant sind auch die Kommentare. Damals schrieb der »Kicker« nach den Urteilen der ersten DFB-Instanz: »Das Sportgericht des DFB ist zum Standgericht geworden.« Und auf die manipulierten Ergebnisse in der Saison 1970/71 angesprochen, sagte Wilhelm Neudecker, zu der Zeit Präsident von Bayern München: »Der DFB ist nicht unschuldig.«

Viele meinen, Neudecker habe Recht, der Skandal hätte abgemildert, wenn nicht sogar vermieden werden können. Vor dem letzten Spieltag informierte der Präsident von Kickers Offenbach, Horst Canellas, den DFB-Bundesligareferenten Wilfried Straub, heute Direktor des Liga-Sekretariats, über bereits versuchte und noch bevorstehende Bestechungsfälle. Und mit Straub erfuhren viele andere im DFB davon. Canellas bot Straub an, die Telefonate mitzuhören, die er mit den Fußballern geführt hatte, die am Wochenende zuvor vom Sportgericht mit einem Berufsverbot belegt worden waren – Manfred Manglitz aus Köln, Tasso Wild und Bernd Patzke von Hertha BSC Berlin. Straub, so wird berichtet, zeigte angeblich kein Interesse. Und laut »Spiegel«, mit dem ich auch nicht immer einer Meinung bin, ließ der DFB »untätig Kicker, Vereine und Funktionäre in die Fallen tappen«.

Im Nachhinein weiß man immer alles besser. Aber ich glaube auch heute noch nicht, dass sich durch das Mithören der Telefonate etwas geändert hätte. Zu diesem Zeitpunkt waren schon zu viele Bestechungen gelaufen, man hatte ja bereits einige Spieler überführt und gesperrt, so Manfred Manglitz, Volkmar Groß, Tasso Wild und meinen guten Bekannten aus der Zeit von Portugal, Bernd Patzke. Wenn überhaupt, hätte man die Telefone schon früher überwachen sollen, als Canellas noch dachte, alles mit Geld regeln zu können. Allerdings wäre dann der gesamte laufende Spielbetrieb gestört worden, womöglich hätte man die ganze Saison sogar für ungültig erklären müssen.

Wäre Offenbach im Verlauf der Saison herausgenommen worden, wäre ein neues Problem aufgetaucht: Wie hätte man dann alle Begegnungen, die vorher stattgefunden haben, bewerten sollen? Alle verloren für Offenbach? Und was wäre mit den Mannschaften gewesen, die gewonnen hatten? Ein Extrabonus von einem Punkt etwa?

Die andere Variante wäre, die beiden letzten Spieltage nicht mehr stattfinden zu lassen. Auch das wäre fatal gewesen. Deshalb hat meiner Einschätzung nach der Wilfried Straub das einzig Richtige getan: erst die Saison beenden lassen und dann den Skandal aufklären.

Ich hoffe nur, dass die Vereine aus dem Bundesligaskandal und den späteren Skandalen in unseren Nachbarländern etwas gelernt haben und nicht den Spruch von Canellas beherzigen: »Wer nicht zahlt, ist draußen.« Allerdings hat Canellas vergessen, dass es auch noch eine andere Möglichkeit gibt, die nicht nur ich kenne: Kaufe dir eine Mannschaft aus guten Profis zusammen, die gewinnen kann, und vergesse nicht, sie zu motivieren.

In den Monaten nach dem Skandal hatten wir natürlich unter uns Spielern genug Gesprächsstoff. Max Lorenz von Eintracht Braunschweig hat mir erzählt, dass ein Geldgeber aus Bielefeld ihm 20 000 Mark geboten habe. Max sagte zu und sie verabredeten ein Erkennungszeichen. Dunkler Mantel mit Hut und Koffer. Wie in einem Film. Fehlte nur noch die Pfeife und die Pistole. Kurz vor dem erkauften Spiel hat Max Lorenz sich mit ihm getroffen, dem Hut-Mantel-Koffer-Mann eine Karte für die Tribüne gegeben und deshalb genau gewusst, welchen Sitzplatz sein Kontaktmann aus Bielefeld hatte.

Das Spiel steht 1 : 1, und wenige Minuten vor Ende der Begegnung sieht der Max, wie sein Geldgeber sich aus dem Staub machen will. Max hat sich unversehens eine Verletzung eingefangen, sich auswechseln lassen, das nächste Polizeifahrzeug samt Besatzung geschnappt und ist mit den Polizisten, denen er irgendetwas erzählt hat von einer Tante, die überraschend zu Besuch komme, zum Flugplatz gefahren und hat dem Bielefelder die Hälfte des Geldes abgenommen.

Schon zur Weltwirtschaftskrise 1929 soll es in Schalke zu einer besonderen Form von Bestechung gekommen sein. Der legendäre Kapitän Ernst Kuzorra geht vor dem Spiel ins Stadion, schätzt die Zuschauerzahlen, geht zurück in die Kabine und kriegt, wie er sagt, seine Schuhe nicht zu. Erst als der Präsident in den Schuh einen Hunderter für jeden Spieler reinschiebt, klappt es. Bei den damaligen hohen Zuschauerzahlen konnte es sich Schalke leisten, dem Ernst – sein Spitznahme war Clemens – beim Schuheanziehen behilflich zu sein.

Alles wäre gut gegangen, hätte der Westdeutsche Spielverband nicht eine Untersuchung eingeleitet. Verdacht auf überhöhte Spesenzahlung lautete der Grund, und das war ein Verstoß gegen die Amateurbestimmungen. Schalke wird vom Spielbetrieb ausgeschlossen, 14 Spieler erklärt man zu Profis, sie werden gesperrt. Und Kassierer Willi Nier ertränkt sich vor Scham im Rhein-Herne Kanal. Jeder ist darüber entsetzt. Ein Jahr später begnadigt man alle Spieler. Das ist der erste Skandal im deutschen Fußball. Ob Schalke dadurch anfälliger geworden ist als andere Vereine?

Immer wieder ist zu lesen, dass irgendwo auf der Welt Spiele verschoben und verkauft worden sind. Im Zusammenhang damit gab es in Italien den Toto-Skandal, als man versuchte, über eine hohe Wettquote das eingesetzte Geld zu vervielfachen.

Auch Nürnberg geriet 1991 in Verdacht, besser gesagt der Spieler Vlado Kasalo, weil er zwei spektakuläre Eigentore fabriziert hat, um, wie man vermutet, auf dem schwarzen Wettmarkt einen dicken Profit zu erzielen.

Schlimmer jedoch war der Bestechungsskandal der Schiedsrichter. Nürnberg hat in der Saison 1990/91 für die Betreuung der Schiedsrichter-Gespanne ungefähr 170 000 Mark ausgegeben. Darunter kostbare Geschenke wie Uhren, Sport- und Fitnessgeräte und Kosmetiksets für die Unparteiischen. Der DFB Chefankläger Hans Kindermann deckte auch hier schwarze Kassen auf, aus der das Präsidium unter dem Tisch Handgelder bezahlt hat. Das Ergebnis: dreieinhalb Jahre Gefängnis für Schatzmeister Böbel wegen Veruntreuung und Steuerhinterziehung.

Ich kann mir nicht vorstellen, dass heutzutage bei uns in der ersten Bundesliga überhaupt Spiele verschoben werden können. Es geht um zu viel Geld, auch für den, der sich zu einem bestimmten Ergebnis verleiten lässt. Zudem weiß jeder Verein, dass der DFB hart durchgreifen und, abgesehen von Sperren, die Lizenz entziehen wird. Was dann bleibt, ist der große Katzenjammer, so wie seinerzeit bei den Offenbachern. Der Verein ist sportlich auf Jahre tot!

Es ist schon mal vorgekommen, dass wir, wenn wir gegen eine Mannschaft gewonnen haben, vom Nutznießer unseres Sieges ein Fass Bier bekamen. Oder der Nutznießer hat vor dem Spiel zu uns gesagt: Wenn ihr gewinnt, dann geht der Abend auf unsere Kosten. Aber dass ist ja keine Bestechung, denn gewinnen wollten wir sowieso immer. Allerdings sind auch solche Dinge verboten. Nur haben wir das damals nicht gewusst.

Ich weiß nicht, wie unsere Begegnung in der Oberliga Süd gegen den SSV Ulm zu bewerten ist, die wir, um nur Zweiter zu werden – wir wollten 1964 im Aufstieg um die Bundesliga nicht gegen den Nordmeister Hannover 96 antreten –, unbedingt verlieren mussten. Unser damaliger Trainer Tschik Cajkowski hat die Devise ausgegeben: Verlieren um jeden Preis. Und zwar so geschickt, dass niemand etwas merkt. War das Manipulation? Oder fehlende Motivation? Oder ganz einfach Taktik?

Kurios ging es im Saisonfinale 1998/99 in der Bundesliga zu. Kaiserslautern hat in Frankfurt 1 : 5 verloren und war chancenlos gegen die überragend aufspielenden Mainstädter. Damit hat nun wirklich niemand gerechnet, besonders nicht die Nürnberger. Hätte Kaiserslautern nur mit 1 : 3 verloren, wäre Nürnberg auf Grund des besseren Torverhältnisses in der ersten Liga geblieben und Frankfurt hätte absteigen müssen. Nun war es umgekehrt. Aber so ist es nun mal im Fußball. Allerdings verstehe ich nicht, warum es Mannschaften so oft auf das letzte Spiel ankommen lassen. Während einer Saison hat man 34 Pflichtspiele und genügend Zeit, alles zu tun, um solche Situationen zu vermeiden. Und gegen Ende wird immer getönt: Das letzte Spiel ist ausschlaggebend, wird zu einem Schicksalsspiel, Sein oder Nichtsein.

Quatsch, kann ich da nur sagen. Hätten sie vorher einmal mehr gewonnen, wäre es auf dieses letzte Spiel überhaupt nicht angekommen. Trainer und Manager und Spieler sollten sich bitte nicht darauf verlassen, dass es ausgerechnet im letzten Spiel genauso klappt, wie man es sich ausgerechnet hat. Ein Sprinter verliert ja auch nicht sein Rennen nur auf den letzten zwei Metern. Oder ein Marathonläufer auf den letzten fünfzig Metern.

Fatal für Nürnberg war allerdings, dass man bereits ein Nichtabstiegsfest arrangiert hatte. Radio Antenne Bayern hatte in der ganzen Woche vor der entscheidenden Begegnung zu dieser Riesenparty gleich neben dem Stadion eingeladen und dazu schon mehr als zwanzigtausend Karten verkauft. Da hab ich schon zu mir gesagt: O je, wenn das nur gut geht.

Und wenn jemand Kaiserslautern unterstellt, sie seien zu halbherzig in die Begegnung mit Frankfurt gegangen, denen werde ich entgegenhalten: Bei den Pfälzern stand es auch Spitz auf Knopf. Hätten sie gewonnen, Kaiserslautern wäre in der Champions League vertreten gewesen und nicht Dortmund. Denn nur in der Champions League gibt es das große Geld zu verdienen. Und nicht dadurch, dass sie die Frankfurter gewinnen lassen, um in der Bundesliga zu bleiben. Ein Otto Rehhagel hätte so etwas nie und nimmer zugelassen. Deshalb stellt sich die Frage nach der Manipulation für mich überhaupt nicht. So dumm kann kein Verein sein!

Aber eine andere Form von Betrug ist dem FC Bayern oft passiert, und darüber war besonders Uli Hoeneß stocksauer. Bei Freundschaftsspielen wird ein Aufteilmodus der Eintrittspreise vereinbart: Der FC Bayern erhält 80 Prozent, die Heimmannschaft die restlichen 20 Prozent. Nun, wir sind überall bekannt, das Stadion ist voll, die vielen Zuschauer kommen in der Erwartung, ein gutes Spiel zu sehen. Nachher bei der Abrechnung – bisher hat der Uli immer geglaubt, was man ihm vorgerechnet hat – will uns der Veranstalter weismachen, es seien nur fünftausend im Stadion gewesen und nicht zehntausend. Dabei hat es schon seit Wochen keine Karte mehr gegeben, alles war ausverkauft.

Es ist verständlich, dass der Uli getobt hat: »Bescheißen könnt ihr mich nicht.«

Wir wollten von ihm wissen: »Was ist denn los, Uli?«

»Fünftausend Leute hat er abgerechnet, aber zehntausend gehen in das Stadion hinein. Alle Karten haben sie verkauft. Was soll ich machen? Ich streite mich doch nicht länger mit denen herum.«

Das nächste Mal ließ er sich eine Mindestsumme garantieren, weil er es satt hatte, dass die kleinen Vereine den FC Bayern auf diese Art und Weise abzuzocken versuchten. Aber dieses Problem wird nicht nur eins für den FC Bayern sein. Ich kann mir vorstellen, dass andere Vereine aus der ersten Liga ähnliche Erfahrungen gemacht haben.

Standfußball: Deutschland gegen Österreich

Um unser Spiel gegen Österreich bei der Weltmeisterschaft ranken sich viele Gerüchte. Und wer das Spiel gesehen hat, glaubt immer noch an eine Absprache. Aber zwischen Fußballnationen gibt es prinzipiell keine Absprachen. Jede der beiden Nationen will gewinnen, wann immer sie aufeinander treffen. Und 1992 war in den Köpfen auch eingeschweißt: Nur um Himmels willen nicht verlieren! Dann wäre es aus gewesen.

Als es schließlich 1 : 1 stand, für beide Seiten ein Wunschergebnis, begann das Ballgeschiebe. Hinten wurde alles dicht gemacht, und vorn hat man alle Fußballtugenden vergessen, die da lauten: Kampf, Angriff, Pässe schlagen, aufs Tor schießen. Wahrlich keine Werbung für den Sport. Und Millionen haben sich an den Fernsehern schwarz geärgert, weil hoch bezahlte Profis eine so fatale Leistung gezeigt haben. Vielleicht gab es auf dem Platz eine stillschweigende Übereinkunft, die anderen nicht zu viel zu ärgern, damit nicht noch ein Tor kassiert wird. Nichts anbrennen lassen, lautete die Devise, keiner wollte den Ball haben. Am liebsten wäre es beiden Mannschaften gewesen, wenn der Ball die letzte halbe Stunde im Aus gelegen hätte. So blieb der Status quo gewahrt, wie man in der Politik sagt. Keiner tat dem andern weh, das 1 : 1 wurde über die Zeit gerettet. Algerien musste seine Koffer packen, für die Nordafrikaner war die Weltmeisterschaft beendet.

Ich halte es für einen Schmarrn, dass, wie in Deutschland in einer Zeitung zu lesen war, ein Koffer voller Geld zu den Österreichern ins Hotel gebracht worden sein soll. Es gibt keinen so großen Koffer, in den all die Schillinge hineingepasst hätten, die bei einem so wichtigen Spiel hätten gezahlt werden müssen.

So lange es Europa- und Weltmeisterschaften gibt und es zu zufälligen Gruppeneinteilungen mit unangenehmen und unbequemen Gegnern kommt, werden sich solche Vorfälle wiederholen und erneut Grund für Spekulationen sein.

Als wir 1978 bei der WM in Argentinien gegen Tunesien 0 : 0 gespielt haben, mussten auch andere heimfahren. Jeder hat vorher gedacht, Tunesien kann eigentlich gegen Deutschland nur verlieren. Nun, ich war in dieser Begegnung dabei. Wir konnten aufspielen und in die Trickkiste greifen wie die Weltmeister – es fiel einfach kein Tor. Selbstverständlich wollten wir gewinnen. Genau diese Unberechenbarkeit macht den Reiz des Fußballs aus. Fußball wäre doch total langweilig, wenn schon vorher der Sieger feststehen würde. Die Stadien wären leer, die Quote würde sinken, das Interesse ginge gegen null.

Stillstand oder Rückschritt?

Der deutsche Fußball hat sich in der Welt über Jahrzehnte einen guten Namen erarbeitet. Vom Niveau her kann – besser gesagt: konnte – er sich mit jeder anderen Nation messen. Im Augenblick haben wir den Anschluss zu anderen Ländern etwas verloren.

Um den hohen Standard zu halten oder wieder zu erreichen, muss in Deutschland noch mehr für die Jugend getan werden, denn aus ihr rekrutiert sich der Spielerstamm, der später einmal für die Nationalmannschaft in Frage kommt. Der DFB hat ein Nachwuchs-Förderprogramm ins Leben gerufen: Talente fördern und fordern. So weit sind wir schon, dass in einer Fußballnation wie Deutschland der Verband auf Talentsuche geht. Kommt nichts von unten nach, so ist meine Prognose, dann schaut es in zehn Jahren nicht mehr rosig mit dem bezahlten Fußball und unserer Nationalmannschaft aus.

Gute Spieler, die aus der Jugend nachrücken, haben kaum eine Möglichkeit, in der Bundesliga eingesetzt zu werden. Sie bekommen zu wenig Spielpraxis, sitzen zum größten Teil auf der Bank und verkümmern. Lieber geht man hin und verpflichtet Ausländer, also fertige Athleten, als den eigenen Nachwuchs zu fördern und auch einzusetzen.

Erich Ribbeck hat in einem Zeitungsinterview zur augenblicklichen Situation des deutschen Fußballs gesagt: »Vor zehn Jahren konnte Franz Beckenbauer sich in der Bundesliga aus 85 Prozent deutschen Spielern eine Mannschaft zusammenstellen, heute sind es noch knapp 60 Prozent. Ich sah zuletzt ein Bundesligaspiel, wo von 28 Spielern 20 nicht aus Deutschland waren. Und die deutschen waren über dreiunddreißig und kein Thema für das Nationalteam.«

Genau das ist die Misere. Man vergisst, die Früchte der Jugendarbeit zu ernten, in die man schon so viel investiert hat. Der Prophet im eigenen Land … Dabei kosten die Nachwuchsspieler nur einen Bruchteil von dem, was man für einen Ausländer oder einen Nationalspieler ausgibt.

Auch wenn die namhaften Vereine durch die vielen Begegnungen gezwungen sind, sich einen großen Kader zu halten, kommen die Nachwuchsleute vielleicht einmal im Monat zum Einsatz. Wie sollen sie da Spielpraxis bekommen?

Die Nationalmannschaft hat sich seit der Europameisterschaft von 1996 in England, als wir uns noch mit Kampf, Energie, Einsatz und Glück den Titel geholt haben, vom Niveau her nach unten entwickelt. Man muss es ganz deutlich sagen: Wir waren den anderen Mannschaften spielerisch unterlegen. Was uns geblieben ist, sind die sogenannten deutschen Tugenden, besser gesagt eine davon: Kampf, Kampf und nochmals Kampf. Und ausgerechnet den vermisse ich mehr und mehr. Im Training sind unsere Aktiven noch gut, aber dann im Spiel fällt bei ihnen eine Jalousie herunter, sie sind gehemmt, spielen verkrampft und wie mit Scheuklappen, nichts klappt mehr.

Seit einigen Jahren läuft die deutsche Nationalmannschaft ihrem Ruf hinterher. Zwar gelingt auch mal ein super Spiel, aber das ist eher die Ausnahme. Normalerweise schüttelt man den Kopf und sagt: Um Gottes willen, all diese Qualifikationsspiele, das ist ja eine Katastrophe.

Nun kann mir jeder entgegenhalten: Sämtliche Pflichtspiele für die Qualifikation zur Europameisterschaft haben wir gewonnnen. Stimmt. Und wie sieht es mit den Freundschaftsspielen aus? Die Reise in die USA und nach Mexiko? Keine Chance hatten wir. Uns fehlte die Spritzigkeit, Bälle wurden im Mittelfeld zu schnell aufgegeben, wodurch der Gegner wachsen konnte. Energie? Ehrgeiz? Einsatz? Wenn überhaupt, dann nur im Ansatz.

Niemand findet eine Erklärung, warum unser Nationalteam so desolat agiert. Vielleicht weil es keinen technischen und qualitätsmäßigen Standard gibt, auf dem man aufbauen kann. Jeder hofft vor einer Begegnung, es möge klappen. Aber letztendlich ist es nur ein Gewürge. Es fehlt die Bereitschaft, zu laufen, sich einzusetzen. Zwei Fehlpässe, schon ist die halbe Mannschaft verunsichert.

Ständig auf Weltniveau zu spielen, schafft keine Mannschaft. Aber was man einfach bringen muss, ist eine Kontinuität in der Leistung, sodass man schon vor dem Spiel von einem gewissen Mindestniveau ausgehen kann. Schaut man sich die Franzosen oder noch besser die Brasilianer an, Mannschaften, die heute Maßstäbe setzen, dann sind diese Teams für uns in jeder Hinsicht ein Vorbild. Früher konnten wir den Ballzauberern aus Südamerika mit Kampf begegnen und ihnen Paroli bieten. Kampf bis zur Aufgabe gegen Spielwitz und Ballgefühl, das ging oft unentschieden aus. Aber inzwischen können diese Mannschaften nicht nur den Ball streicheln, sondern gleichfalls kämpfen. Ob wir nun stehen geblieben sind oder ob sich die anderen weiterentwickelt haben – das ist nicht so wichtig. Allein der Unterschied zählt und der ist deutlich zu sehen.

Von zehn Länderspielen zwei schlechte, diese Quote kann man akzeptieren. Aber leider ist es im Augenblick umgekehrt, die schwachen Spiele überwiegen. Das setzt den Spielern und dem Trainer gleichermaßen zu. Im Endeffekt weiß niemand mehr, was noch gemacht werden kann, um besser zu werden.

Und die Verwirrung wird dann komplett, wenn es im Training vorzüglich läuft, alles gelingt, eine Aktion schöner als die andere ist und sich nachhehr auf dem Platz die nächste Katastrophe ankündigt.

Auf dem Moldawienspiel, als wir erstklassigen Fußball geboten und hoch gewonnen hatten, hätte man aufbauen können. Nicht jedoch auf dem Match gegen Norwegen im November 1999. In solchen Situationen fängt ein Nationaltrainer fast wieder bei null an. Und im Sommer 2000 haben wir die Europameisterschaft.

Die Berufsoptimisten verkennen oft die Realität und versuchen, auch noch in der schlechtesten Partie das Gute zu sehen. Und das Gute in deren Augen ist, dass die anderen auch nicht besser sein sollen als wir. Es ist mir unverständlich, dass man als Maßstab andere schlechte Teams nimmt, um damit zu bekunden: Es ist doch nun wirklich nicht so schlimm. Wo sind wir denn hingekommen, wenn wir uns schon damit trösten, dass andere Fußballnationen auch nicht besser sind als wir?

Es wird argumentiert, Italien sei fußballerisch in Schwierigkeiten und England habe gerade mal so mit Ach und Krach die Qualifikationsrunde überstanden und solle froh sein, überhaupt an der Europameisterschaft teilnehmen zu dürfen. Hätte Polen in Norwegen unentschieden gespielt oder sogar gewonnen, fände die Meisterschaft ohne England statt, die anschließend mit den Schotten noch so ungemein viel Mühe hatten. Es kommt mir so vor, als sollte ich mich damit trösten, ich hätte ja nur ein Bein gebrochen, während mein Nachbar beide Beine gebrochen hat.

Vielleicht sehe ich das auch falsch? Denn Fritz Walter meint, wir könnten mit der Mannschaft zufrieden sein, weil wir uns qualifiziert haben. Außerdem würden unsere Clubs im internationalen Vergleich erfolgreich abschneiden. Für mich sind das jedoch zwei verschiedene Paar Schuhe.

Franz Beckenbauer sieht immer noch unsere internationale Spitzenposition. Doch der deutsche Fußball stünde nun nicht mehr allein an der Spitze. Nun, das hat der Franz aber elegant umschrieben.

Lothar Matthäus sieht uns mit Holland, England und Italien in einer Riege spielen. Frankreich, so meint er, hat den Bonus des Weltmeisters. Spanien spiele seiner Einschätzung nach im Augenblick den eindrucksvollsten Fußball. Brasilien sei auf der Welt dominant.

So ganz kann ich alldem nicht zustimmen. Natürlich spielen viele nicht besser als wir, wenn wir uns die Qualifikationsspiele zur Europameisterschaft anschauen. Aber unter denen ist kein amtierender Europameister und kein Weltmeister (außer Frankreich), wie wir es nun mal sind. Eigentlich sollten wir den anderen den Maßstab vorgeben und nicht umgekehrt. Aber das können wir im Augenblick eben nicht. Womöglich kann das überhaupt keine europäische Mannschaft, denn Italien, wie gesagt, hat ein Tief, England gleichfalls. Und trotzdem gebe ich uns momentan wenig Chancen, den Titel zu verteidigen, alles andere würde mich sehr freuen.

Bei der Europameisterschaft werden, abgesehen von Holland und Belgien, Teams auftrumpfen, mit denen man heute überhaupt noch nicht rechnet.

In der Bundesliga kann man ein schlechtes Spiel noch in der gleichen Woche ausgleichen. Nicht so in der Nationalmannschaft. Das schlechte Spiel schleppst du über Wochen mit dir herum, die Presse sorgt schon dafür, dass du es nicht so schnell vergisst. Im November 1999 haben wir gegen Norwegen stümperhaft gespielt. Und erst im Februar 2000 kam die nächste Gelegenheit, den Gegenbeweis anzutreten. Und zwar gegen Holland. Abgesehen davon, dass Holland unser sogenannter Angstgegner ist, bei dem immer wieder aufs Neue Emotionen hochgeschaukelt werden, wächst natürlich die Erwartung mit der Schwere der Aufgabe.

Wegen der augenblicklichen Verunsicherung haben wir jedes anstehende Spiel schon halb verloren und sind dabei noch nicht einmal auf den Platz gelaufen. Erich Ribbeck versucht die psychologische Schiene und empfiehlt den Aktiven, das letzte Spiel gegen Norwegen zu vergessen. Aber so einfach ist das nicht. Der Misserfolg sitzt tief in den Köpfen drin.

Im Fußball ist alles möglich. Das ist eine Ausrede und zugleich auch eine Tatsache. Aber auf die Europameisterschaft bezogen bin ich ausgesprochen skeptisch, denn unter den sechzehn Teilnehmern gibt es keinen schwachen Gegner. An und für sich habe ich mit der Ukraine und auch mit Kroatien gerechnet. Scheinbar schwache Mannschaften haben in der Qualifikation wesentlich stärkere ausgebootet.

Die Situation bei der Europameisterschaft ist sonnenklar: Ein verlorenes Spiel und schon sind die Aussichten auf den Nullpunkt gesunken. Und bei diesen Meisterschaften wird uns die deutsche Tugend Kampf, falls sie wieder auferstehen sollte, auch nicht retten können. Hinzu kommt, dass wir mit England natürlich gleich einen dicken Brocken in unserer Gruppe haben. Schon wenn die englischen Spieler nur das Wort Deutschland hören, sind sie motiviert bis unter die Haarspitzen.

Nicht zu vergessen die Portugiesen, sie können einen hervorragenden Fußball spielen. Leider haben sie in der Vergangenheit oft das Toreschießen vergessen. Und ich wünsche uns, dass es so bleibt. Als Ausgleich dafür dürfen sie dann gegen England und Rumänien umso besser und häufiger treffen.

Favoriten für die Europameisterschaften sind für mich ganz klar die Holländer, nicht zuletzt auch deswegen, weil sie im eigenen Land spielen können. Auch bei großen internationalen Ereignissen darf man den Heimvorteil nicht unterschätzen. Sehr hoch stufe ich auch die Engländer ein (nicht nur, weil sie bei uns in der Gruppe spielen) sowie die Franzosen und die Jugoslawen.

Noch ist die Europameisterschaft nicht vorbei, schon reden viele von der Weltmeisterschaft in zwei Jahren. Bis dahin ist noch viel Zeit, da kann sich noch einiges ändern. Oftmals genügt schon ein halbes Jahr konsequenter Arbeit, um wieder auf der Straße des Erfolgs zu sein. Deshalb kann ich auch noch keine Prognosen abgeben, wie wir uns bei der kommenden Weltmeisterschaft aus der Affäre ziehen werden. Außerdem gibt es immer wieder faustdicke Überraschungen.

Bei der Europameisterschaft 1992 in Schweden wurde Jugoslawien wegen der politischen Lage ausgeladen. Dadurch erst bekam Dänemark eine Chance. Und die Dänen spielten unbekümmert auf und wurden Europameister. Man muss sich das mal vorstellen: Eine Mannschaft, die sich nicht qualifiziert hat, rutscht überraschend nach und wird Europameister. Dabei mussten die Dänen zuerst noch ihre Spieler einfangen, die überall auf der Welt verstreut in Urlaub waren. Zehn Tage vor der Europameisterschaft gehen die aus dem Urlaub direkt in ein Trainingslager und schlagen nachher alle anderen Teams. Verallgemeinert bedeutet das: Europa- oder Weltmeister kann jeder werden. Deshalb mache ich mir heute noch keine Sorgen um die WM 2002 in Südkorea und Japan. Bis dahin wird im deutschen Fußball noch viel passieren. Aber zuerst einmal gilt es, sich zu qualifizieren. Und dabei treffen wir erneut auf England. Und wie die deutsche Mannschaft dann ausschaut, wer dann aufgestellt wird, ob ein Lothar Matthäus dabei ist, das steht heute noch in den Sternen.

Allerdings werden bei der WM im Jahre 2002 erneut zwei Fußballwelten aufeinander treffen. Die südamerikanische und die europäische. Mittlerweile haben die Südamerikaner, besonders die Brasilianer, die hier bei uns in Europa spielen, auch zu kämpfen gelernt. Und das überträgt sich natürlich auch auf deren Nationalmannschaft. Beiden Fähigkeiten, Ballgefühl und Kampf, wird man von europäischer Seite schwerlich etwas entgegensetzen können. Vielleicht sollten unsere Spieler nach Brasilien in die Lehre gehen. Allerdings müssten sie am Strand mit dem Training anfangen, um ein ähnliches Ballgefühl zu bekommen wie die Brasilianer. Aber die europäische, besonders die deutsche Mentalität steht wohl dem Ballzaubern im Wege. Leider interpretieren wir das Wort Fußballspiel falsch. Es ist ein Spiel und nicht nur Kampf und Krampf und Arbeit.

Wege zum Erfolg

Bei einem Länderspiel haben wir, falls Deutschland gewinnt, zehn Millionen Bundestrainer vor den Bildschirmen. Jeder hat es gewusst, jeder hätte es genauso gemacht wie Erich Ribbeck. Verliert Deutschland, dann ist allein der Erich dafür verantwortlich. Zehn Millionen können genau sagen, was sie anders gemacht hätten, um zu gewinnen. Aber das können sie erst nach der Begegnung. So einfach ist das.

Und wenn jemand ein Patentrezept hätte, um das Niveau der Nationalmannschaft zu verbessern, Erich wäre der Letzte, der es nicht ausprobieren würde. Deshalb ist es auch leicht gesagt, wenn ich den Ratschlag gebe, die Profis sollten spielen, einfach mal spielen und alles andere vergessen. Frei von der Leber weg spielen, so wie im Training.

Die Wirklichkeit sieht anders aus: Stehen sie anschließend draußen auf dem Platz, wollen sie unbedingt auch dem letzten Kritiker zeigen, wie gut sie sind. Und schon ist die Verkrampfung da. Es liegt nicht an der Vorbereitung oder am Willen, es liegt nicht am sogenannten Spielermaterial, es ist eine Sache des Kopfes. Normalerweise müsste es eine Ehre sein, für Deutschland antreten zu dürfen. In dem Augenblick, wo ich auf dem Platz stehe, gehöre ich zu den elf besten Fußballern in Deutschland. Zu meiner Zeit war die Denkweise so. Und Nationalspieler zu sein, bedeutet im Endeffekt mehr, als einen Europacup gewonnen zu haben. Am Geld liegt es auch nicht, denn die Profis verdienen in den Vereinen so viel, dass sie ohne weiteres auch einmal für den Verband antreten können.

Allerdings gibt es, um beim Geld zu bleiben, eine fatale Situation. Mehrere schlechte Spiele in der Nationalmannschaft haben keinen Einfluss auf das Einkommen eines Spielers. Zeigt er jedoch im Verein keine Leistung, dann geht das an den Geldbeutel. Er wandert auf die Bank, kassiert nicht mehr so viel Prämie und wird schließlich, falls überhaupt nichts mehr läuft, an einen anderen Verein abgegeben. In der Bundesliga und im Verein, da herrscht ein Existenzkampf, nicht jedoch in der Nationalmannschaft. Dort geht es ausschließlich ums Image. Für meine Existenz bin ich immer bereit, mehr zu tun, als für mein Image. Oder etwa nicht?

Gerd Müller, der 1974 in der Nationalmannschaft aufgehört hat, obwohl er noch gut vier Jahre hätte mitwirken können, hat auf das Image gepfiffen und ist später nach Amerika gegangen. Stefan Effenberg legt auch keinen Wert mehr auf die Nationalmannschaft. Er ist eine Stütze im Verein und möchte, wenn die Zeit reif ist, gleichfalls nach Amerika gehen. Andere jedoch, deren Höhepunkt überschritten ist, bieten sich von selbst wieder an, für Deutschland zu spielen.

Günter Netzer ging zwar nicht nach Amerika, sondern nur nach Madrid. Das hat man ihm übel genommen. Die Volksseele kochte. King Günter, auch Jünter und Günter der Große genannt, hatte nach zehn Jahren gekündigt. Hennes Weisweiler, damaliger Trainer bei Borussia Mönchengladbach, wollte daraufhin Günter nicht für das Pokal-Endspiel gegen den 1. FC Köln am 23. Juni 1973 aufstellen. Typisch für Weisweiler, der, wie man sagte, lieber das Spiel verlieren wollte als seine Dickköpfigkeit aufzugeben.

Die Fans dagegen hofften, dass Günter dieses eine Mal noch für die Borussia spielen würde. Nach 90 Minuten stand es 1 : 1. Dramatik pur, Verlängerung. Netzer, Netzer, rief das Stadion. Plötzlich, in der 94. Minute läuft er auf, und zwar nicht mit der legendären Nummer 10, sondern mit der 12. Wie ich den Günter kenne, hat er sich wohl selbst eingewechselt, denn sein Name war nicht in der Aufstellung vermerkt. Zum zweiten Mal am Ball, schaufelte Günter in der für ihn typischen Art den Ball ins Tor. Gladbach gewann 2 : 1. Ein tolles Abschiedsgeschenk für seine alte Mannschaft.

Aber der Wechsel nach Spanien hat Günter nicht gut getan. Zur WM Vorbereitung 1974 kam er ohne Kondition nach Malente und es gelang ihm nicht, an seine legendäre Leistung von der Europameisterschaft 1972 anzuknüpfen.

Die unendliche Diskussion

Nationalmannschaften über einen Zeitraum von zwanzig Jahren und noch mehr zu vergleichen, ist schier unmöglich. Trotzdem geht kein Weg an der Erkenntnis vorbei: Wir von damals hätten gegen die heutige Mannschaft keine Chance. Dabei spielt es keine Rolle, ob wir mit der Weltmeisterelf von 1974 »nur« gegen das heutige Nationalteam antreten würden. Das wäre genauso einseitig wie eine Partie zwischen Untergiesing und Bayern München. Viele der selbsternannten Stammtischexperten wollen so etwas einfach nicht wahrhaben, und zwar besonders diejenigen, die den alten Fußballzeiten nachtrauern und sie nostalgisch glorifizieren. Früher, da war alles besser.

Nichts war besser, man kann sich die alten Aufzeichnungen anschauen und vergleichen. Die Bilder lügen nicht. Jeder, der auch nur etwas Ahnung vom Fußball hat, wird mir Recht geben. Und wenn wir noch weiter zurückgehen, zur Weltmeisterschaft 1954, die damalige Mannschaft hätte heute keine Chance gegen einen Regionalliga-Verein. Natürlich wollen das einige erst recht nicht gerne hören. Wenn es nicht so wäre, wenn die Teams von vor zwanzig oder vierzig Jahren noch den heutigen Paroli bieten könnten, würde das ja bedeuten: In allen Sportarten gibt es eine

Verbesserung, die Weltrekorde purzeln reihenweise, nur im Fußball, da stagniert es.

Natürlich kann man in einigen anderen Sportarten, wo man Leistung in Sekunden, Kilogramm oder nach Punkten bewertet, die Weiterentwicklung besser verfolgen als im Fußball. Lässt man ein Skirennen von vor zwanzig Jahren parallel zu einem Rennen von heute laufen, dann liegen Welten dazwischen.

Um zum Fußball zurückzukommen: Wir hatten damals immer ausreichend Platz auf dem Spielfeld, die Bälle anzunehmen. Die Spieler konnten sich Zeit lassen, sich den passenden Mitspieler aussuchen, ein paar Schritte in jede Richtung laufen. Frei nach dem Motto: Ball annehmen, stoppen, schauen, spielen. Heute gibt es kein Stoppen mehr. Der Ball kommt und wird gleich weitergegeben. Und schauen musst du, bevor du den Ball kriegst. Und wenn du dir Zeit lässt, den Ball zu stoppen, ist schon ein Gegenspieler da und du hast keine Möglichkeit mehr, den Ball abzuspielen. Er ist einfach weg.

Natürlich gibt es auch heute für einen Effenberg im Mittelfeld noch Freiräume. Allerdings nicht wie früher in jede Richtung dreißig Meter.

Zu meiner Zeit hat sich alles über das ganze Spielfeld verteilt mit einer Konzentration zwischen den beiden Sechzehnmetern. Heute jedoch bewegen sich alle oder fast alle Spieler in einem Band von etwa 35 Meter Breite. Alle gehen vor, alle gehen zurück. Wie eine Ziehharmonika. Unsere Spielweise war möglicherweise noch technisch gefälliger für die Zuschauer, als es die heutige ist. Aber wie gesagt: Wir wären ohne Chance.

Wenn man die einzelnen Spieler von früher mit denen von heute vergleicht, kommt man zum gleichen Resultat: Wir von damals hätten keine Chance mehr. Allerdings wächst ein Spieler mit den Anforderungen auch in ein neues System herein. Mit anderen Worten, ein Beckenbauer im Alter von 25 Jahren wäre heute ebenso dominant wie damals. Auch ein Fritz Walter hätte in der Mannschaft von 1974 mitspielen können, wenn er mit dem System groß geworden wäre und das Trainingspensum absolviert hätte.

Heute sind die Spieler athletischer, in ihren technischen Möglichkeiten ausgereifter und variabler einsetzbar. Früher konnte ein rechter Verteidiger nur auf seinem Posten spielen, eben als rechter Verteidiger. Der Rechtsaußen nur Rechtsaußen, der Mittelstürmer nur Mittelstürmer. Mittlerweile können die zehn Feldspieler auf allen Positionen eingesetzt werden. Und jeder Spieler ist beidfüssig. Er knallt das Leder ins Tor, gleichgültig, ob mit rechts oder mit links. Er schlägt einen Pass, mit rechts oder mit links. Benutzt er nur den rechten Fuß und legt sich den Ball zuerst noch schön von links auf die richtige Seite, ist der Gegenspieler schon bei ihm. Nichts ist mehr mit Abgeben oder mit dem Torschuss. Heutzutage merkt man kaum noch, ist einer nun Rechts- oder Linksfüßer. Andreas Brehme konnte mit links genau wie mit rechts schießen. Da hast du keinen Unterschied festgestellt, was die Wucht des Schusses und die genaue Platzierung anging.

Bei den Torleuten ist es genauso. Auch sie sind heute beidfüssig. Ich hatte meinen linken Fuß nur, um Bier zu holen und um nicht umzufallen. Heute jedoch, durch die neue Torwartregel, bist du ein Feldspieler, wenn der Ball zu dir zurückkommt. Deshalb kannst du auch nicht warten, bis er zur richtigen Seite gelaufen ist oder vorher noch schön in Positur stellen.

Beim eigentlichen Torwartspiel hat sich nicht so viel geändert. Das Tor ist von der Größe her gleich geblieben, die Ecken kommen gefährlicher rein, aber die Bälle müssen genauso wie früher gehalten werden. Natürlich sind die Bälle raffinierter angeschnitten, du musst entsprechend athletisch und geschmeidig sein, und es kommt vielleicht mehr auf die Sprungkraft an.

Ein Sepp Maier von früher in Normalform hätte heute keine Schwierigkeiten, in der Bundesliga mitzuhalten. Gut, ich hätte mich auf die Rückpassregel einstellen und den linken Fuß trainieren müssen. Meinen Strafraum, besser gesagt, meinen Achtmeterraum hätte ich eh beherrscht, höher als hoch können die Bälle nicht kommen, und unter der Grasnarbe auch nicht.

Deshalb hätte es Oliver Kahn heute wohl sehr schwer, wenn ich noch aktiv wäre oder wenn man die Zeit um dreißig Jahre zurückdrehen könnte. Er wäre vielleicht zum alten Kahn geworden, so wie der Junghans zum Althans. Allerdings hätte es sich der Oliver dann auch genau überlegt, zum FC Bayern zu wechseln. Nur in einem übertrifft mich Oliver Kahn: Er trainiert mehr und härter als ich, obwohl auch ich schon ein gutes Pensum absolviert habe. Oliver ist durch und durch ein Profi. Volle Intensität, volle Power, immer hundert Prozent bringen. Den muss ich bremsen und nicht anfeuern. Mit solchen Leuten macht es Spaß zu arbeiten.

Eins hat sich doch geändert: Die Torleute sind im Vergleich zu früher schwerer und größer. Ich habe einsdreiundachtzig und achtzig Kilogramm, heute sind gute Torleute mindestens einsneunzig und wiegen fast zwei Zentner.

Viele Torleute gehen ins Fitnessstudio und trainieren sich Muskeln an, um sich besser durchsetzen zu können. Im Grunde ist das richtig. Allerdings dürfen sie nicht kompakt sein und aufgeplustert, sondern geschmeidig. Toni Schumacher war zum Schluss zwar ungemein stabil und sah aus wie ein kleiner Schwarzenegger, aber er konnte sich nicht mehr richtig bewegen. Die Muskeln waren für ihn mechanisch ein Hindernis.

Alle meine Bundestrainer

Der Nachdenkliche

Helmut Schön ist Saarländer und wäre fast saarländischer Nationaltrainer geworden. Noch bis 1956 war das Saarland ein eigenständiger Verband. Für die WM 1954 in Bern wollten sie sich qualifizieren. Als das nicht klappte und man das entscheidende Spiel mit 3 : 1 gegen Deutschland verloren hatte, stellte man später den Antrag zur Wiederaufnahme in den DFB. Und am 1. Mai 1956 unterschrieb Helmut Schön einen Vertrag als Assistenztrainer von Sepp Herberger.

Helmut Schön, der das Amt im Juni 1964 von Sepp Herberger übernahm – für alle Experten schien nur Fritz Walter allein in Frage zu kommen –, war ein väterlicher Typ. Er gab sich überaus sensibel, was man unter anderem auch daran sehen konnte, dass er vor einem Spiel stets Magenschmerzen bekommen hat. Er war nicht autoritär, kein harter, durchsetzungsstarker Mensch, sondern jemand mit Feingefühl, der sich auch gut in die Spieler hineinversetzen konnte. Mit Verständnis für Probleme und mit Ratschlägen, falls man ihn gefragt hat.

Nicht so gut war eine andere Verhaltensweise: Niemand wusste vorher, ob er überhaupt in der Mannschaft spielen durfte. Bis zum Schluss hat er die Aufstellung für sich behalten, fast wie ein Staatsgeheimnis. Erst in der Spielersitzung kurz vor einer Partie hat er Namen genannt. Wenn man ihn gut gekannt hat, merkte man aber schon, dass man aufgestellt war. In solchen Fällen hat er sich immer erkundigt: Wie geht es dir? Bis du körperlich fit?

Für viele war Helmut Schön ein Zauderer, weil er nicht viel vom Experimentieren hielt und lieber einer eingespielten Mannschaft den Vorzug gab. Neue Spieler führte er sehr behutsam in die Nationalmannschaft ein. Und an denen, die sich bewährt hatten, hielt er auch dann fest, falls sie im Verein nicht die erwartete Leistung brachten.

Allerdings hat er 1968 als Bundestrainer auch einen großen Fehler gemacht. Anlässlich der Europameisterschaftsqualifikation hat er die Bayern-Spieler nicht eingesetzt, weder Beckenbauer noch Müller oder mich. Die Quittung hat er im Spiel gegen Albanien bekommen. Wir hätten gewinnen müssen, spielten jedoch nur 0 : 0. Fazit: Eine Europameisterschaft ohne Deutschland!

Helmut Schöns Marotte war seine Mütze. Als wir vor der WM 1970 mit der Nationalmannschaft eine Schallplatte aufgenommen hatten, hat Udo Jürgens extra für ihn ein Lied komponiert: Der Mann mit der Mütze. Während eines Trainingslagers in Hamburg, als uns die goldene Schallplatte verliehen wurde, besuchte uns Udo Jürgens zusammen mit seinem damaligen Manager Hans R. Beierlein und hat sein Lied vorgestellt. Udo Jürgens hat dieses Lied Helmut Schön gewidmet, weil er ihn als Mensch geschätzt hat. Wir haben gemerkt, wie Helmut Schön die Tränen kamen.

Natürlich habe ich zu Helmut Schön eine besondere Beziehung gehabt, weil ich durch ihn in die Jugend-Nationalmannschaft berufen worden bin. An mir hat Helmut Schön nie gezweifelt. Dazu habe ich ihm ja auch in all den Jahren keinen Grund gegeben.

Er war der erfolgreichste deutsche Nationaltrainer überhaupt. Weltmeister sind wir mit ihm geworden, Vizeweltmeister, einmal Dritter bei der WM, Europameister und Vize-Europameister.

Mit dem Abgang von Helmut Schön nach der Niederlage gegen Österreich und dem Ausscheiden bei der WM 1978 begann der große Umbruch. Berti Vogts hörte als Spieler auch auf, er übergab mir die Kapitänsbinde der Nationalmannschaft.

Der Sympathische

Jupp Derwall, über viele Jahre Assistenztrainer unter Helmut Schön, war ein ruhiger, sympathischer Typ. Er hat mich zum Kapitän der Nationalmannschaft gemacht und mich gleichzeitig während der Querelen im Verein aus der Nationalmannschaft ausgeladen. Er rief mich 1979 zu Hause an und meinte, für das Europameisterschafts-Qualifikationsspiel gegen die Türkei sei ich wohl doch nicht so in Form, wegen der Umstände beim FC Bayern. Und ich könne möglicherweise diese Unruhe in die Nationalmannschaft übertragen, befürchtete er. Nun, ich war ziemlich sauer. Aber die Genugtuung folgte prompt. Die Begegnung mit der Türkei endete 0 : 0, ein schwaches Spiel. In der nächsten Partie gegen Wales stand ich wieder im Tor, so wie es sich gehörte.

Jupp Derwall hat die Spieler härter angefasst als sein Vorgänger und da blieb kein Raum mehr für den väterlichen Typ. Wir Spieler haben unsere Trainer immer gesiezt, während sie uns geduzt und mit dem Vornamen angesprochen haben. Privat hat man sich vielleicht auch schon mal geduzt, aber in der Öffentlichkeit blieben wir bei dem förmlichen Sie.

Jupp Derwall kann auch auf einen Weltrekord verweisen: Unter seiner Regie hat die deutsche Nationalmannschaft vierundzwanzig Spiele nicht verloren. Dann kam die Mini-WM in Südamerika, zwei Spiele gingen verloren und schon wurde er von der Presse niedergemacht. So ist das nun mal, wenn du in der Öffentlichkeit stehst.

Der Temperamentvolle

Franz Beckenbauer war kein Trainer, sondern ein Teamchef. Wir haben bereits in der Jugend miteinander gespielt und kennen uns in- und auswendig. Er hat mich 1988 bei der Europameisterschaft im eigenen Land darauf angesprochen, ob ich nicht vielleicht Torwarttrainer sein wollte. Jede Nationalmannschaft, so hat er argumentiert, habe einen eigenen Torwarttrainer. Natürlich bat ich mir Bedenkzeit aus, um sein Angebot zu überlegen. Vier Wochen hat er mir gegeben. Nach zwei Wochen hatte ich mich entschieden.

»Und, was ist jetzt?«

»Kannst mit mir rechnen.«

Das war es. So werden auf bayerisch Verträge gemacht.

Franz war natürlich eine Symbolfigur, fast schon ein Mythos. Der Berti hat in mühsamer Kleinarbeit für ihn die Trainingspläne zusammengestellt und Franz hat die Spieler gefragt, was sie machen wollen. Natürlich nicht das, was auf Bertis Plänen gestanden hat. Franz hat mehr aus dem hohlen Bauch trainieren lassen. Intuition nennt man das wohl. Er wusste genau, worauf es ankam.

Und Franz war sehr energisch, wenn er seine Vorstellungen umsetzen wollte. Hat ihm etwas nicht gepasst, ist er aus der Haut gefahren. Als wir bei der WM 1990 in Italien gegen Tschechien spielten und durch einen Elfmeter von Lothar Matthäus 1 : 0 gewonnen haben, hat sich jeder gefreut, dass wir weitergekommen sind. Es war eine gute Stimmung in der Kabine, da kommt der Franz reingerauscht und geht auf Rudi Völler los, scheißt ihn zusammen, hat den Schuhkoffer kurz und klein gehauen, die Schuhe sind herumgeflogen. Was hat er da die Mannschaft in den Senkel gestellt wegen der phlegmatischen Spielweise! Alle haben sie den Kopf eingezogen.

Schon zu Begin seiner Teamchefkarriere hat er 1986 bei der WM in Mexiko, wo wir im Endspiel gegen Argentinien mit 3 : 2 verloren haben, den Uli Stein als Torhüter vorzeitig nach Hause geschickt. Uli hat den Teamchef als Suppenkasper bezeichnet. Der Uli hat mit dieser Bemerkung einen Rekord aufgestellt: Noch nie ist ein Spieler vorzeitig nach Hause geschickt worden.

Franz war ein ganz Impulsiver, der sich auch einmal hat entschuldigen müssen, beim Fernsehreporter Marcel Reiff. Als Teamchef war Franz genauso wie als Spieler. Wechselhaft, fast launisch und dann ging es wieder mal eine Zeit lang gut. Aber er kam bei den Spielern an, weil sie trotz allem seine Offenheit geschätzt haben und im Endeffekt genau wussten, wo sie bei ihm dran waren.

Nach dem Gewinn der Weltmeisterschaft 1990 hat er eine große Rede geredet, wie wir in Bayern sagen, und allen Spielern das Du angeboten.

In Rom ist Franz 1990 nach 66 Länderspielen als Teamchef der Nationalmannschaft zurückgetreten. Später wurde er »Technischer Direktor« von Olympique Marseille und hat die Franzosen bis ins Finale der Champions League gegen Roter Stern Belgrad gebracht.

Als sich der FC Bayern 1994 von Erich Ribbeck trennte, übernahm Franz das Ruder und führte den Club zur deutschen Meisterschaft. Ein drittes Mal sprang er ein, als zwei Jahre später Otto Rehhagel drei Wochen vor Saisonschluss entlassen wurde. Zwar wurden wir nicht deutscher Meister, gewannen aber 1996 gegen Bordeaux den UEFA-Pokal.

Seit Franz kein Bundesteamchef mehr ist, sind meine Kosten für Schnupftabak bei Länderspielen enorm nach unten gegangen. Noch nie hat Franz sich Schnupftabak gekauft, immer hat er gefragt: »Sepp, hast du mal eine Prise?«

Der Fachmann mit Konzept

Es war kurz vor dem Endspiel der Weltmeisterschaft von 1990 in Rom, die Spieler waren schon im Bett, wir Trainer haben noch gemeinsam mit den Physiotherapeuten im Park gesessen, etwas getrunken und philosophiert. Natürlich haben wir auch schon über den Nachfolger von Franz gesprochen. Und da habe ich Franz gefragt: »Wer, meinst denn du, wird dein Nachfolger?«

»Der Berti Vogts«, hat er gemeint.

»Mach doch weiter, Franz«, habe ich gesagt, »ich weiß nicht, ob der Berti das schafft. Er ist immer so ernst, ich weiß nicht, ob er die richtigen Fähigkeiten hat.«

Und während ich gesprochen habe, hat der Franz immer so komische Handbewegungen gemacht.

»Was ist denn«, wollte ich wissen. »Stimmt vielleicht nicht, was ich sage?«

Nun, ich hatte auch schon etwas getrunken und konnte nicht deuten, was der Franz mit seiner Gestik gemeint hat. Da drehe ich mich rum und sehe Berti hinter mir.

»O je«, habe ich nur herausgebracht.

»Sprich nur weiter, Sepp«, hat Berti gemeint. »Das interessiert mich.«

Zugegeben, ich war ein bisschen skeptisch. Berti war ein verbissener Verteidiger, ein ernster Spieler. Und bei der WM 1990 hat er dem Franz die Trainingsprogramme aufgestellt. Berti war sehr perfektionistisch, aber nicht so souverän wie Franz.

Berti war mir wegen meiner Nörgelei nicht nachtragend. Er hat sich den Rainer Bonhof als Assistenten geholt, mit dem ich mich sehr gut verstanden habe, schon von meiner aktiven Zeit her. Und je länger ich dabei war, desto mehr hat mir Bertis Korrektheit imponiert. Seine Arbeitsauffassung war vorbildlich, seine Spielerbesprechungen hatten Hand und Fuß, er hat sich sehr viele Gedanken gemacht und versucht, sie in die Tat umzusetzen.

Berti hat alle Trainingsberichte gesammelt und in einen Ordner geheftet. Das war bisher im Fußball zumindest bei uns noch nicht vorgekommen. Und vor jeder Trainingseinheit haben wir am Tag zuvor abends eine Trainerbesprechung abgehalten, um abzuklären, was trainiert und wie dosiert werden sollte. Berti ging sogar so weit, dass er gezielte Pläne für einzelne Spieler ausarbeitete, um deren Fehler und Schwächen zu bekämpfen. Zu mir hat er gemeint, ich müsste auch einmal aufschreiben, was ich so alles im Torwarttraining anstelle. »Wenn es dir hilft«, habe ich gesagt, »dann mache ich die Skizzen.« Später jedoch habe ich gemerkt, das war alles nicht so interessant für ihn.

Eine Stunde am Tag gestand er den Medien zu. Wer nicht anwesend war, erhielt keine Informationen. Die Presse wurde auf sein Anraten hin auch in weiter entfernten Hotels untergebracht, damit sie nicht immer Zugriff auf die einzelnen Spieler hatten. Und am Tag vor dem Spiel war generell Presseverbot. Wegen dieser Anordnung hat sich Berti sogar mit dem Niersbach angelegt, dem Pressesprecher des DFB.

Mir hat es Leid getan, dass er in der Öffentlichkeit nicht so gut angekommen ist. Sein Manko war, dass er sich über alles aufgeregt hat, was die Presse geschrieben hat, über unqualifizierte Kritik, über gezielte Gerüchte. Und weil er viele Journalisten hat links liegen lassen, während er anderen ein Interview gegeben hat, haben die sich natürlich an ihm gerächt. Für Berti war das stets ein persönlicher Angriff auf seine Person.

Sir Erich

Erich Ribbeck kann auf eine sehr große Erfahrung im Fußballgeschäft zurückblicken und kennt sich ausgezeichnet im DFB aus. Er hatte sich von seiner Trainerlaufbahn eine mehrjährige Auszeit genommen, als ihn auf Gran Canaria die Nachricht ereilte, dass Berti Vogts nicht mehr als Nationaltrainer zur Verfügung stehe. Das war an einem Montag. Niemand von den etablierten Trainern war frei. Jupp Heynckes stand in Spanien unter Vertrag, auch Paul Breitner war im Gespräch. Für einen Tag war Paul praktisch Nationaltrainer, dann hat man sich doch daran erinnert, dass er das DFB-Nest in seiner nachaktiven Zeit etwas beschmutzt hatte. Ausschlaggebend jedoch war ein Interview in der »Abendzeitung«, genau an diesem bewussten Montag, in dem er sich sehr abfällig geäußert hat. Er wollte Strukturen im

DFB verändern, ihm schwebte eine andere Form der Führung vor. Noch rechtzeitig genug kam dies Präsident Egidius Braun zu Ohren. Hätte es der Paul einmal geschafft, an einem Mikrofon schweigend vorüberzugehen, wäre er Bundestrainer geworden. Paul Breitner hat mir gesagt, seine erste Amtshandlung wäre gewesen, mich als Torwarttrainer zu entlassen. Aber das war wohl doch eher Spaß.

Unter Beachtung all dieser Aspekte ging an Erich Ribbeck kein Weg mehr vorbei. Zwar war er fünf Jahre aus dem aktiven Trainergeschäft heraus, aber so schnell verlernt man seine Fähigkeiten nicht. Außerdem war er nach einem so langen Urlaub ausgeruht und konnte mit voller Kraft einsteigen. Erich hat das Angebot gleich angenommen, es gab nur noch ein kurzes Geplänkel mit und wegen Uli Stielike.

Zwischen der Art von Berti und Erich liegen Welten. Erich geht alles lockerer an, er hatte stets ein gutes Verhältnis zu den Medien und kann elegant mit ihnen umgehen. Nicht umsonst nennt man ihn ja auch Sir Erich.

Bei Berti gab es immer einen exakten Stundenplan: 8.00 Uhr Wecken, 8.30 Frühstück, 10.00 Leichtes Auslaufen mit Gymnastik, 11.30 bis 12.30 Pressebesprechung, 12.30 Mittagessen, 13.30 Mittagsruhe, 15.00 Kaffee trinken, 16.00 Abfahrt zum Training, 19.00 Abendessen, 22.00 Einzelgespräche mit Spielern.

Erich dagegen geht viel gelöster an seine Aufgabe heran. Gleich am ersten Abend, als wir in Gelsenkirchen gegen Holland gespielt haben, hat Erich gesehen, dass der Sekundant Flavio Battisti wie zu Bertis Zeiten seine Zettel verteilen will.

»Was machst du denn da?« will er wissen.

»Das Programm austeilen.«

»Ab heute gibt es das nicht mehr«, hat Erich gemeint. »Die Spieler sollen selbstständig handeln. Die Trainings- und die Essenzeiten sind bekannt und jeder ist selbst dafür verantwortlich, rechtzeitig zu erscheinen.«

Nach einer gewissen Anlaufzeit haben die Spieler kapiert, wie es lief. Aber anfangs haben sie schon den exakten Stundenplan vom Berti vermisst.

Nun, den Erich kenne ich noch gut aus der Zeit, als er bei Bayern Trainer war. All zu sehr habe ich mich also nicht umstellen müssen.

Blick zurück ohne Zorn

Manchmal diskutieren die jungen Spieler und ich in der Kabine über den Fußball, wie er sich entwickelt hat, was in der Zukunft zu erwarten ist. Und wir vergleichen die Mannschaften von früher und heute. So auch nach dem verlorenen Europacup-Endspiel in Barcelona gegen Manchester, als die Stimmung des Teams auf dem Nullpunkt angelangt war. Ein Wort hat das andere gegeben und später konnte ich in der Presse lesen, ich hätte gesagt, wir seien früher besser gewesen als die Mannschaft von heute. Das haben mir einige der jungen Akteure krumm genommen.

Diese falsche Wiedergabe habe ich richtiggestellt, denn ich hatte gesagt: »Wir waren erfolgreicher.«

»Das ist doch dasselbe wie besser«, haben sie gemeint.

Und daraufhin habe ich den jungen Spielern erklärt, was ich darunter verstehe: Heutzutage kann man auf Grund der Trainingsmethoden und der Voraussetzungen besser spielen, mit mehr Möglichkeiten und Fertigkeiten, aber das ist immer noch keine Garantie, um erfolgreich zu sein. Und wir waren früher nun mal erfolgreicher, obwohl das technische Vermögen der heutigen Spieler weit über dem von uns liegt. Erfolg haben hängt von den Umständen, also dem Gegner und der Zeit ab, nicht von besserer Technik.

Früher gab es für den Spieler mehr Freiräume, besonders im Mittelfeld. Außerdem waren die Positionen Abwehr, Mittelfeld und Sturm starrer besetzt. Die Verbindung von der Abwehr zum Mittelfeld und zum Sturm haben die Wasserträger hergestellt. Ein Günter Netzer bei Gladbach hatte seinen Hacki Wimmer, der für ihn die Drecksarbeit in der Abwehr übernommen hat, falls er ins Mittelfeld und weiter nach vorn gegangen ist, Franz Beckenbauer bei Bayern hatte seinen Katsche Schwarzenbeck. Zum Verteidiger haben wir immer gesagt: Wage dich ja nicht über die Mittellinie hinaus. Das ist Feindesland. An der Linie bleibst du stehen, hast verstanden?

Heute muss jeder jedem helfen, jeder muss jede Position übernehmen und ausfüllen. Es gibt kein starres System mehr, sondern nur noch ein fließendes, der Spielsituation angepasstes. Während wir noch frisch und frei und gelöst gespielt haben, wird die heutige Spielweise überwiegend von der Taktik bestimmt. Unsere Devise lautete vereinfacht ausgedrückt: Entweder gewinnen oder mit fliehenden Fahnen untergehen!

Ich glaube, es wäre eine mordsmäßige Gaudi, wenn man jetzt einmal zwei Mannschaften nach den unterschiedlichen Systemen gegeneinander spielen lassen würde – das von vor zwanzig Jahren und das heutige. Einmal mit den starren, fest eingefahrenen Positionen, dem alten WM-System, und dann wieder die flexiblere Spielweise der Gegenwart.

Was kaum jemand weiß: Das WM-System wurde aus einer Not heraus geboren, als die FIFA 1925 die Abseitsregel in der Art änderte, dass von nun an nur noch zwei Spieler einschließlich des Torwarts vor dem gegnerischen Angreifer postiert sein mussten, und keine drei. Und weil es daraufhin eine wahre Torflut gab, beorderte der englische Trainer Herbert Chapman den bis dahin offensiven Mittelläufer als Gegenspieler des gegnerischen Mittelstürmers in die Abwehr.

Natürlich unterstützt die neue Drei-Punkte-Regelung, die zum ersten Mal von den Russen praktiziert und nun weltweit von der FIFA eingeführt worden ist, auch die heutige Spielweise. Mit einem Punkt bei einem Unentschieden, früher die halbe Miete, wie wir gesagt haben, trittst du heute nur auf der Stelle. Und einmal drei Spiele in Serie gewonnen, da hast du schon fast zehn Punkte gemacht, der Offensivdrang der Mannschaft wird dadurch belohnt. In allen Ligen ist eindeutig festzustellen, dass man nun mehr auf Sieg spielt.

Kaiserslautern ist trotz zweiundzwanzig Unentschieden abgestiegen, weil sie vergessen haben, auch mal hie und da zu gewinnen. Um in der Liga zu bleiben, brauchst du heute immer noch deine achtundzwanzig bis dreißig Punkte. Wenn du einige Male gewinnst, erreichst du die natürlich schneller. Die Mannschaften im vorderen Drittel haben jedoch auf der Habenseite mehr Punkte als früher. Außerdem wechseln die Positionen an der Spitze der Tabelle häufiger. Fußball ist interessanter geworden, weil eine Mannschaft, die einige Punkte hinten liegt, schneller zu den vorderen aufschließen kann.

Auch die Rückpassregelung für den Torwart, wonach er den Ball nicht mehr in die Hand nehmen darf – zuerst war ich ausgesprochen skeptisch –, hat sich als eine sehr vorteilhafte Änderung durch die FIFA entpuppt. Ich erinnere mich noch, was wir früher den Ball hinten herumgeschoben haben, um auf Zeit zu spielen. Der Franz zu mir, ich zu ihm. Dann wieder auf die andere Seite zum Katsche, der zum Franz, der wieder zurück zum Katsche und der zu mir. Das war bewusste Spielverzögerung und das gibt es heute nicht mehr.

Sinnvoll ist auch, dass man um das Spielfeld acht oder zehn Bälle verteilt. Falls ein Ball ins Aus geht, die Zuschauer ihn nicht mehr oder nicht so schnell herausrücken, hat man sofort einen Ersatzball zur Hand.

Und da wir schon bei den Änderungen sind: Auch das höhere Deputat an Auswechslungen hat dem Spielgeschehen gut getan. Es ist temporeicher und dynamischer geworden. Hatte man früher sein Soll an Auswechslungen bereits früh erschöpft, fühlte sich jedoch ein Spieler ausgelaugt oder kaputt, musste er sich eine Viertelstunde in der Mannschaft verstecken, bis er wieder einigermaßen gut beieinander war.

FC Bayern über alles

Viele rätseln und versuchen herauszufinden, was dem Erfolg des FC Bayern zu Grunde liegt. Es muss ein Geheimnis geben, meinen sie, sonst gäbe es ja mehr ähnlich gute Vereine in der Bundesliga wie den unsrigen.

Die Erklärung ist einfach. Vor mehr als dreißig Jahren begann der Höhenflug und es folgte ein überlegter, kontinuierlicher und gesunder Aufbau. Meine Fußballergeneration hat mit ihren Erfolgen den Grundstein des FC Bayern gelegt. Wir mit unseren achtzehn, zwanzig oder zweiundzwanzig Jahren hatten eine Baracke als Umkleideraum und eine kleine Geschäftsstelle in der Theatiner Straße mit zwei Angestellten, Frau Meier und Herr Fembeck. Danach ging es stetig aufwärts, mit neuen Geschäftsräumen in der Sonnenstraße und vier Angestellten, danach in der Waltherstraße. Jahre später wurde endgültig in der Säbener Straße unser Vereinshaus gebaut – ein imposantes, solides Gebäude – und vor drei Jahren kam noch ein Stockwerk hinzu für das Präsidium.

Ein neuer Spieler, der zu uns wechselt, hat nicht die dürftigen Anfänge dieser Entwicklung mitbekommen, sieht nur den beeindruckenden Komplex und das ganze Drumherum, was wir so alles vorweisen können. Schon ist er angetan. Und er weiß auch nicht, dass wir zu unserer Zeit, Mitte der Siebziger, im Jahr achtzehn bis zwanzig Millionen Mark Umsatz hatten. Heute sind es 245 Millionen, erwirtschaftet mit mittlerweile 130 Angestellten.

Dieses Niveau mit dem notwendigen Kostenapparat zu halten, wird immer schwieriger und ist nur über den sportlichen Erfolg möglich. Wir sind zum Erfolg gezwungen. Ein oder zwei

Jahre könnten wir uns über Wasser halten, falls der Erfolg ausbleiben würde. Aber danach ginge es stetig bergab.

Ein großes Plus für den Verein ist, dass wir im Präsidium und im Management stets fähige Köpfe mit Weitblick hatten. Die Führung hat darauf geachtet, welcher Spieler zu uns passt und welcher nicht. Und wenn jemand zu teuer war, dann haben wir auch schon mal auf den Kauf eins attraktiven Wunschspielers verzichtet.

Die Aktiven und die Passiven, die Spieler auf der einen und die Funktionäre und das Präsidium auf der anderen Seite, ergänzen einander ständig. Deshalb kann man den Verein auch als homogene Einheit bezeichnen. Ein weiteres Plus für die Entwicklung des FC Bayern waren die Olympischen Spiele 1972 in München. Und hier im besonderen das Olympiastadion. Das Grünwalder Stadion war immer schon zu klein, dort haben nur etwa 30 000 Zuschauer Platz gefunden. Mit den 75 000 Plätzen im hypermodernen Olympiastadion hatten wir gleich einen ganz anderen Status. Und natürlich auch eine heftiger sprudelnde Einnahmequelle.

Wie wichtig ein großes Stadion sein kann, sieht man daran, wenn wir uns mit Gladbach vergleichen. Anfang der siebziger Jahre waren beide Vereine etwa gleich gut. Aber wir konnten uns mit den Mehreinnahmen durch Kartenverkäufe eine bessere Mannschaft zusammenstellen, auf dem Platz wie auch auf der Ebene des Managements.

Nur wenn du heute ein dickes Deputat an Finanzmitteln hast, kannst du oben bleiben und mitbestimmen. Und bist du oben, erschließen sich dir neue Finanzquellen. Heute sind es die Übertragungsrechte, welche die Begehrlichkeiten wecken, auch und im Besonderen die der Vereine. Falls der FC Bayern seine eigenen Übertragungsrechte vermarkten könnte, ginge es uns finanziell noch besser, weil ein Spiel gegen uns für jede andere Mannschaft ein Hit ist.

Der Weg nach oben, ob als Sportler oder als Verein, ist beschwerlich. Aber oben zu bleiben, über Jahre und Jahrzehnte, ist noch beschwerlicher. Was haben sich die 1860er über uns amüsiert, als sie bei der Einführung in die Bundesliga kamen und wir nicht. Max Merkel, der Trainer der 1860er, hat sich über die grauen Mäuse des FC Bayern halb tot gelacht. Sie sind in die weite Welt nach Hamburg geflogen und wir nach Ingolstadt gefahren. Was ist aus der großen Mannschaft geworden, mit Radenkovic, Heiß, Brunnenmeier, Kölbel, Zeiser, Rebele, Großer und wie sie alle geheißen haben?

Der Merkel hat in einer Saison sieben oder acht Spieler ausgemistet, die er glaubte entbehren zu können, ohne neue hinzuzukaufen. Das war der sportliche Todesstoß. Viele Clubs sind diesen falschen Weg gegangen, weil sie vielleicht geglaubt haben, sie müssten sparen. Und wie sieht es heute aus? Welcher Verein hat mit uns Schritt halten können? Keiner. Wenn überhaupt, dann Dortmund. Und so soll es von mir aus auch bleiben.

Welcher Verein kann von sich behaupten, dass die Stammspieler mehr als ein Jahrzehnt Stammspieler geblieben sind? So wie Franz, Katsche, Bulle Roth und ich. In den anderen Vereinen wechseln sie so schnell, da kommst du oft nicht mehr mit der Beschriftung der Trikots nach. Ich hatte zwar immer mehrere Angebote, aber ernsthaft überlegt habe ich mir nur eins, und zwar das von den Boca Juniors in Brasilien. Gegangen bin ich dann doch nicht.

Aber der Franz ging, und zwar nach Amerika. Zum einen bekam er Probleme mit der Steuer und zum anderen mit seinem Privatleben. Wir, die Spieler von Bayern, wussten, dass er seit fast zwei Jahren eine Freundin hatte. Aber das war allein das Problem vom Franz und ging sonst niemanden etwas an.

Die Presse sah das anders und hetzte ihn. Aus einem Krümel Wahrheit und einem Korb voll Dichtung wurden über Franz

Dinge fantasiert, es war haarsträubend. Sein Manager Robert Schwan fürchtete um die Popularität von Franz und suchte einen neuen Verein für ihn.

Wir selbst merkten im Spiel, dass unser Libero nicht mehr ganz bei der Sache war. Ansonsten ungemein zuverlässig, schoss er gegen mich seine berühmt gewordenen Eigentore und schreckte auch nicht vor Lattenschüssen zurück, und zwar auf mein Tor. Als Georg Schwarzenbeck in einer Besprechung vom Trainer aufgefordert wurde, sich auf den gegnerischen Mittelstürmer zu konzentrieren, meinte ich: »Um den brauchst du dich nicht zu kümmern, schau lieber zu, dass du den Franz ordentlich deckst, der ist der gefährlichste Gegner.«

Und Franz? »Du blöder Hund, du«, hat er mich angeraunzt.

Um der Presse zu entfliehen, die sich damals einen Spaß daraus gemacht hat, in seinem Privatleben herumzuschnüffeln, wechselte Franz schließlich nach Amerika zu Cosmos New York. Und Gerd ist halt hinterher getippelt.

Wenn es dir in einem Verein gut geht, das Einkommen stimmt, warum sollst dann weggehen? Nur, um noch ein paar Mark mehr zu verdienen? Was die meisten nicht bedenken, ist, dass sie mit dem Abwandern vom Stammverein Bindungen aufgeben, die mit Geld gar nicht zu bezahlen sind. Aber heute scheint die Gier bei einigen Spielern größer zu sein als alles andere. Mit einer Ausnahme: Lothar Matthäus. Er ist ohne Geldgier nach New York zu den New Jersey MetroStars gegangen, um, wie er sagt, sein Englisch zu verbessern. Ein teurer Sprachkurs – für die Amerikaner. Zwischendurch hat er dann doch wiederum kein Englisch lernen, sondern weiter beim FC Bayern bleiben wollen und hat den Vertrag mit den Amerikanern in Frage gestellt. Dann hat er sich aber besonnen, als ihn Anfang Januar 2000 die Manager seines neuen Clubs in unserem Trainingslager in La Manga, Spanien, aufsuchten, um ihm den Wechsel schmackhaft zu machen. Dieses Hin- und Hergezerre, gehe ich oder gehe ich nicht, stört aber inzwischen unseren Manager Hoeneß. Er meint lapidar, das alles sei kein Anlass, »diese Diskussion in dieser epischen Breite zu führen«.

Unser Problem ist nicht, dass unsere Spieler weggehen, sondern dass zu viele zu uns kommen wollen. Beim FC Bayern zu spielen, das ist für die meisten Profis ein Wunschtraum. Und wird es auch bleiben, denn ein bisschen wählerisch sind wir schon. Allerdings haben wir auch manchmal Spieler aus taktischen Gründen gekauft, um die anderen Mannschaften zu schwächen. So Gersdorf und Maas von Braunschweig damals noch zur Jägermeister-Zeit. Bei uns saßen sie dann fast nur auf der Bank, aber Braunschweig war geschwächt worden.

Oder Klaus Wunder aus Duisburg-Meiderich. Der war allerdings ein klarer Fehlkauf, ein Fremdkörper in unserer Mannschaft wegen seines arroganten Auftretens und seines ganzen überzogenen Verhaltens. Nase hoch, als sei er der Mittelpunkt der Fußballwelt. Die Antipathie gegen ihn ging sogar so weit, dass wir ihn während des Spiels geschnitten haben. Obwohl er auf der linken Seite in guter Position anspielbar war, haben wir nach rechts gepasst.

Weil unsere Bank nur zwanzig Meter breit ist, haben wir irgendwann aufhören müssen, einfach durch Abkauf der besten Spieler unsere Gegner zu schwächen.

Nun darf man nicht denken, wir hätten beim FC Bayern nur schöne Fußballjahre gehabt, es hätte ausschließlich Höhepunkte gegeben. Gleich nach dem schönsten Sieg, der Weltmeisterschaft 1974, sechs Spieler von uns haben den Grundstock gelegt – Beckenbauer, Schwarzenbeck, Hoeneß, Breitner, Müller und meine Wenigkeit, der Maier Sepp –, ging es in der Bundesliga bergab. Udo Lattek entschwand als Trainer, Dettmar Cramer kam, aber der Mannschaft brachte das nichts. Wir gerieten in die Kritik der Zuschauer und Fans, die uns vorwarfen, wir seien satt, hätten keine Motivation mehr und würden zu viel Geld verdienen.

Besonders das letzte Argument muss immer herhalten, wenn eine Mannschaft nicht die Erwartungen erfüllt. Im Widerspruch dazu wählten mich die Sportjournalisten 1975 zum Fußballer des Jahres. So schlimm kann es also nicht gewesen sein. Oder hat es wirklich gestimmt, dass man mich deshalb gewählt hat, weil ich durch meine Leistung einen noch tieferen Absturz der Bayern verhindert haben soll?

Trotz der Querelen wurden wir 1976 Europapokalsieger. Aber dann kam es für uns knüppeldick, als Franz nach Amerika ging und wir in der Saison 1976/77 noch nicht einmal am UEFA-Pokal teilnehmen durften. Wir landeten auf dem siebten Tabellenplatz. Und in der darauffolgenden Saison ging es weiter talwärts. Cramer wurde entlassen, Gyula Lorant, ehemaliger ungarischer Nationalspieler, trat an seine Stelle. Letztendlich jedoch tauschen Cramer und Lorant nur ihre Posten, denn Cramer wechselte nach Frankfurt, und im Gegenzug erhielten wir Lorant gemeinsam mit seinem Assistenten Pal Czernai. Als Lorant im Dezember 1977 zu uns nach München kam, hatte ich in der Hinrunde schon 39 Gegentreffer kassieren müssen. Viel mehr als sonst in einer kompletten Spielzeit. Zu den 39 Toren kamen nochmals 25 hinzu, und am Ende landeten wir 1977/78 auf dem zwölften Tabellenplatz. Zum Vergleich: Die Saison 1972/73 hatte ich mit 29 Gegentoren abgeschlossen.

Das Desaster kündigte sich mit einem 1 : 7 in Düsseldorf an, als man uns unterstellte, gegen den Trainer gespielt zu haben – so ein Quatsch –, und wurde perfekt, als wir zu Hause im Pokal gegen die zweitklassigen Osnabrücker 5 : 4 verloren. Ich hielt es nicht mehr aus in meinem Gehäuse und stürmte in der Schlussphase auch mit auf das gegnerische Tor.

Nach dieser Niederlage wurden Sündenböcke gesucht. Lorant schimpfte, Breitner habe versagt. In Interviews und Statements schoben Breitner und Lorant sich gegenseitig die Schuld zu. Täglich gab es in der Presse Schlagzeilen über den FC Bayern. Wir glänzten durch Interviews, aber nicht durch Leistung.

Paul Breitner erhielt Beistand von anderen Spielern, besonders von Jupp Kapellmann. Gerd Müller und ich waren allerdings auch gegen Lorant und so übernahm im Dezember 1977 sein Assistent Pal Czernai, der immer ein Halstuch trug und aussah wie ein Cowboy, den Posten des Cheftrainers.

Als Pal Czernai unseren Gerd Müller im Spiel gegen Frankfurt auswechselte und auf die Bank setzte, reagierte der übereilt und trotzig und folgte 1979 dem Franz nach Amerika.

Höhepunkt der allgemeinen Verwirrung war, als unser Präsident Wilhelm Neudecker, ohne die Mannschaft zu fragen, Max Merkel – der ehemals als Trainer des TSV 1860 so über uns gelästert hatte – verpflichten wollte. Damit brach Neudecker eine Abmachung mit der Mannschaft, wonach er uns Spielern unter Pal Czernai eine Chance zur Bewährung versprochen hatte.

Max Merkel kam dann doch nicht als Trainer, auch nicht Udo Lattek, für den sich Paul Breitner aussprach, sondern Czernai blieb vorerst. Allerdings verloren wir einen Präsidenten. Neudecker trat nach 17 Jahren erfolgreicher Tätigkeit von seinem Amt zurück. Viele haben das bedauert, auch ich.

Unser letzter Tiefpunkt war im Mai 1999 der verschenkte Sieg gegen Manchester United im Finale der Champions League in Barcelona. Seit mehr als 23 Jahren haben wir international keinen Titel mehr gewonnen, aber an diesem Tag sahen sich die Spieler schon auf dem Siegerpodest stehen. Nach sechs Minuten sind wir durch Basler in Führung gegangen, nach 90 Minuten stand es immer noch 1 : 0 für uns, trotz Pfosten- und Lattenschüsse von Scholl und Jancker. Aber Schiedsrichter Colina ließ nachspielen und Sheringham verwandelte zum 1 : 1. Die Mannschaft hatte sich schon moralisch auf Verlängerung und das goldene Tor eingestellt, aber bereits wenige Sekunden nach dem Anpfiff erzielte Solksjaer in der Nachspielzeit, in der 94. Minute, das 2 : 1 für die Engländer. Aus der Traum.

Hier nun endlich das Geheimnis des Erfolges: Was den FC Bayern auszeichnet, ist die Tatsache, dass die Mannschaft aus eigener Kraft auch stets wieder aus einem Tief herausgefunden hat. Obwohl einige Spieltage abstiegsgefährdet, gewannen wir im gleichen Jahr den Europacup.

Noch mehr sprechen die nackten Zahlen für sich: Übers Jahr gesehen fast eine Million Zuschauer im Olympiastadion, 20 000 Fans haben eine Dauerkarte. Mitglied beim FC Bayern sind 74 000, und wir haben mehr als 1600 Fan-Clubs mit zusammen ungefähr 84 000 Anhängern. Für unsere Mannschaft spielen 18 Nationalspieler, die zusammen fast 600 Berufungen haben.

Das alles macht uns so schnell keiner nach.

Meine Wunschelf

Rückblickend bin ich mit meinem Leben sehr zufrieden, sportlich hätte ich kaum mehr erreichen können. Und trotzdem habe ich insgeheim einen Wunsch. Einmal, und wenn es auch nur für ein Spiel wäre, würde ich gerne Bundestrainer sein und eine Mannschaft nach meinen Vorstellungen aufstellen. Und weil dieser Wunsch wahrscheinlich nie in Erfüllung gehen wird, stelle ich hier an dieser Stelle meine Wunschelf für die Europameisterschaft 2000 auf.

Torwart:	Kahn
Abwehr:	Babbel, Matthäus, Ziege
Mittelfeld:	Linke, Novotny, Jeremies, Scholl, Wosz
Sturm:	Jancker, Bierhoff

Eine Mannschaft aufstellen ist einfach. Aber mit jedem Spieler gerätst du automatisch in die Kritik, weil es irgendein anderer immer besser weiß. Allerdings wird man mir schon zutrauen, das ich die Spieler kenne, weil ich mit einigen seit Jahren zu tun habe. Um auch die letzten Bedenken auszuräumen, folgt deshalb hier auch die Begründung, warum ich die entsprechenden Spieler gewählt habe.

Oliver Kahn als Torwart ist unumstritten die Nummer eins. Er hat eine profihafte Einstellung, seine Trainingsauffassung ist einmalig. Er ist für jeden anderen Torwart ein Vorbild. Besonders stark ist er auf der Linie, egal ob hohe oder flache Bälle. Trotz seiner Körpergröße kommt er auch mit flachen Bällen ausgezeichnet zurecht. Nicht ohne Grund hat man ihn zu Europas bestem Torhüter gewählt. Und in der Weltrangliste liegt er auch an erster Stelle.

Markus Babbel ist ein fantastischer Fußballer mit einer kleinen Schwäche: Er wirkt manchmal zu behäbig. Seine Stärke zeigt er am Mann mit fairen Mitteln, nur selten macht er ein Foul. Außerdem kann er sich gut ins Angriffsspiel auf der rechten Seite einschalten. Nicht zu vergessen seine Stärke bei Eckbällen, er hat schon einige Kopfballtore gemacht. Laufstark ist der Markus auch, allerdings müsste er noch seine Grundschnelligkeit verbessern.

Lothar Matthäus ist so bekannt, über ihn muss man eigentlich nichts mehr sagen. Er ist ein Phänomen, was seine körperliche Fitness und Kondition anbelangt. Ein Ausnahmefußballer mit einer ausgezeichneten Spielübersicht. Dort, wo es brennt, hilft er aus. Hinzu kommen seine Kampfstärke und sein vorbildlicher Einsatz für die Mannschaft. Gleichgültig, ob im Verein oder für Deutschland.

Christian Ziege, früher bei uns, dann in Mailand und nun in England spielend, ist stark in der Offensive, sehr lauffreudig und sehr torgefährlich, wenn er aus der zweiten Reihe den Ball abzieht. Im Mittelfeld ist er vielseitig einsetzbar, besonders zu erwähnen ist seine Spielübersicht. Christian Ziege ist dann, wenn sein Spiel läuft, eine enorme Stütze für die Mannschaft. Falls er jedoch einen schlechten Tag erwischt, lässt er zu schnell den Kopf hängen.
Ihm fehlt die kämpferische Fähigkeit, wie sie ein Lothar Matthäus zeigt.

Thomas Linke ist ein ähnlicher Typ wie früher der Katsche Schwarzenbeck. Er braucht seine Aufgaben, seinen Mittelstürmer, den er zu bewachen hat. Nach vorne orientiert er sich gut, wenn es das Spiel zulässt. Im defensiven Bereich jedoch ist er stärker. Je klarer seine Aufgabe umrissen ist, desto besser löst er sie. Thomas Linke erhält seine Sicherheit durch die Zweikämpfe.

Jens Novotny, der Leverkusener, ist spielerisch hervorragend und kann sehr viel Druck nach vorne entwickeln. Er ist kopfballstark und unterstützt wirkungsvoll die Sturmspitzen. Während Thomas Linke sich mehr nach hinten orientieren sollte, könnte Jens Novotny mit nach vorn marschieren und dort mit aushelfen, ohne sich direkt in den Sturm einzuschalten.

Jens Jeremies wäre schon fast eine Alternative zu Lothar Matthäus als Libero. Sehr laufstark, summt überall rum wie eine Biene, stochert zwischen den Gegnern, ist kämpferisch einmalig, hat eine gute Spielübersicht und ist immer an entscheidender Stelle zu finden. Ihn kann man in der Abwehr genauso gut einsetzen wie als Verbindungsglied zum Angriff. Mit seinen Querpässen kann er den Raum öffnen und das Spiel verlagern. Er ist stets anspielbereit, immer unterwegs, verwirrt den Gegner und kann alles spielen, vom Angriff bis zur Deckungsarbeit, vom Aufbau bis zum Zerstören des gegnerischen Angriffs.

Mehmet Scholl ist ein brillanter Spieler mit äußerster Beweglichkeit, sehr reaktionsschnell auf kurzem Raum. Tolles Ballgefühl zeichnet ihn aus und das Verständnis, entweder in den Raum zu spielen oder doch eher den Doppelpass zu wählen. So etwas findet man sehr selten. Mehmet hat ein Auge für das Spielgeschehen und kann schnell auf veränderte Situationen reagieren. Sein Fehler ist seine Ballverliebtheit, obwohl er durchaus zwei oder drei Gegenspieler umdribbeln kann. Manchmal vergisst er jedoch, den Ball frühzeitig abzugeben. Mit Hilfe seiner Übersicht kann er ein Spiel öffnen und es über die Flügel laufen lassen. Nicht zu vergessen ist sein guter, platzierter und harter Schuss.

Dariusz Wosz, der Berliner, ist ein Irrwisch. Er und Mehmet passen ausgezeichnet zusammen. Dariusz spielt so wie Thomas Häßler zu seinen besten Zeiten. Er ist überall zu finden, ein guter Dribbler, hat einen harten und platzierten Schuss und sehr viel Spielverständnis. Dariusz kann sich freilaufen, sieht die Lücken, nutzt sie, hat ein Gefühl für den Raum und erkennt, wo er am besten angespielt werden kann. Dariusz ist noch antrittsschneller als Mehmet, während Mehmet auf engem Raum besser spielt.

Carsten Jancker hat beim FC Bayern sehr viel gelernt, besonders im technischen Bereich. Er spielt uneigennützig für die Mannschaft, schaut immer, ob nicht ein anderer eine bessere Schussposition hat als er und kann den Ball gut zurücklegen. Seine Tore sind überlegt herausgespielt, er ist kopfballstark allein schon wegen seiner Körpergröße und er kann sich gut im Zweikampf durchsetzen. Ein richtiger Brecher. Ähnlich wie Briegel es zu seiner Zeit war.

Oliver Bierhoff kennt man auch zur Genüge. Manchmal sieht und hört man achtzig Minuten nichts von ihm, plötzlich ist er da und macht sein Tor. Ihn misst man nicht an seinen spielerischen Fähigkeiten, sondern allein am Torerfolg. Für Jancker gilt ähnliches. Klinsmann und Müller wurden ebenfalls fast ausschließlich an den Toren gemessen. Oliver ist im Augenblick unser Top-Stürmer mit einer sehr guten Kopfballstärke. Er geht direkt aufs Tor, Gegenspieler ausspielen kann er kaum. Dafür sind andere in der Mannschaft zuständig. Mehmet und Dariusz beispielsweise.

Alternativen und Ersatzbank:

Ulf Kirsten ist eine Alternative zu Oliver Bierhoff, allerdings in seiner Spielveranlagung nicht mit ihm zu vergleichen. Wesentlich kleiner gewachsen, kann er seine Fähigkeiten auf engerem Raum entfalten und aus allen Lagen Tore machen. Ulf ist nicht nur in der Sturmspitze zu finden, sondern arbeitet auch im Mittelfeld und hinten für die Mannschaft.

Christian Wörns, der Dortmunder, kann alle Positionen in der Abwehr spielen.

Marco Bode aus Bremen hat sich in den letzten Jahren gut entwickelt. Er ist auch vielseitig im vorderen Mittelfeld einsetzbar.

Michael Preetz von Hertha darf man, obwohl er schon 29 Jahre alt ist, als Alternative für den Sturm nicht vergessen.

Sebastian Deisler von Hertha, gerade mal 19 Jahre alt – er ist zur Zeit das größte Talent im deutschen Fußball – hat eine große Zukunft im Mittelfeld vor sich.

Christian Nerlinger darf man auch nicht vergessen, wenn es um weitere Möglichkeiten geht, das Mittelfeld zu besetzen.

Lars Rieken aus Dortmund wäre eine Alternative für Mehmet Scholl.

Weltelf:

Maier (Gordon Banks), Beckenbauer, Kohler, Overath, Fritz Walter, Zicco, Di Stefano, Seeler, Müller, Pelé, Garrincha, (Jaosinhio)

Ich hätte gerne einen Holländer drin, Johan Cruyff oder Neeskens, aber es haben nur elf Spieler Platz. Also gut, setzen wir Cruyff und Neeskens eine Halbzeit lang ein. Ein unschlagbares Team.

Ende mit Schmerzen

Viele der Profis ignorieren einfach den biologischen Alterungsprozess und wollen nicht wahrhaben, dass ihr Körper streikt, sie eine bestimmte Leistung nicht mehr bringen und sich Verletzungen häufen. Die Kondition mag ja noch mitspielen, aber die Schnelligkeit und die Spritzigkeit geht verloren, die Gegner laufen einem davon. Man ist um den berühmten Schritt zu spät am Ball, und das wirkt sich in Sieg oder Niederlage aus.

Klappt es nicht mehr in der ersten Liga, wandern sie nach unten in die zweite Liga und jedes Jahr noch eine Stufe tiefer. Mit vierzig oder fünfundvierzig sind sie in einer Kreisklasse als Spielertrainer angelangt, reden und träumen von den guten alten Zeiten und laufen oft einem Phantom hinterher: ihrer eigenen Vergangenheit.

Obschon Mitte dreißig, war ich nach der Saison 1979 körperlich auf dem Höhepunkt und in allen Beziehungen voll belastungsfähig. Natürlich ist fit sein auch eine Frage der Einstellung. Bei mir war das keine Frage, denn meinen Fahrplan für die sportliche Zukunft hatte ich ganz klar abgesteckt: Mindestens noch bis zur Weltmeisterschaft 1982 wollte ich dabei sein. Eventuell, falls es in Deutschland bis dahin keinen besseren Torhüter gab – und davon war ich felsenfest überzeugt –, auch noch bis zur Europameisterschaft 1984. Vierzig wäre ich dann gewesen, eine runde Zahl, ein schöner Abschluss für eine lange und erfolgreiche Karriere.

Torhüter können immer länger an der Spitze bleiben als Feldspieler – bestes Beispiel ist der Italiener Dino Zoff, am gleichen Tag und im gleichen Jahr geboren wie ich, und zwar am 28. Februar 1944 –, wobei wiederum Lothar Matthäus eine rühmliche Ausnahme ist. Zudem hätte ich den Alterungsprozess, falls er bei mir je eingesetzt hätte – bis heute merke ich nämlich noch nichts davon –, durch gezieltes Training und ein etwas erhöhtes Pensum wettgemacht. Irgendwann wäre es aber auch bei mir wahrscheinlich zu einer Gratwanderung gekommen. Im Kopf hätte ich mich noch fit gefühlt, die Zuschauer auf den Rängen jedoch wären anderer Meinung gewesen. Spätestens, wenn dich die Gegenspieler ermuntern, ruhig noch ein paar Jahre länger Profi zu bleiben, sollte man aufhören. Meine sportliche Planung hätte demnach nahtlos in den Unruhestand übergehen können.

Natürlich ist das auch eine Form von Besessenheit – und etwas besessen bin ich zugegebenermaßen schon –, wenn man nicht wahrhaben will, wann die Zeit des Aufhörens gekommen ist. Diese Entscheidung wurde mir auf brutale Art und Weise vom Schicksal abgenommen, und zwar am 14. Juli 1979, nach einem Vorbereitungsspiel gegen den Zweitliga-Aufsteiger SSV Ulm. Auf dem Heimweg vom Vereinsheim in der Säbener Straße geriet ich auf nasser Fahrbahn kurz vor Anzing, meinem damaligen Wohnort, durch Aquaplaning auf die Gegenfahrbahn und prallte mit einem anderen PKW zusammen. Die gute Nachricht: Es gab keine Toten. Die beiden Frauen im entgegenkommenden PKW waren genauso angeschnallt wie ich. Die schlechte Nachricht: Eine der Frauen lag mehrere Wochen im Krankenhaus, noch länger als ich.

Zuerst brachte man mich in das Krankenhaus Ebersberg nahe der Unfallstelle. Auf Drängen von Uli Hoeneß wurde ich bereits am nächsten Tag in die orthopädische Klinik des Professor Viernstein verlegt – das rettete mein Leben.

Zuerst schien es, als hätte ich nur äußere Verletzungen, also Knochenbrüche, Stauchungen und Ergüsse. Als sich jedoch mein Zustand am kommenden Tag rapide verschlechterte, verlegte man mich in das Klinikum Großhadern und operierte mich umgehend. Die scheinbaren äußerlichen Verletzungen entpuppten sich als Lungenriss, Zwerchfellriss und Leberstauchung. Ich war in akuter Lebensgefahr.

Noch im Krankenhaus habe ich die ersten Gewichte gestemmt, und nach 16 Tagen wurde ich bereits wieder entlassen.

Die Bundesliga wartete auf mich, ohne mich konnte es nicht weiter gehen, davon war ich überzeugt.

Doch plötzlich überfiel mich die schreckliche Erkenntnis, nicht mehr spielen zu können. Zuerst dachte ich noch, im Oktober stehe ich wieder im Tor löse und den Junghans ab, der mich inzwischen gut vertreten hat. Ich fuhr extra nach Lanzarote, um dort fit zu werden. Vergeblich. Mein Verstand musste sich dem Körper unterordnen. Und weil das Ende so rapide und unvorhersehbar kam, wurde es mir mit dem Aufhören auch wiederum leicht gemacht.

Geht es dir schlecht, dann kannst du schnell zwischen Freunden und den anderen, die sich nur in guten Zeiten Freunde nennen, unterscheiden. Alle haben sie mich im Krankenhaus besucht, Freunde, Kollegen, die Vereinsführung. Wildfremde Menschen haben angerufen und mir gute Besserung gewünscht, viele Briefe und Karten mit Genesungswünschen habe ich bekommen.

Nur einer kam nicht, obwohl ich ihm zu seinem Job verholfen hatte, und zwar der damalige Bayerntrainer Pal Czernai. Nie und nimmer hätte ich das gedacht, wo wir beide doch so oft miteinander Tennis gespielt hatten.

Heute durchschaue ich seine Absichten genau. Er wollte mich zu der Zeit, als er noch Assistent von Lorant war, aushorchen. Immer wieder hat er nach seiner Chance gefragt, Nachfolger von Lorant zu werden. Nach der bitterbösen Pokalniederlage gegen Osnabrück ist Lorant gefeuert worden und ich habe mich auch noch für diesen Pal Czernai eingesetzt. Und ein halbes Jahr später kommt er mich, seinen Mannschaftskapitän, noch nicht einmal im Krankenhaus besuchen. Von Uli Hoeneß wollte ich erfahren, ob Czernai denn nichts von meinem Unfall gehört habe und nicht wisse, wo ich im Krankenhaus liege. Uli gab mir zu verstehen, Czernai stehe nicht mehr so auf Sepp Maier als Torhüter. Das tat weh. Aber ich habe es verstanden.

Aufhören wollte ich, wie gesagt, frühestens erst 1982 nach der Weltmeisterschaft; und zwar mit zwei runden Zahlen im Gepäck: hundert Länderspiele und fünfhundert Einsätze in der Bundesliga. Der FC Bayern hatte sich für diesen Fall vertraglich verpflichtet, für mich ein Abschiedsspiel auszutragen und mir den gesamten Nettoertrag zukommen zu lassen.

Aber schon am 3. Juni 1980 war es soweit: Die deutsche Nationalmannschaft gegen den frischgebackenen deutschen Meister, den FC Bayern. Noch einmal würde ich im Tor stehen. Und alle waren meiner Einladung gefolgt. Zuvor jedoch galt es noch gewaltige Differenzen auszuräumen. Paul Breitner wollte nicht spielen, wenn auch Jupp Kapellmann spielen würde. Dabei hatten sie sich noch zwei Jahre zuvor gut verstanden, als sie gemeinsam mithalfen, Trainer Lorant loszuwerden. Wenig später jedoch, Uli Hoeneß war inzwischen Manager des FC Bayern geworden, befürchtete Jupp Kapellmann wegen dessen Freundschaft zu Paul Breitner Nachteile und wechselte zu TSV 1860 München.

Aber auf den Jupp wollte ich unter keinen Umständen verzichten. Mein Kompromissvorschlag war: Paul spielt in der zweiten Halbzeit und der Jupp in der ersten.

Und es gab noch ein weiteres Hindernis zu beseitigen. Weil Pal Czernai den Branko Oblak, einen guten Freund von mir, gegen Braunschweig auf die Ersatzbank gesetzt hatte, habe ich auf die Frage von Mucki Brenninger, warum er ihn nicht spielen lässt, gesagt: »Was soll ich dir darauf antworten? Czernai ist halt ein Arsch.«

Irgendein Journalist bekommt solche Dialoge immer mit. Und so waren meine Worte dann auch groß in der Zeitung zu lesen. Kurz vor meinem Abschiedsspiel wollten Präsident Hoffmann und Czernai mit mir reden. Ob ich diese Bemerkung gemacht und das Wort »Arsch« im Zusammenhang mit Czernai benutzt habe. Ich habe darauf nicht geantwortet.

Nun, Czernai hat gesagt, ich solle mich bei ihm entschuldigen. Präsident Hoffmann meinte, der Verein habe vor, mich zu ehren, aber nur, wenn ich mich zuvor entschuldigten würde.

Ich habe mich nicht entschuldigt und den Präsidenten darauf hingewiesen, dass der DFB mich ehren und Helmut Schön eine Rede halten würde. Das genüge mir vollkommen. Falls sich der Verein blamieren wolle, brauche er nur auf seine Ehrung zu verzichten. »Und was Czernai angeht, von dem lasse ich mir mein Abschiedsspiel nicht kaputt machen.« Genau das habe ich gesagt und empfohlen, Czernai könne sich ja das Spiel aus der Reihe 68 anschauen. Diese Reihe gibt es nicht im Olympiastadion.

Czernai fuhr nach Hause, ich ging gut gelaunt in die Kabine, und dort stand Paul Breitner. In normaler Kleidung und das 15 Minuten vor Spielbeginn. In diesem Augenblick kommt Zeugwart Sepp Schmidt auf mich zu und sagt, er braucht noch die genaue Mannschaftsaufstellung für den Stadionsprecher.

»Was ist, spielst oder spielst nicht?«, raunze ich den Paul an.

Der dreht sich um und fängt an sich umzuziehen.

Auf der anschließenden Pressekonferenz wurde ich von den Journalisten gefragt, ob ich das Wort »Arsch« tatsächlich zu Czernai gesagt hätte. Ich antwortete darauf: »Ich weiß es nicht mehr, aber gedacht habe ich es mir auf alle Fälle.«

Bei Geld hört die Freundschaft wirklich auf. Ich habe das nie glauben wollen, aber so ist es. Ohne meine Zustimmung hatte der FC Bayern schon im Vorfeld meines Abschiedsspiels festgelegt, dass die Einnahmen aus den Übertragungsrechten von Bayern 3 – damals 70 000 Mark – dem FC Bayern für organisatorische Zwecke und Spielerprämien zur Verfügung gestellt würden.

Ähnlich verhielt sich der DFB. Die Nationalmannschaft war zu dieser Zeit für eine Woche im Trainingslager in Grünwald zur Vorbereitung auf die WM in Italien. Die Kosten für das Trainingslager, 60 000 Mark, berechnete mir der DFB dann dafür, dass die Nationalmannschaft bei meinem Abschiedsspiel gegen den FC Bayern antrat.

Normalerweise erhält ein Spieler sämtliche Einnahmen aus seinem Abschiedsspiel und für die Spielerkollegen ist es eine Ehre, an diesem Spiel teilzunehmen.

Vorerst war das Kapitel FC Bayern für mich abgeschlossen. Nicht nur mit dem aktiven Fußball aufzuhören, sondern mich auch ganz von ihm abzuwenden, wurde mir durch diese Vorfälle sprichwörtlich leicht gemacht. Etwas gekränkter Stolz kam noch hinzu, denn ich fühlte mich verarscht. Und wenn so etwas passiert, dann kann der Sepp einen mordsmäßigen Dickkopf aufsetzen.

Über mehrere Jahre hatte ich keinen Kontakt zum Fußball, zum FC Bayern, zu den Spielern. Und ich litt unter Entzugserscheinungen, wohl ähnlich denen bei einer Droge. Ich habe mir den Fußball richtiggehend abgewöhnen müssen. Oft bin ich fix und fertig gewesen, habe kein Radio eingeschaltet, mir nichts im Fernsehen angeschaut, es war ein ganz radikaler Schnitt.

Und wenn man diesen Abstand vom Fußball hat, sieht man vieles anders und aus einem neuen Blickwinkel. Neutraler, abgeklärter, ohne Emotionen.

Meine Abstinenz hielt an, bis Jean Marie Pfaff Torwart bei den Bayern wurde. Er kam zu mir und überredete mich, Torwarttrainer zu werden. Als hätte ich darauf gewartet, sagte ich zu. Seitdem hat die Droge Fußball mich wieder fest im Griff!

Es ist nie vorbei.

Sepp Maier nimmt Stellung zu Aussagen von Fußballern und Trainern

Klaus Augenthaler, ehemals Co-Trainer der Bayern, beschreibt den Zustand im Fußball folgendermaßen: »Früher gingen die Spieler der Bayern in die Disco Charly M., heute feiern sie nicht mehr zusammen.«

Der Klaus liegt nicht verkehrt. Heute können es sich die Spieler durch die Medienpräsenz nicht mehr erlauben, sich nach einem Spiel oder dem Training in einer Szenekneipe zu treffen. Früher sind wir oft in Begleitung von Journalisten – einige wenige, die wir gut kannten – um drei oder vier in der Früh noch in ein Nachtcafé oder ein anderes Lokal gegangen und konnten davon ausgehen, am anderen Tag nichts darüber in den Zeitungen zu lesen. Geschieht das heute, siehe Mario Basler oder Sven Scheuer, wird gleich eine Staatsaktion daraus gemacht. Medien spielen sich zu Tugendwächtern über erwachsene Männer auf und haben sofort eine Erklärung dafür, warum es im Spiel nicht geklappt hat: Weil der Mario oder sonst wer erst um zwölf in der Nacht nach Hause gekommen ist. Die Spieler müssen aufpassen, wo, mit wem und um welche Uhrzeit sie sich in welchem Lokal sehen lassen. Die Presse nimmt keine Rücksicht auf die Privatsphäre, nur die Schlagzeile zählt.

Toni Schumacher drückt sich in seinem Buch »Anpfiff« sehr krass aus und spricht von »faulen Säcken«. Über den Nachwuchs sagt er: »Von Anfang an werden sie verhätschelt und verwöhnt.«

Teilweise trifft dass zu. Man macht es dem Nachwuchs wirklich leicht. Und einige halten sich auch für ganz besonders gut. Ich war damals einer unter vielen, es gab für niemanden eine Sonderrolle.

In einem Punkt muss ich dem Toni aber widersprechen: Beim FC Bayern gibt es keine faulen Säcke. Alle Spieler, auch die Jugendlichen, die sich dem Fußball verschrieben haben, wollen weiterkommen. Da hat ein fauler Sack keine Aussicht auf Erfolg. Gut, die Jungs sind nicht jeden Tag gut drauf, aber dann ist das Fingerspitzengefühl eines Trainers gefragt, sie zu mehr Leistung und einer profihafteren Einstellung zu bewegen. Ein fauler Sack, um bei diesem Begriff zu bleiben, hat in einer Jugendmannschaft des FC Bayern überhaupt keine Chance. Außerdem ist mein Verein in der glücklichen Lage, sich Nachwuchsspieler aussuchen zu können. Noch lange nicht jeder kann zu uns kommen. Das sind Auserwählte und Auserlesene, die spielen dürfen.

Harald Strutz, ehemaliger Leichtathlet und Präsident von Mainz 05, behauptet: »Es ist erschreckend: Die haben nichts drauf. Nach einer halben Stunde fallen sie um.« Weiter sagt er, er habe zu seiner Zeit, in den Siebzigern, schon dreimal am Tag trainiert. Was die Fußballer heute täten, sei ein Klacks. Aber die Hand aufhalten für viel Geld, das könnten sie. Und der Gegenwert an körperlicher Fitness fehle total. Was könnte man im Fußball noch alles an Leistung bringen, wenn die Aktiven sich an den Leichtathleten ein Beispiel nehmen würden!

Diese Einstellung von Harald Strutz trifft überhaupt nicht zu. Ein Leichtathlet mag zwar so viel und so lange am Tag und aufs Jahr gesehen trainieren, vielleicht sogar nur für einen einzigen wichtigen Wettkampf, wie Weltmeisterschaften oder Olympische Spiele, aber er hat zwischendurch immer wieder Trainingspausen.

Und wenn der Harald meint, die Fußballer hätten nichts drauf, dann kann ich mit dem Beispiel eines Vorzeigathleten kontern, mit dem König der Leichtathletik, dem Olympiasieger Willi Holdorf. Er hat wiederholt gemeinsam mit uns trainiert.

DER SPASSMACHER

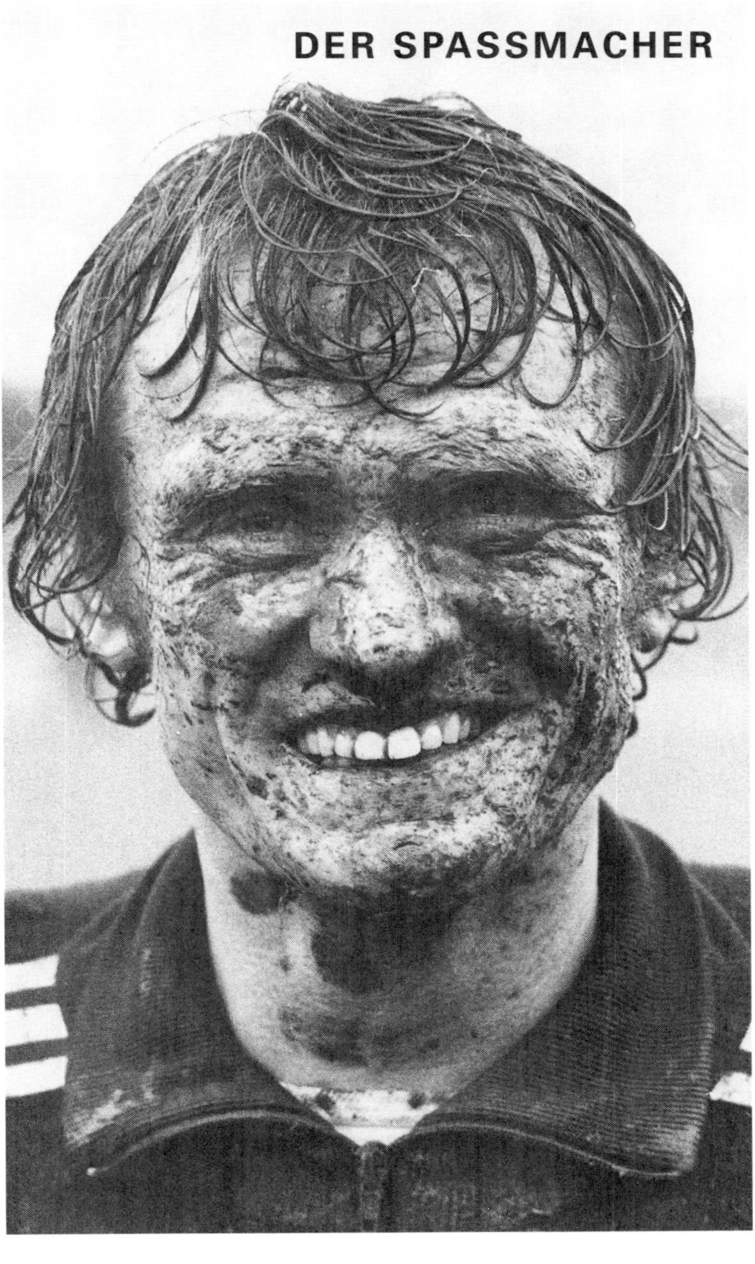

Sportpressefest München 1979

als Karl Valentin, mit Peter Krauss

Sepp Maier

Wer mit dem Ball tanzt ...

Bereits nach zehn Minuten, obwohl wir nur Kreisspiel praktiziert haben, war der Willi total fertig. Andere genauso, zum Beispiel Skiläufer und Tennisspieler, genauso. Die Erklärung ist einfach: Man kann nicht die Kondition eines Leichtathleten mit der eines Fußballers oder Radfahrers vergleichen. Jeder ist in seiner Sportart enorm konditionsstark, fällt aber in anderen Sportarten weit zurück. Entscheidend ist die spezielle Kondition. Ansonsten müsste ja ein guter Marathonläufer auch ein gleich guter Radfahrer sein.

Anders herum wären wir natürlich auch nach zehn Minuten kaputt gewesen, hätten wir die Übungen von Willi Holdorf absolviert. Und bei der Tour de France hält ein Fußballer bestimmt nicht viertausend Kilometer durch, sondern vielleicht nur hundert.

»Die Spieler trainieren morgens zwei Stunden, und dann haben sie nur noch Zeit. Den ganzen Tag. Zeit zum Bummeln, zum Einkaufen, sich Videos reinzuziehen. Zeit mit der Freundin ins Bett zu hüpfen, eine Tour zu machen, ins Kino zu gehen. Zwei Stunden Arbeit am Tag und der Rest Müßiggang, wie soll ich die Spieler da auf Vordermann bringen?«
So Uwe Klimaschewski, Fußballtrainer.

Totaler Schmarrn. Möglicherweise trifft das zu, wo Klimaschewski gespielt und trainiert hat. Er ist ja früher selbst Spieler bei den Lauterern gewesen, einer der gefürchteten harten Treter. Und die Mannschaften, die er trainiert hat, gehörten nicht zur Kategorie der Spitzenmannschaften. Also weiß er auch nicht, wie es in der oberen Etage zugeht. Vielleicht meint er die Regionalliga oder die Vereine, die noch ein oder zwei Klassen tiefer anzutreffen sind. Da mag es möglicherweise so zugehen.

Schaue ich mir dagegen Dortmund an oder die Mannschaften, die um die Meisterschaften oder den Pokal mitspielen – die haben schon ein hartes Programm. Bis zu drei Spiele die Woche, Anreise und Abreise, dazwischen Training und andere Verpflichtungen, da bleibt nicht viel Zeit fürs Café oder fürs Bummeln und Einkaufen.

Paul Breitner bietet, im »Spiegel«, eine mögliche Erklärung für eine besondere Form der Heuchelei. »Das Bild des Fußballs wird doch immer noch geprägt vom Herberger-Mythos: ›Elf Freunde müsst ihr sein‹. Schön adrett, nett und clean.« [1]

Mit elf Freunden kannst du heute nichts mehr gewinnen. Eine gute Mannschaft zeichnet sich durch Spielerpersönlichkeiten aus, und dabei kommt es allemal zu Spannungen. Das heißt nicht, dass es Stunk gibt, alle aufeinander böse sind, sondern es muss kribbeln. Wenn es bei den Bayern in der Mannschaft knistert, dann spielen sie anschließend auch gut. Elf Freunde, die sich gut verstehen, kennen ja auch keine Rivalität mehr, aber aus der erwächst doch eine gesunde Spannung. Allerdings darf eine Mannschaft nicht so zerstritten sein, dass sie sich gegenseitig nicht mehr anschauen und einer dem anderen nachher im Spiel nicht das Tor gönnt oder extra den Pass einem anderen zukommen lässt. Ein gewisses Hin und Her, ein kleines Hickhack, das hat noch keinem Verein geschadet, wenn es nicht über Monate geht.

Paul Breitner: »Es ist aber eine scheinheilige Welt, in der Fußballer nicht rauchen, nicht trinken und nichts mit Frauen haben. Die Realität, das wollen die wenigsten wahrhaben, sieht anders aus. Es muss endlich gelingen, ein normales Bild des Sportlers aufzubauen.«

Es ist wirklich ein Unsinn, wenn man den Fußballern, den Sportlern allgemein, vorschreiben will, was sie zu trinken und zu rauchen haben und ob überhaupt. Aber das Bild des blitzsauberen Amateurs wird immer wieder aus der Schublade ausgekramt. Dabei handelt es sich hier nicht um die Kreisklasse, sondern um den bezahlten Sport, um das Profitum. Jeder muss im Endeffekt wissen, was er vor sich selbst verantworten kann. Auch das stärkste Verbot nützt nichts, wenn es nicht kontrolliert werden kann und beim Spieler die Einsicht fehlt. Ein Trainer schaut ihm doch nicht unter die Bettdecke oder in den Kühlschrank. Und wenn ein Spieler vor dem Sex ein Bier trinkt und danach eine Zigarette raucht, damit kann jeder Trainer leben. Und jeder Hausarzt. Zwei Bier und zwei Zigaretten die Woche schaden niemanden. Von mir aus auch fünf oder zehn.

»Die Offiziellen sonnen sich fast überall nur im Erfolg. Beim Misserfolg verlassen sie wie Ratten das sinkende Schiff.«
Uli Stein, ehemaliger Nationalspieler in seinem Buch »Halbzeit«

Uli Stein muss sehr schlechte Erfahrungen mit den Offiziellen gemacht haben. Wahrscheinlich ist es bei Eintracht Frankfurt oder in Hamburg so gewesen, wo er gespielt hat. Zugegeben, es gibt auch bei den Offiziellen solche und solche. Aber die meisten halten zur Mannschaft. Falls sich einer so benehmen sollte, wie Uli Stein es sagt, dann wird sich eine Mannschaft wehren. Oder der Betreffende hat eine untergeordnete Position und damit nichts zu sagen. Der DFB sucht die Offiziellen schon so aus, dass sie zur Mannschaft passen. In den entscheidenden Positionen hat der DFB nur gute Leute. Der Verband würde sich ja ins eigene Fleisch schneiden, würde er die vom Uli angesprochenen Offiziellen dulden, den das ginge auf Kosten der Leistung und der Harmonie in der Mannschaft. Gute Offizielle, so wie ich sie kenne, leiden mit der Mannschaft, wenn es nicht so gut klappt und ein Spiel nicht so berauschend war.

Nach § 2 der Satzung hat sich der Verband verpflichtet, »ein Sozialwerk zur Hilfeleistung und Unterstützung Not leidender Angehöriger des DFB oder ihrer Hinterbliebenen zu unterhalten und aus Anlass besonderer Notfälle aus Mitteln des Sozialwerks Hilfe zu leisten, soweit der Sport betroffen ist«.

Davon habe ich noch nichts gehört. Und ich möchte mich jetzt gleich an dieser Stelle beim DFB anmelden, um auch einmal in den Genuss dieses Sozialwerkes zu kommen. An mir selbst möchte ich testen, ob dieser Paragraf der Satzung auch funktioniert. Ich benötige die soziale Unterstützung des Verbandes ganz dringend.

Wenn es Profis in Spielkasinos verschlägt, dann können schon mal in einer Nacht drei Monatsgehälter über den Tisch wandern. Dass Fußballer nichts gegen heiße Spiele einzuwenden haben, von Poker über 17 und 4 bis zu Black Jack, ist allseits bekannt. Viele vertreiben sich damit die Zeit, etwa bei Europa- und Weltmeisterschaften. Eike Immel soll verrückt nach Poker sein. Andere Spieler sind das auch, wenn sie vor und während eines Turniers wochenlang zusammenleben, »um dem Lagerkoller zu entkommen«, wie Uli Stein aus Erfahrung zu berichten weiß.

Schafkopf und Wattn, das waren meine Kartenspiele. Aber meine Kariere im Glücksspiel war nur ganz kurz, weil ich nämlich immer verloren habe. Das konnten schon mal tausend Mark sein, die an einem Abend über den Tisch wanderten. Und dann habe ich mich immer geärgert, weil ich am kommenden Tag praktisch ein Spiel umsonst gemacht habe. Nicht nur umsonst, sondern ich habe auch noch gewinnen müssen, um mit Hilfe der Siegprämie meine Wettschulden bezahlen zu können. Mit der Zeit hat mir das gestunken, denn ich wollte nicht Fußball spielen, um meine Schulden zu bezahlen. Und tausend Mark früher entspricht heute etwa zehn- bis zwanzigtausend

Mark. Um solche Summen kann es schon mal gehen. Natürlich gibt es auch Extrembeispiele wie Uwe Reinders, der praktisch von seinem Verein ausgelöst wurde, indem man seine Spielschulden bezahlt hat.

Ob Eike wirklich verrückt auf Poker war? Wohl doch eher auf Fußball. Und so einen richtigen Lagerkoller habe ich auch noch nicht erlebt.

Selbstredend spielen alle Mannschaften Karten, um sich abzulenken und die Zeit zu vertreiben. Aber ich habe noch keinen gesehen, der zitternd aufgestanden ist, weil er so viel verloren hat. Ganz im Gegenteil. Sogar Egidius Braun, unser Präsident, spielt mit, wenn die Nationalmannschaft unterwegs ist. Ich kann mir nicht vorstellen, dass bei solchen Anlässen größere Beträge verloren werden. Er spielt aber nur Skat. Um eine Mark oder so pro Punkt.

Uli Hoeneß, Manager von Bayern München, meint, nur »ehrgeizige, zielstrebige junge Burschen können bestehen, labile haben keine Chance«.

Es gibt auch labile Spieler und natürlich haben die eine Chance. Der Trainer muss denen dann sprichwörtlich in den Arsch treten, dann klappt es auch. Aber Uli hat wohl eher seine Wunschcharaktere aufgelistet, so wie er es sich im Optimalfall vorstellt. Ein guter Trainer kann auch noch in späteren Jahren darauf hinarbeiten und die charakterlichen Eigenschaften der Spieler beeinflussen.

Dreh- und Angelpunkt ist der Stammplatz. Mehmet Scholl, Spieler beim FC Bayern, versteht, dass einige frustriert sind, wenn sie zwischen Bank und Platz hin- und herpendeln.

Ein labiler Spieler kümmert sich um solche Dinge mehr als die anderen. Er sollte besser dem Trainer beweisen, wie gut es ist, dann käme es nicht zum Hin- und Herpendeln zwischen Bank und Platz. Dann hätte der Trainer keine Alternative und müsste auf den Betreffenden zurückgreifen. Der Labile beschäftigt sich zu sehr mit Nebensächlichkeiten.

Roland Grahammer meint, jeder müsse um seinen Platz kämpfen, indem man während des Trainings im Zweikampf ein bisschen härter einsteigt, »um sich Respekt zu verschaffen«. Nach dem Motto: »Hoppla, da ist noch der Grahammer.«

Dies trifft für alle Spieler zu, die nicht zur Stammformation gehören. Sie müssen stets auf sich aufmerksam machen. Allerdings darf das nicht in der Weise geschehen, dass jemand andere Spieler verletzt. Das sieht auch ein Trainer nicht so gerne. Besonders die zweite Garnitur muss sich schon seit jeher im Training beweisen, um anschließend aufgestellt zu werden. Diesbezüglich hat sich nichts geändert. Und das ist auch richtig so.

Bruno Labbadia ist der Überzeugung, die diejenigen, die hintendran stehen, alles täten, um einen Stammspieler zu verdrängen. Nicht Hass glaubt er zu bemerken, sondern Unzufriedenheit in der zweiten Garnitur.

Hoffentlich tun sie auch wirklich alles. So soll es sein. Aber viele gehen einen anderen Weg und denken, ich habe noch einen Vertrag, bin ein bisschen verletzt und sitze meine Zeit einfach ab. Die scheren sich um nichts. Thomas Berthold ist während seiner Zeit beim FC Bayern fast ein Profigolfer geworden, der nebenbei auch etwas Fußball trainiert hat.

Für Gerald Hillringhaus, der früher noch nicht einmal auf der Bank saß, ist es bitter, wenn »man keine Chance hat«. Dem Ersatztorwart tat es weh, und er ärgerte sich jede Woche, dass er nicht mit ins Trainingslager fahren durfte. Dabei lebte er für den Fußball, wurde aber höchstens in Freundschaftsspielen eingesetzt.

Ich kann mir vorstellen, dass dem Gerri sogar die Tränen gekommen sind, wenn ihn der Trainer nicht mit ins Trainingslager genommen hat. Er war ein sehr ehrgeiziger Torwart, ihn musste man beim Training bremsen. Aber Gerri hat auch zwei- oder dreimal für Bayern gespielt, als Raimund Aumann verletzt war. Gerri war zu aufgekratzt, zu fanatisch und verbissen. Ihm hat dadurch die Lockerheit gefehlt. Inzwischen ist er ein Kollege von mir als Torwarttrainer bei Unterhaching.

Für Uli Stein gibt es im bezahlten Fußball eine heuchlerische Gesellschaft, »die, nur um den schönen Schein besorgt, Werte hochhielt, welche in diesem beinharten Geschäft schon längst nichts mehr bedeuteten. Hinter den Kulissen peitschten sie uns zum Kampf bis auf die Knochen, vor laufenden Kameras und in Journalistenblöcke diktierten sie Fairness und Anstand.«

Der Uli und der Paul und andere, die ähnlich tönen, das sind immer die gleichen Leute, die den Fußball schlecht machen. Dabei haben ausgerechnet sie ihm eine ganze Menge zu verdanken. Eben weil sie als Profis groß geworden sind, hört man überhaupt auf sie. Und nun schimpfen sie auf die Brust, die sie genährt hat. Mit Sicherheit ist es nicht so, dass auf der einen Seite vor der Presse geschleimt wird, während man hinter den Kulissen die Spieler zu unsportlichen und unfairen Dingen aufpeitscht. Mir zumindest ist so etwas noch nicht begegnet. Weder als Aktiver noch in den vergangenen zwölf Jahren als Torwarttrainer der Nationalmannschaft.

Natürlich geht es im bezahlten Fußball um die Existenz. Natürlich wird auch gefightet, aber das wird in der Kabine offen ausgesprochen. Und die Medien erfahren selbstverständlich davon. Da greift niemand in die Trickkiste. Die sogenannten Schicksalsspiele werden von den Medien bereits vorab geschickt aufbereitet und als Quotenfänger benutzt. Jeder Zuschauer weiß also, noch bevor der Anstoß kommt, um was es geht.

Was allerdings in der Kabine gesprochen wird, zum Beispiel in einer Halbzeitpause, wenn die Mannschaft hinten liegt, geht niemanden etwas an. Da fallen auch klare Worte. Das Kind erhält einen Namen. Und falls ein Manager in die Kabine geht und zusätzlich noch versucht, der Mannschaft ins Gewissen zu reden, so wie der Calmund aus Leverkusen, dann geht das in Ordnung und Christoph Daum wird wohl nichts dagegen haben. Aber er wird sich hüten zu sagen: Grätsche in deinen Gegenspieler hinein und mache ihn kampfunfähig. Oder ramme ihm das Knie in den Unterleib. Wofür gibt es einen Schiedsrichter? Wenn jemand auf die Knochen geht, sieht er halt Rot. Wem ist damit gedient?

Nach dem Spiel fällt es einem Trainer ungemein schwer, sich zu rechtfertigen und nach außen so zu tun, als hätte er niemals für eine harte Gangart plädiert, falls zwei oder drei Akteure eine rote Karte bekommen haben. Ihm glaubt dann niemand.

> *Uli Stein nennt es »Kadavergehorsam«. Wie sonst ist es zu verstehen, dass der Verband 1986 während der Vorbereitungsphase zur Weltmeisterschaft in Mexiko dem Spieler Rummenigge erlaubte, als Kolumnist für eine überregionale Zeitung zu arbeiten, während er es anderen, darunter auch Schumacher, untersagte?* [2]

Auf bayerisch gibt es ein Sprichwort: Wer lange fragt, geht lange irre. Karl-Heinz Rummenigge wird nicht gefragt und einfach für seine Kolumne geschrieben haben. Und plötzlich war es zu spät für den DFB, dagegen einzugreifen. Toni Schumacher, zu der Zeit Kapitän der Nationalmannschaft, wird sich als Vorbild empfunden und gehorsam gefragt haben. Und die Antwort ist ja bekannt, denn es war bis dato bei keiner Weltmeisterschaft der Fall, dass ein zum Einsatz gekommener Spieler eine Kolumne schreiben durfte. Aber was um alles in der Welt hat das mit Kadavergehorsam zu tun, wenn ein Toni Schumacher um Erlaubnis nachfragt? Hat der Uli dieses harte Wort nur gewählt, um etwas aufzuzeigen, was es überhaupt nicht gibt?

Ich halte es eher für anständig, dass sich der Toni so verhalten hat.

Reiner Calmund, Manager von Bayer Leverkusen, sagt über die eigenen Lizenzfußballer: »Spieler sind wie Esel. Man muss sie an den Ohren ziehen, sonst bleiben sie stehen.«[3]

So wird der Calmund das nicht gesagt haben. Dafür muss es einen Grund, einen Vorfall geben. Ich kenne Calmund und kann mir vorstellen, dass er frustriert war über die Leistung seiner Mannschaft. Weil die Spieler möglicherweise zu viel herumgestanden und nichts zur Verbesserung des Ergebnisses getan haben. Wenn das so ist, dann geht er auch schon mal in die Kabine und unterstützt seinen Trainer Christoph Daum. Dass die Spieler dumm wie Esel seien, wird er nicht gemeint haben. Esel sind nicht dumm, sondern stur.

In einem Interview mit dem »Kicker« – und das war dem Blatt eine dicke Schlagzeile wert – hat Calmund gesagt: »Wenn man einen Spieler dreimal lobt, muss beim vierten Mal die Peitsche raus. Anders geht es nicht. Die Spieler verstehen nur die Sprache des Knüppels.«[4]

Da hat er recht. Läuft es drei- oder viermal gut in einem Spiel, man hat eine Siegsträhne, alles ist perfekt gegangen, man hat schön gepunktet, besteht die Gefahr, dass Spieler zu lässig werden und zu überheblich agieren. Das ist ein gefährlicher Weg. Da muss im übertragenen Sinn der Knüppel raus. Oder die Peitsche. Oder noch besser beides, um die Spieler wieder auf den Teppich herunterzuholen. Hochmut kommt vor dem Fall. Und wenn ich ganz oben stehe, kann ich schön tief fallen. Schnell schleichen sich in solchen Situationen Fehler ein. Man übersieht gewisse Tendenzen innerhalb der Mannschaft, lässt Dinge durchgehen, die man ansonsten nicht durchgehen lassen würde.

Meister zu werden ist nur noch eine Frage der Zeit, einige feiern schon im Kopf, das kann fatal werden. Falls daraufhin Spiele umkippen, dann nur deswegen, weil die Fehler vorher gemacht worden sind.

Und genau an dieser Stelle kann der zweite gravierende Fehler passieren: Man reagiert zu hektisch und zu krass, schiebt zusätzliche Trainingseinheiten ein und steuert ganz massiv gegen. Nicht der gerade, kontinuierliche Weg wird durch den Trainer eingehalten, sondern man verfällt ins Extreme. Alles, was vorher gemacht worden ist, wird plötzlich in Frage gestellt, die Mannschaft ist irritiert.

Da lobe ich mir einen Ottmar Hitzfeld, der mit viel Fingerspitzengefühl und mit kleinen Korrekturen geschickt gegensteuert, aber übers ganze Jahr gesehen konsequent seine Marschrichtung verfolgt. Das allgemeine Hochgefühl nach Siegen dämpfen, auf den Fußballalltag hinweisen und bei Stimmungstiefs die Spieler aufbauen und neu motivieren.

Manager Calmund beansprucht für sich das Recht: »Als Manager muss man auch mal lügen.«[5]

Calmund hat da nicht ganz Unrecht. Ein Manager muss lügen können, wenn es zum Beispiel um Spielerverpflichtungen geht, indem er Verhandlungen leugnet oder der Presse mitteilt, man sei an Spieler X interessiert, an Y jedoch überhaupt nicht. Und dabei ist es genau umgekehrt. Wenn er nämlich lügt, tut er dies ja nicht aus Eigennutz, sondern im Sinne des Vereins, weil auch noch andere Vereine an der Verpflichtung eines ins Auge gefassten Spielers interessiert sind. Schwupp, schon steigt der Preis des Spielers. Wenn es jedoch zwei Wochen später trotz der vorherigen Dementis zu einem Vertrag mit dem Spieler kommt, lobt jeder die Weitsicht des Managers, einen günstigen Vertrag ausgehandelt zu haben und keiner wird ihm eine Lüge anrechnen.

Abgesehen davon wird ja nicht nur in Leverkusen gelogen. Alle Vereine, alle Manager handeln wie Calmund. Bei uns in Bayern würden wir dazu nicht Lüge sagen, sondern Bauernschläue. Außerdem lügt ein Bayer nicht, er schwindelt höchstens.

Erich Ribbeck war im Herbst 1992 als Trainer des FC Bayern zu Ohren gekommen, dass sich einige der Münchner Spieler zu lange auf dem Oktoberfest amüsiert hatten. Die Folge war eine Standpauke, die sich gewaschen hatte und die Androhung einer saftigen Geldstrafe für den Wiederholungsfall. »Da rappelt et im Kasten.« ARD, 22. April 1993
Nicht vergessen werden darf in diesem Zusammenhang der Ribbecksche Maulkorb, den er den Bayern-Spielern im Juli 1993 verordnete.[6]

Wenn der Erich so hart reagiert, dann muss schon was Bedeutungsvolles vorgefallen sein. Nicht umsonst nennt man ihn ja wegen seiner reservierten und kontrollierten Art Sir Erich. Allerdings frage ich mich, wie sich Spieler zu lange auf dem Oktoberfest amüsieren können. Bereits um elf am Abend ist die Gaudi vorbei. Dann gibt es die letzte Maß und man muss nach München rein, um anderswo gebührend weiter zu feiern.

Einen Maulkorb zu verpassen ist nicht immer verkehrt, weil die Spieler immer gleich zur Presse laufen und sich am Rockzipfel der Journalisten ausweinen. Und weil die Presse von solchen Spielern lebt, reagiert sie natürlich allergisch, falls es mal einen Maulkorb geben sollte und sie davon hört.

Ganz abgesehen davon bringt es einer Mannschaft wesentlich mehr, wenn man unangenehme Themen zuerst einmal innerhalb des Teams offen ausspricht und diskutiert und nicht draußen damit hausieren geht. Es gibt immer wieder mal Vorkommnisse – die auch privater Art sein können, wenn ein Spieler mit einem anderen im Clinch liegt – die nicht für fremde Ohren bestimmt sind. Ich denke da an die Geschichte mit Klinsmann und Matthäus, wobei heute keiner mehr so genau weiß, ob das alles echt war oder nur Theater, um im Gespräch zu bleiben. Wer gierig ist, schnappt nach jedem Futter. Und die Medien sind nun mal gierig. Also bekommen sie auch von Zeit zu Zeit etwas hingeworfen.

Aber nicht nur Bayern München versucht auf diese Art, den Profifußballern das Tratschen abzugewöhnen. Borussia Dortmund verfährt schon seit Jahren so. Maulkörbe haben in der Bundesliga Tradition

Raimund Aumann, ehemaliger Torhüter der Bayern, erhielt sogar von Vizepräsident Franz Beckenbauer eine Abmahnung, weil er gefordert hatte, dass der Maulkorberlass nicht nur für Spieler zu gelten habe.

Der Raimund ist zu Unrecht abgemahnt worden, denn ein Maulkorb sollte auch für die Vereinsführung, für die Mitglieder des Präsidiums gelten. Es sind nicht immer nur die Spieler, die Interna nach außen tragen. Auch Funktionäre wollen gerne einmal in der Presse zitiert werden und beeilen sich, Dinge auszuplaudern, die sie vorerst besser für sich behalten hätten. Allerdings können gezielte Indiskretionen von Seiten des Präsidiums auch taktsiche Schachzüge sein, wenn man gewisse Dinge beabsichtigt. Nur verstehen das die Spieler zu diesem Zeitpunkt meist nicht.

Über Illgner wurde, nachdem er gegen Brasilien drei Tore zugelassen hat, im DFB-Journal geschrieben: »Der Versuch, sich neu zu beweisen und den verlorenen Stammplatz zurückzuerobern, misslang.«

In der heutigen Zeit ist es wesentlich einfacher, in die Nationalmannschaft zu kommen, als früher. Heute brauchst du bloß einmal zwei gute Bundesligaspiele hinzulegen, schon bist du im Kader drin. So der Michael Preetz aus Berlin im fast biblischen Alter von neunundzwanzig Jahren. Er hat ein paar Tore geschossen, schon ist er in der Nationalmannschaft dabei, weil es eben an guten Stürmern fehlt.

Zu meiner Zeit wäre das ein Unding gewesen. Du hättest eine ganze Saison gut spielen und den Bundestrainer permanent auf dich aufmerksam machen müssen, um beachtet zu werden. Allerdings bist du heutzutage auch schnell wieder draußen. Schnell drin und schnell draußen. Das hätte dir früher auch nicht passieren können. Wer drei oder vier Spiele schlecht im Verein gespielt hat, war trotzdem dabei, weil der Weg in das Nationalteam ein harter und langwieriger war. Nur wer über eine längere Zeit, über Monate, seiner Form hinterhergelaufen ist, der wurde auch wieder ausgemustert.

Manchmal habe ich das Gefühl, dass heutzutage die Medien die Aufstellung der Nationalmannschaft beeinflussen. Einen guten Vereinsspieler puschen sie in die Mannschaft, spielt er dagegen schlecht, hat er keine Berechtigung mehr, für Deutschland anzutreten. So ist es Effenberg ergangen und vielen anderen. Was kaum einem Leser und Zuschauer auffällt: Die gleichen, die »Rein mit ihm!« rufen, rufen auch wieder: »Raus mit ihm!«

Bestechung und Spielabsprachen

> *Manfred Ommer, Präsident aus Homburg, wird im »Playboy« wie folgt zitiert: »Selbstverständlich gibt es Manager und Trainer, die bei Transfers kassieren. Ich finde das nicht in Ordnung, aber es passiert jeden Tag.«*[7]

Das stimmt. Solche Dinge werden vertraglich festgeschrieben. Dafür sind sie ja Manager. Sie erhalten so eine Art Provision, einen Bonus. Dass auch mal Geld unter dem Tisch hin und her geschoben wird, könnte möglich sein, aber ich kenne mich in solchen Dingen nicht aus. Aber, wie gesagt, es ist alles möglich. Wenn ein Bundeskanzler Spenden ohne Quittungen und ohne Namensangabe erhält, warum soll das nicht auch ein Manager machen können? Allerdings hat der Altkanzler das Geld nicht in die eigene Tasche gesteckt. Hoffentlich kann ich das auch noch in einigen Monaten sagen.

Peter Geyer, der unter anderem in Braunschweig spielte, hätte am Ende seiner Karriere noch einmal einen Vertrag abschließen können, wenn er dem Trainer 50 000 Mark gezahlt hätte.[8]

Was sind das für Manieren? In meinen Augen sind das keine Trainer. Die müssen gleich bestraft und auf Lebenszeit gesperrt werden. Wenn so etwas Methode wird, dann gibt das einen immer größer werdenden Sumpf, worunter der Fußball enorm leidet.

Ähnlich erging es Dieter Müller, als er aus dem Ausland in die Bundesliga zurückkehrte. Der neue Verein musste keine Ablösesumme zahlen und verpflichtete Müller gegen entsprechend hohe Auflaufprämien. Er bekam also nur Geld, wenn er zum Spiel antrat. Die Mannschaft aber wird bekanntlich vom Trainer aufgestellt und der kannte den Vertrag. Zwischen nichts verdienen und viel verdienen lag angeblich die Provision des Trainers Uwe Klimaschewski. Von den 10 000 Mark Auflaufprämie soll der Trainer 2500 Mark erhalten haben.

Wenn alle Spieler solche Verträge hätten, das wäre ganz gut. Dann brauchte ein Verein nichts mehr auszugeben für einen Trainer und könnte dadurch eine Menge Geld sparen. Und wenn alle Spieler lediglich Auflaufprämien bekämen, also nur etwas verdienen, wenn sie auch spielen, vielleicht würden sie sich dann mehr anstrengen? Dann gäbe es keine notorischen

Bankhocker oder Drückeberger, die nur noch ihren Vertrag absitzen.

Nun aber im Ernst: Solche Trainer haben für mich überhaupt keinen Charakter. Sie sind für eine Mannschaft verantwortlich und lassen sich auf solche Sachen ein! Ich weiß nicht, wie so jemand sonst im Leben ist. Solche Typen müssen doch im Leben auch so korrupt sein. Als Trainer würde ich mir doch nicht die Blöße geben, mich von einem Spieler kaufen zu lassen.

Für den Spieler jedoch bringe ich Verständnis auf, weil er nur etwas verdient, wenn er vom Trainer aufgestellt wird. Der Spieler kann einen Trainer nicht erpressen, der hat ja sein Gehalt. Aber umgekehrt ist es, wie im Fall Dieter Müller, schon möglich.

> *Trainer Klimaschewski meint auf die Frage, ob in der Bundesliga Auflaufprämien gezahlt werden: »Natürlich werden diese Prämien gezahlt.«*

Der hat doch einen Vogel. Vielleicht bei den Vereinen, wo er Trainer war. Da hat man das vielleicht getan. Wo kommen wir denn da hin? Wer dem Trainer am meisten zahlt, wird aufgestellt? Das wäre ja der Untergang des Fußballs. Nur die reichen Spieler laufen auf den Platz, nicht die guten? Eine abwegige Vorstellung.

Verletzungen und Fitspritzen

> *Viele Spieler brauchen kurz vor dem Einlaufen eine Spritze, meist eine Mixtour aus Mineralien und verschiedenen Vitaminen, die sie vom Mannschaftsarzt verpasst bekommen.*

Vitaminspritzen sind an der Tagesordnung, das ist ganz normal und nichts Besonderes. Aber es gibt auch Spieler, die der Meinung sind, wenn sie nicht ihre Spritze bekommen, dann können sie nicht spielen. Denen geht es so wie Gerd Müller, der auch nur spielen konnte, wenn er sich zuerst seinen rechten Schuh zugebunden hat. Oder wie mir, ich habe stets vor dem Spiel zwei trockene Semmeln gegessen. Ich habe mich auch immer erst nach dem Spiel rasiert. Tat ich es aus Versehen vorher, dachte ich: »Ach du lieber Gott, jetzt habe ich mich rasiert. Hoffentlich geht das gut.« So ging es uns früher. Es war lediglich eine alte Gewohnheit, weil du mal irgendwann besonders gut gespielt hast, ohne Rasur. Und so ist das auch mit den Spritzen.

Trainer Daum in einem Interview mit der Bild-Zeitung: »Meine Spieler hängen zwar vorm Anpfiff 20 Minuten am Tropf, aber sie erhalten nur Mineralien und Elektrolyte.«

Falls Spieler im Verlauf eines Turniers richtig gestresst sind, hängt man sie auch an einen Tropf – oder umgekehrt. An jedem zweiten Tag bei einer Welt- oder Europameisterschaft ein hartes Spiel, vielleicht auch noch bei drückender Hitze oder in einem hoch gelegenem Stadion, da kommt das schon vor, um den Mangel an Elektrolyten und Mineralstoffen wieder auszugleichen. Ike Häßler hat man zum Beispiel an den Tropf gehängt, weil er herumgelaufen ist wie ein Wahnsinniger. Aber er wollte nicht. Und da hat Franz Beckenbauer zu ihm gesagt: Los, jetzt geh endlich. Und da hat Ike gehorcht. Der ist ja 90 Minuten wie eine Nähmaschine gelaufen.

Nur durch den fitgespritzten Norbert Dickel war Dortmund am 24. Juni 1989 in der Lage, das Pokalfinale gegen Bremen zu gewinnen. Dickel entschied sich – sechs Wochen nach einer Knieoperation –, mit Hilfe einer Kortisonspritze zu spielen und schoss zwei Tore.[9]

Solche Analogschlüsse, Dickel vor dem Spiel mit Kortison gespritzt und dann zwei Tore geschossen, sind gefährlich. Hätte er nicht gespielt, vielleicht wären die Tore von einem anderen geschossen worden.

Ob es sinnvoll war, so kurz nach einer Operation zu spielen, das ist eine andere Frage. Die muss sich jeder Spieler selbst beantworten. Nur er kann in seinen Körper hineinhorchen und die Entscheidung treffen. Für die Mannschaft, also Dortmund, war seine Entscheidung richtig. Aber wenn ich recht informiert bin, hat Dickel kurze Zeit später seine Karriere beendet. Was hat es ihm also gebracht? Vielleicht hat er dadurch den Zustand seins Knies verschlimmert?

Aber möglicherweise hätte ich es in einer vergleichbaren Situation ähnlich gemacht wie Dickel, der das Gefühl hatte, für seine Mannschaft alles geben zu müssen.

> *Lothar Matthäus, fitgespritzt wegen einer alten Muskelverletzung, in »Sport-Bild«: »Wenn man so eine große Chance hat, dann vergisst man die Schmerzen.« In der 55. Minute musste Matthäus aufgeben.*

Der Spieler entscheidet selbst. Matthäus hat entschieden, sich falsch eingeschätzt und musste aufgeben. Bei einer Muskelverletzung kann man das schon mal riskieren. Außerdem ist der Lothar ungemein ehrgeizig. Ein Profi durch und durch, wie es leider nur noch wenige gibt. Hinzu kommt in diesem besonderen Fall, dass es ein ungemein wichtiges Spiel gegen Leverkusen war, und zwar im Mai 1993, das wir mit 4 : 1 gewonnen haben.

> *Oliver Kreuzer bekam für das gleiche Spiel eine Spritze gegen die Schmerzen im Knie: »Wenn es irgendein Spiel gewesen wäre, dann hätte ich verzichtet.«*

Der Oliver Kreuzer sagt ja ganz klar: In irgendeinem Spiel hätte er verzichtet. Und weil das Spiel eben wichtig war, ist er auf den Platz gegangen. Einmal kann man das schon machen, dann betreibt der Spieler noch keinen Raubbau an seinem Körper. Allerdings sollte es nicht zum Dauerzustand werden, dass ein Aktiver nur noch mit Spritzen spielen kann.

Die Kehrseite der Medaille ist eine andere: Seinen Mitspielern tut man damit keinen Gefallen. Die hätten, wenn sie gesund waren, durchspielen können, während Spieler wie Kreuzer und Matthäus natürlich der Gefahr unterliegen, ausgewechselt werden zu müssen. Auf diese Art kann das Deputat der Auswechslungen schnell erschöpft sein. Ob es so etwas zu meiner Zeit gegeben hätte, nur für 50 Minuten aufzulaufen, ich weiß es nicht. Ich zumindest hätte nicht gespielt, für eine halbe Stunde oder etwas länger, nur um bei einer wichtigen Begegnung dabei gewesen zu sein. Außerdem gab es früher nicht die Möglichkeit, so oft auszuwechseln.

> *Olaf Thon, der ebenfalls eine schmerzstillende Spritze vor dem Spiel erhalten hatte: »Am Dienstag sagte er [Manager Hoeneß] zu mir: ›Du musst spielen.‹« Von diesem Zeitpunkt an war der Einsatz für Thon keine Frage mehr. Er spielte, obwohl der Arzt Dr. Müller-Wohlfahrt zu zwei Wochen Pause geraten hatte.*

Wenn ich mich recht erinnere, gab es damals geradezu eine Inflation an Verletzten. Deshalb musste Uli Hoeneß jede Möglichkeit im Sinne des Vereins ausschöpfen, eine gute Mannschaft auf die Beine zu bekommen. Nur so ist diese Äußerung zu verstehen. Und so ganz ohne Rücksprache mit dem Arzt wird er sie wohl nicht getroffen haben. Allerdings schätzt ein Manager die Lage für den Verein auch anders ein als ein Arzt oder ein Spieler.

> *Manager Uli Hoeneß: »Es gibt in diesem Beruf auch Tage, wo man gewisse gesundheitliche Risiken eingehen muss im Sinne des Vereins.«*[10]

Das sehe ich auch so. Allerdings reden wir hier von Ausnahmen und nicht von einem Dauerzustand. Wäre es ein Dauerzustand, dann würde ja der Manager die Spieler, die ihm anvertraut sind, verheizen. Allerdings gilt die Aussage von Uli Hoeneß ja nicht nur für den Sport. Man könnte auch sagen: »Es gibt in jedem Beruf auch Tage, wo man gewisse gesundheitliche Risiken eingehen muss im Sinne der Firma.«

»Zerschundener Körper. Kein Zentimeter, der nicht schon mal geprellt, gezerrt, getreten worden ist. Ein moderner Gladiator? Die Knochen stöhnen – weiterspielen! Volles Risiko, voller Körpereinsatz.« Toni Schumacher in »Anpfiff«

Toni Schumacher war ein Verrückter im positiven Sinne. Auf ihn trifft das ohne weiteres zu. Er hat sich auch einmal in einer Badehose ablichten lassen, wobei man jeden Körperteil, an dem er verletzt gewesen war, markiert hat. An seinem Körper gab es nur noch Pfeile, an Ellbogen, Knie, Muskeln und überall sonst auch, wo er verletzt gewesen ist. Wie ein Indianer hat er seine Wunden gezeigt. Nur zwischen den Oberschenkeln war eine klitzekleine, freie Stelle.

»So weit ich zurückdenken kann, habe ich gegen meine Schmerzen gespielt. Muskelfaserrisse, Meniskusoperationen, chirurgische ›Reparationseingriffe‹ in meinen Ferien.«

Es ist bezeichnend für den Profi Toni Schumacher, dass er sich stets im Urlaub hat operieren lassen und nicht in der Saison. Das zeigt aber auch, wie verrückt er war.

Und an anderer Stelle schreibt er: »Nach dem Urteil von Professor Schneider bin ich das präzise Gegenteil eins Modellathleten. Seit Jahren leide ich unter schweren hinteren Kreuzbandschäden, die durch einen Sportunfall verursacht wurden. Du weißt nie, hält der

Knochen oder hält er nicht. Dann spielst du mit angezogener Handbremse. Und wenn einer in dich reingrätscht, machst du unwillkürlich einen Hüpfer. Kommt es zum Kopfballduell oder zum Kampf Mann gegen Mann, zuckst du zurück und ziehst den Kürzeren.«

So weit wie der Toni wäre ich wahrscheinlich nicht gegangen. Ich hätte früher aufgehört. Aber er hat Recht, wenn er behauptet, man zuckt nach Verletzungen unwillkürlich zurück, weil man nicht weiß, ob der Knochen hält oder nicht. Dieses Verhalten ist noch nicht einmal vom Kopf her zu beeinflussen, es stellt sich von selbst ein. Und dann fehlt im Spiel die letzte Konsequenz. Und die kann entscheidend sein über Sieg oder Niederlage.

Doping

Peter Geyer: »Captagon lagen rum wie Salztabletten, die konnte jeder nehmen. Ich habe vor jedem Spiel ein bis zwei genommen, ich weiß von anderen, die haben sieben oder acht genommen.«

Sieben oder acht Captagon? Vielleicht waren es doch Salztabletten. Der Geyer hat das nicht unterscheiden können. Ich kann nur sagen, wenn er anschließend Magenschmerzen hatte, auf die Toilette musste und Durchfall bekam, waren es Salztabletten. Konnte er jedoch zwei Nächte nicht schlafen, waren es wohl eher Captagon. Wie kann man nur sieben Captagon nehmen? Das ist doch verrückt! Und wenn sie so herumlagen, dann frage ich mich, aus welchem Grund man bei Sportfreunde Siegen diese Tabletten gebraucht hat?

Der Mannschaftsarzt des VfB, Dr. Edgar Stumpf, sagte, er würde Spieler in Verletzungsphasen mit Anabolika behandeln.[11]

Ich bin kein Arzt und kann dazu nichts sagen.

Der »Dopingfall« des Profifußballers Raimund Aumann: Zuerst wird er für ein Spiel gesperrt, weil er Tabletten gegen höllische Zahnschmerzen eingenommen hat, die aber leider, wie so viele Schmerztabletten, Dopingsubstanzen enthalten. Pikanterweise handelt es sich bei der Begegnung am 24. April 1993, bei der Aumann zuschauen soll, um den Mega-Hit Bremen gegen Bayern. Am Spieltag selbst tagt der DFB und kommt zu dem Ergebnis, der Bayern-Torwart Aumann dürfe nun doch antreten. Begründet wird die Kehrtwendung damit, dass der Einsatz des Mittels unter medizinischen Aspekten absolut notwendig gewesen sei. Außerdem würden nach Aussagen von Fachärzten die Substanzen innerhalb von sechs Stunden abgebaut.[12]

Die Frage ist: Aus welchem Grund nimmt ein Spieler solche Mittel? Hat er Schmerzen und er nimmt eine Tablette, obwohl Dopingsubstanzen darin enthalten sind, dann sollte man das nicht als Doping bezeichnen. Genauso, wenn er eine Erkältung hat – und mit einer Erkältung kann man immer noch trainieren, mit einer Grippe und erhöhter Temperatur nicht mehr – und er schluckt Hustensaft, jeden Tag eine Flasche, dann tut er das doch wegen der Erkältung und nicht, um sich zu dopen. Fehlt ihm aber nichts und man findet eine verbotene Substanz in seinem Körper, also in seinem Urin, ist es für mich Doping.

Jeder Bürger geht zum Arzt und lässt sich was verschreiben, was ihm hilft. Niemand, weder der Arzt noch der Bürger, schauen auf dem Beipackzettel nach, ob darin verbotene Substanzen enthalten sind. Nur bei Zahnpasta, da sind die Leute jetzt wohl etwas sensibler geworden. Was da wohl alles drin ist?

Profis sind oft leichtsinnig in Bezug auf die Gefahren und Konsequenzen ihres Verhaltens. Auch deshalb gibt es für Erich Ribbeck laut »Express« nur eine Lösung: »Wenn man alles durchdenkt, kommt man zu dem einen Schluss – man muss Doping freigeben.«

Hier gebe ich Erich Ribbeck Recht, da bin ich auch dafür. Jeder ist für sich selbst verantwortlich. Profisportler sind erwachsene Menschen und die sollen entscheiden, was sie machen. Mit dem Alkohol und dem Nikotin tun sie es ja auch. Sie sollen sich ruhig mit dem Zeug vollstopfen, bis oben hin. Soll doch einer die dreitausend Meter in zwei Minuten laufen. Na und? Er wird schon sehen, wenn er vier Wochen am Stück kotzen muss, weil er bis oben zu ist. Ob es das wert war? Vielleicht macht er es dann nicht mehr.

Ein Doper ist doch kein Geisterfahrer. Der dopende Sportler schädigt, wenn überhaupt, nur sich selbst. Und dass dopende Sportler später, wenn sie ihre Karriere beendet haben, der Öffentlichkeit zur Last fallen, als Folge des Dopens, kann ich mir kaum vorstellen.

Noch ein anderer Punkt spricht für die Freigabe. Wenn man heute über erwischte Sportler etwas liest, was alles wo drin sein könnte, wie es denn nun zu dem Dopingvergehen gekommen ist, all dieses Theater würde aufhören. Ich hätte nie gedacht, dass sich unsere Gesellschaft so für die Pisse der Sportler interessiert. Das ist ja in den Medien ein abendfüllendes Programm.

Erich Ribbeck, von 1978 bis 1984 DFB-Trainer, 1988 mit Bayer Leverkusen UEFA-Cup-Sieger, Trainer bei Bayern München, heute Bundestrainer, weiß bestimmt, wovon er in der Kölner Zeitung »Express« spricht: »Zu behaupten, dass es nichts bringt, ist Unsinn. Schwächere Spieler, die körperlich nicht fit sind, könnten sich durchaus mit ein paar Tabletten auf Vordermann bringen. Ich kann mir auch vorstellen, dass eine ganze Mannschaft sich für ein bestimmtes wichtiges Spiel dopt. Deshalb habe ich ja auch zu meiner Trainerzeit so darauf hingearbeitet, dass Dopingkontrollen eingeführt werden – damit die, die sich dopen, es aus Angst vor dem Erwischtwerden nicht mehr tun, und um zu beweisen, dass Doping im großen Rahmen im Fußball eben nicht vorkommt.«

Hier ist doch ein Widerspruch zu dem, was Erich Ribbeck zuvor gesagt hat. Erst gibt er es frei, aber während seiner Trainerzeit hat er sich dafür eingesetzt, dass Kontrollen eingeführt werden.

Eine komplette Mannschaft gedopt, das kann ich mir nicht vorstellen. Spieler laufen ja nicht nur herum wie die Hasen. Und gegen eine technisch versierte Mannschaft hätte eine gedopte keine Chance.

Zugegeben, bei jemandem, der verletzt war, nützt Doping etwas, um sich kurzfristig aufzupuschen. Aber für einen Trainierten macht es keinen Sinn. Noch dazu bei 90 Minuten. Du läufst doch gerade mal eine halbe Stunde und hast genügend Pausen, um dich auszuruhen. Ich bleibe bei meiner Meinung, dass Doping im Fußball überhaupt nichts bringt.

Paul Breitner ist der Überzeugung, Doping sei gravierender als die Bestechungsaffäre 1971. Berti Vogts dagegen beschuldigte Toni Schumacher, er habe »sein eigenes Nest beschmutzt«, woraufhin Paul Breitner im Spiegel sagte: »Das kann der Berti nicht ernst gemeint haben, denn er muss sich im Verlauf seiner langen Karriere mit dem Problem Doping beschäftigt haben.«[13]

Wir haben uns nie mit Doping beschäftigt und ein Berti Vogts glaube ich auch nicht. Für den Paul dagegen kann ich nicht sprechen, das ist schon wiederum eine andere Generation. Ich will ja nicht ausschließen, dass es schwarze Schafe gibt. Wie überall. Das sehen wir auch an der jetzigen Zeit. Aber die meisten Spieler trauen sich doch nicht ohne Befragen eines Arztes, etwas einzunehmen. Unseren Teamarzt, den Wilfried Kindermann, fragen sie oft: »Doktor, kann ich das einnehmen?«

Und der schaut sich das Medikament an und fragt: »Wo hast denn das her?«

»Von meinem Hausarzt.«

»Nichts da«, sagt der Wilfried. »Lass die Finger davon.«

Heute geht man nicht so sorglos um mit Medikamenten wie wir früher. Wir haben nie gefragt, dürfen wir das nehmen oder nicht. Wir haben einfach. Die Konsequenzen sind ja auch heute viel schlimmer. Gerät ein bekannter Spieler in Dopingverdacht, dann fallen doch alle über ihn her, als hätte er eine Bank überfallen.

Dabei sind sich die Ärzte nicht immer im Klaren, ob ein Medikament noch zulässig ist oder nicht. Zwei Tage vor einem Spiel eingenommen, sagen sie, hilft es gegen eine Verletzung oder Erkältung. Bis zum Spiel seien alle Spuren wieder aus dem Körper ausgeschieden.

Der verstorbene Präsident Neuberger verweist 1992 in seinem Bericht zum Berliner Bundestag stolz auf das Ergebnis der Dopingkontrollen. Auch das DFB-Journal lässt den Dopingfahnder Donike mit seiner These zu Wort kommen: »Anabolika spielen im Fußball praktisch keine Rolle. Somit ist Doping im Fußball bedeutungslos.«
In der »Welt am Sonntag« wird Donike jedoch wie folgt zitiert: »Es gibt keinen Sport, in dem Doping nichts bringen würde.«

Wenn man diese beiden Aussagen betrachtet, dann sieht man ja schon, wie unterschiedlich die Auffassungen sind. Unser verstorbener Präsident sagt, Anabolika spielen im Fußball praktisch keine Rolle und der Dopingfahnder Donike behauptet das Gegenteil. Wem soll man da noch glauben?

In diesem Fall gebe ich Neuberger Recht, eben weil es sich im Fußball um eine Mannschaftssportart handelt. Wenn alle gedopt sind, sind die Spieler unberechenbar. Wie will man da noch geordnet zusammen spielen? Abwehr oder Angriff organisieren? Und einer allein reißt eine Mannschaft nicht heraus.

Bereits 1977 hat Franz Beckenbauer gesagt: »Auch in der Bundesliga wird geschluckt und gespritzt.« [14]

Meint der Franz etwa uns damit? Wir, die damaligen? Seine Kollegen und Kameraden? Auch sich selbst? Mein Gott, das sind ja schon mehr als zwanzig Jahre her. In der Zeit kannst viel vergessen. Ich weiß nur, dass der Cramer kleine weiße Tabletten verteilt hat, mir aber keine geben wollte, weil ich sie nicht brauchte, wie er meinte. Ich sei schon aufgedreht genug. Und auf meine Frage, was das für Tabletten seien, antwortete er augenzwinkernd: »Salztabletten. Die sollen bloß meinen, es wäre Doping.«

Nun, ein bisschen habe ich mich schon gewundert, warum ich dann keine bekommen habe, wenn es doch bloß Salztabletten waren. Vielleicht hat Franz diesen Vorfall gemeint?

Christoph Daum, damals Trainer des VfB, hat zugegeben, dass Dopingsubstanzen während der Verletzungspause Anwendung finden. Er wurde gefragt: »Gibt es neben Daum-Doping auch das Krabbe-Mittel Clenbuterol beim VfB Stuttgart?«
Daum antwortete: »Sie werden sich wundern: Ja. Wir setzen Clenbuterol ein, um die Muskulatur bei verletzten Spielern schneller zu stabilisieren. Wir setzen das Mittel natürlich rechtzeitig wieder ab. Der Springstein [Trainer von Krabbe] dagegen muss ein Vollidiot sein. Bei uns hat das mit Doping aber nichts zu tun, wie ich überhaupt glaube, dass in der Bundesliga nicht gedopt wird.« [15]

Ich bin der gleichen Auffassung wie Daum. Falls ein Spieler verletzt ist, warum soll er dann dies Mittel nicht nehmen, damit er schneller wieder seine Muskeln aufbauen und seinen Beruf ausüben kann? Er macht es ja nicht allein und heimlich, sondern unter Aufsicht und Kontrolle eines Arztes. In diesem Fall ist das für mich kein Doping, sondern ein Aufbaumittel, ein Heilmittel sozusagen, denn der Verletzte spielt ja nicht. Und weil er nicht spielt, beeinflusst er ja auch nicht die Leistung seiner Mannschaft. Ich befürworte diese Genesungsmethode, denn sie ist im Interesse des Aktiven und auch im Interesse des Vereins. Ist seine

Verletzung auskuriert, setzt er das Mittel eben wieder ab, und nichts von der Dopingsubstanz bleibt in seinem Körper. Er darf wieder spielen. Und ein gesunder Spieler braucht dieses Clenbuterol eben nicht.

Neuberger, ehemaliger Präsident des DFB, auf die Frage, warum im Fußball überhaupt kein Doping anzutreffen ist: »In der allgemeinen Diskussion geht völlig die Kernfrage unter und die lautet: Welchen Sinn soll Doping im Fußball überhaupt machen? Denn wenn ich schneller laufe, höher springe, mehr Kraft und eine verbesserte Kondition besitze, da bin ich noch lange kein guter Fußballer. Spieltechnik, taktisches Verhalten, das Gefühl für Teamwork und die gesamte Koordination lassen sich nicht durch künstlich-medizinische Mittel stimulieren. Davon bin nicht nur ich überzeugt, sondern auch kompetente Mediziner. Deshalb kann ich nur … mit absoluter Glaubwürdigkeit versichern: Doping spielt im Fußball keine Rolle.« So nachzulesen im Jahresbericht des Deutschen Fußball-Bundes, 1989 bis 1992.

Dem, was Herr Neuberger gesagt hat, ist nichts hinzuzufügen. Doping bringt im Fußball überhaupt nichts. Aus genau den Gründen, die er aufgezählt hat. Wie soll denn einer, der sich dopt, die Taktik besser verstehen? Seine Spieltechnik urplötzlich verbessern? Ein höheres Gefühl für Teamwork entwickeln? Das Gegenteil wird der Fall sein. Gedopte, die verstehen überhaupt nichts mehr. Die laufen womöglich an die falsche Stelle. Dabei darf man auch nicht vergessen, dass heutzutage die Taktik schon fünfzig Prozent ausmacht, manchmal noch mehr.

In England ist Kokain schon sehr weit im bezahlten Fußball verbreitet. Dr. A. J. Banks hat es sich darum angewöhnt, Spieler vor Operationen – um eine Gegenreaktion bei der Anästhesie zu vermeiden – auf Drogenkonsum hin zu untersuchen. Dr. Banks ist Orthopäde und als Facharzt zuständig für die verletzten

Profis von Manchester United und Manchester City. Er ist seit vielen Jahren ein Kenner der englischen Fußballszene, dem bisher noch kein Profi begegnet ist, den man – obwohl es laut Verband auch auf der Insel Kontrollen gibt – zu einem Dopingtest bestellt hat. Dr. Banks sagt, die Quote der Spieler, die Kokain und Amphetamine – nicht nur zur Leistungssteigerung, sondern auch wegen des berauschenden Gefühls – nehmen, sei ungewöhnlich hoch und im Fußball ein ständig wachsendes Problem.

Die Quote ist in England womöglich deshalb unheimlich hoch, weil man das in Deutschland noch nicht untersucht hat. Aber ich kann mir auch nicht vorstellen, dass ein Spieler bei uns Kokain schnupft. Hoffentlich kommt das nicht zu uns herüber. In Amerika soll es ja noch schlimmer sein, im Baseball und im American Football. Im Baseball brauchen sie es noch am nötigsten, damit sie nicht einschlafen, denn da stehen sie ja die ganze Zeit bloß rum.

Dass Maradona Kokain genommen hat, wusste jeder. Inzwischen hat er ja schon mehrere Entziehungskuren hinter sich. Weihnachten 1999 hat man ihn mit Herzproblemen ins Krankenhaus gebracht und bei einem Test festgestellt, dass sein Körper voller Kokain war. Einem wie Maradona ist nicht zu helfen.

Tennisspieler greifen auch zu dem weißen Pulver. Dann ist man angeblich freier und gelöster. Ich kenne das vom Schnupftabak. Da ist nur Menthol drin. Bist du niedergeschlagen oder nicht so gut drauf, nimmst du einfach mal eine Prise, ziehst es durch, das macht den Kopf schön frei, schon bist du ein ganz anderer Mensch. Bei Kokain ist es ähnlich, nur stärker als beim Schnupftabak. Allerdings hat das nichts mit körperlicher Fitness zu tun. Es befreit, den Ärger mit den Journalisten vergisst du schneller, bist viel lockerer. Deswegen nehmen Sportler wohl Kokain. Ich habe zwar noch nichts genommen, allerdings hört man ja so einiges. Maradona und die Tennisspieler brauchen das eben in Stresssituationen.

> *Die »ganz normale Korruption« in der Bundesliga – dazu hat sich Manfred Ommer aus Homburg, im »Playboy« wie folgt geäußert: »Fast alle machen bei diesem Geschäft mit. Warum auch nicht? Fußball ist ein reiner Überlebenskampf. Das ist ein Geschäft für Hyänen, das nichts mit normalem Unternehmertum zu tun hat. Wer aus der Bundesliga absteigen muss, ist oft jahrelang von der Bildfläche verschwunden. Deshalb kennen viele Club-Manager im Fußball keinerlei Hemmungen. Sie treffen im Verein ungeniert Entscheidungen, die sie aus ethischen Gründen im normalen Geschäftsleben niemals treffen würden.«* [16]

Wer aus der ersten Liga in die zweite absteigt, ist keineswegs weg vom Fenster. Auch dort wird ausgezeichneter Fußball geboten, auch dort gibt es hohe Zuschauerzahlen, so wie beim 1. FC Köln, und es werden auch etliche Spiele im Fernsehen übertragen. Dadurch, dass drei Mannschaften aufsteigen können, sind die Chancen für die Abgestiegenen, die ja noch ein Management aus der ersten Liga und Spieler aus der ersten Liga haben, sehr groß.

Allerdings ist derjenige, der aus der zweiten Liga absteigt, schon wesentlich schlechter dran. Genau das wird Ommer wohl auch gemeint haben. In der Amateurklasse ist man weg vom großen Geld. Den meisten abgestiegenen Vereinen bleibt nichts anderes übrig, als sich damit abzufinden. Ihnen fehlen die finanziellen Mittel. Und wenn man wieder ganz unten beginnt, alles neu aufbaut, die Basis stärkt, sich finanziell nicht übernommen hat, dann kann es auch gut gehen, wie man an 1860 sieht. Die spielen heute wieder im großen Orchester mit.

An dieser Stelle möchte ich ganz klar sagen, dass man auf den Fußball bezogen mit dem Wort Korruption sehr leichtfertig umgeht. Was nützt es mir, wenn ich ein Spiel kaufe, ein schwächerer Verein eine Menge Geld hinlegt, er aber keine Spieler hat, die die Tore schießen? Korruption macht ja nur dann Sinn, wenn es nicht auffällt. Aber so etwas würde auffallen, wenn die Abwehr sich an der Eckfahne versammelt, damit endlich ein Tor fällt.

Um den Überlebenskampf zu finanzieren, gibt es im bezahlten Fußball »Schwarze Kassen«.
»Wenn Sie sagen, da sind irgendwelche Gelder vorbeigeflossen am Verein, das kann ich so nicht bestätigen«, antwortete Volker Stuckmann, Mitglied des Schalker Verwaltungsrates, auf die Frage von Günter Jauch im Aktuellen Sportstudio, ob Schwarzgelder gezahlt würden. Parallel dazu wurde ein Bild eingeblendet, das Ex-Präsident Günter Eichberg mit einem handgeschriebenen Beleg zeigte, aus dem hervorging, in welcher Höhe diskrete Zahlungen getätigt worden sind. In der Sendung war die Rede von 600 000 Mark, die auf ein Liechtensteiner Konto gegangen sein sollen.[17]

Hier stelle ich ganz einfach die Gegenfrage: Was ist Eichberg eigentlich für ein Mensch? Der wird doch alles in seinem Laben mit Korruption aufgebaut und überall schwarze Kassen versteckt haben. Wo ist denn ein Eichberg heute? Von dem hört und sieht man nichts mehr. Vielleicht ist er ausgewandert? Oder sitzt er irgendwo im Gefängnis? Zuzutrauen ist es ihm.

Korruption ist ausschließlich eine Frage des Charakters. Spieler kommen ja von sich aus nicht auf die Idee, ein Spiel zu schieben oder den Sieg zu verkaufen. Das tun nur welche wie Eichberg oder Canellas. Schwarze Schafe gibt es nicht nur im Fußball. Es ist nun mal so, dass solche Typen bei den Mannschaften im zweiten Glied leider solche Posten erhalten können, die es ihnen ermöglichen, ihre dunklen Geschäfte zu machen.

Das Präsidium von Schalke muss doch blind gewesen sein und ist möglicherweise auf die Versprechungen dieses Eichberg hereingefallen. Ein ähnliches Beispiel haben wir in Frankreich mit Tapie und Olympique Marseille. Er kauft Adidas und niemand fragt, wo hat er das Geld her oder hat er es überhaupt. Jahre später kauft er die Fußballmannschaft von Marseille, verpflichtet Franz Beckenbauer als Trainer und dann fällt alles zusammen.

Ich finde es schlimm, dass sich solche Leute breit machen können, auch in der Bundesliga. Anfänglich glaubt man den vielen Versprechungen und hofft, nun würde es im Verein besser, die Kassen würden sich mehr und mehr füllen, bis man dahinter steigt, dass man sich einen Profilneurotiker eingehandelt hat. Aber da der DFB ja auch dazulernt, wird es immer schwieriger für diese Kerle, sich im Fußball auszubreiten. Was nicht bedeutet, es könnte nie mehr vorkommen.

> *Toni Schumacher über Schiedsrichterbestechung. »Eine Variante in diesem Wettbewerb lautet: Welcher Schiedsrichter tritt den Heimweg mit einer zweiten Tasche an?«* [18]

Da muss ich dem Toni teilweise Recht geben, aber es ist nicht die Regel. So wie es bei Fußballern, Trainern und Präsidenten immer wieder schwarze Schafe gibt, so gibt es sie auch unter den Schiedsrichtern. Die sind nicht nur schwarz gekleidet, sondern auch die Schwarzen ihrer Zunft. Ich erinnere mich an den FC Bayern in den sechziger und siebziger Jahren, als wir einen Schiedsrichterbetreuer hatten. Im weitesten Sinne fällt das auch unter Bestechung. Er holte ihn vom Flughafen ab, fuhr ihn ins beste Hotel, ein komfortables, großes Zimmer oder eine Suite, ging mit ihm auch noch teuer essen, anschließend in ein Nachtlokal und hofierte ihn, wo es nur möglich war. Mit anderen Worten: der Schiedsrichter wurde positiv oder günstig gestimmt.

Ähnlich lief es ab, wenn Schiedsrichter aus östlichen Staaten kamen, die ganz groß einkaufen gingen, Videos, Kameras, eben Elektronik, die es bei ihnen zu Hause nicht gab.

In Italien und Spanien war das auch eine gängige Methode. Mit fünf goldenen Uhren sind sie von Italien oder von Spanien wieder nach Hause gekommen. Natürlich ist ein Schiedsrichter dann der gastgebenden Mannschaft gut gesonnen. In kleinen Angelegenheiten kann er das Spiel im Sinne der Gastgeber beeinflussen. Oder der Linienrichter, wenn er seine Fahne unten lässt, obwohl es abseits war. Das kann schon vorkommen. Aber Tore schießen müssen die Spieler immer noch selber.

Das vorletzte Meisterschaftsspiel der Saison 1992/93, Werder Bremen gegen Hamburger SV, gewannen die Bremer eindrucksvoll mit 5 : 0 gewannen. Dadurch setzte sich Bremen an die Tabellenspitze und wurde schließlich auch zum dritten Mal Deutscher Fußballmeister.
»Es ist eine Frage der Fairness, wie man sich als Mannschaft, für die es um nichts mehr geht, wehrt.« So äußerte sich Bayern-Trainer Ribbeck dazu. Und der Spieler Christian Ziege, der Augenzeuge der Begegnung war, sagte zu den beiden letzten Toren, die Hamburg kassierte: »Was sich da der Nils Bahr geleistet hat, war schon ganz schön happig.« [19]

Was soll ich dazu sagen? Zumindest ist ein solches Verhalten ausgesprochen unsportlich. Der HSV konnte nichts mehr verlieren, aber auch nichts gewinnen. Und wenn man dann auch noch die Bayern oder eine andere Mannschaft nicht leiden kann, vergisst man halt zu spielen. Nichts einfacher als das: Man macht hinten alles offen und kommt gezielt einen Schritt zu spät. Und nachher wird gesagt, die Spieler waren müde oder nicht genügend motiviert. Wobei jeder normalerweise eine gute Partie im Nordderby erwartet, weil sich die beiden Teams ja auch nicht grün sind. Dann liegt es amTrainer, wie er die Jungs eingestimmt hat.

1978 deklassierte Borussia Mönchengladbach die Dortmunder mit 12 : 0. Da aber gleichzeitig Köln bei St. Pauli mit 5 : 0 gewann, wurden die Domstädter wegen der besseren Tordifferenz bei Punktgleichheit deutscher Meister.[20]

Solche Ergebnisse haben schon einen komischen Beigeschmack, wenn es ausgerechnet auf ein Tor ankommt und dieses auch noch im richtigen Augenblick geschossen wird. Einmal ganz abgesehen von diesen hohen Resultaten, die sowieso im bezahlten Fußball äußerst ungewöhnlich sind. Aber solche Ergebnisse hat es auch schon bei Weltmeisterschaften gegeben, wie 1978 in der Begegnung Argentinien gegen Peru. Argentinien musste mindestens mit vier Toren Unterschied gewinnen, um die Brasilianer in der Gruppe noch zu überholen. Und was geschah? Argentinien hat 6 : 0 gewonnen und Brasilien ist rausgeflogen. Solche absonderlichen Spiele gibt es immer wieder. Was bleibt, ist der komische Beigeschmack.

Fouls

Toni Schumacher foulte den Franzosen Battistion während der Weltmeisterschaft 1982 in Spanien im Halbfinalspiel Frankreich–Deutschland. Solch ein Vorfall heizt natürlich die Gemüter an. Das Bild vom hässlichen Deutschen war sofort präsent: »Mörder« nannte man Toni Schumacher, »Monster von Sevilla«. Schnell waren Parallelen zur deutschen Vergangenheit gezogen, das Stadion glich einer Zeitbombe.

Solche schlimmen Fouls können passieren, auch ohne direkte Absicht. In diesem Fall hätte es vom Schiedsrichter die rote Karte geben müssen, denn der Toni hat eine Tätlichkeit begangen. Haut dem Battistion außerhalb des Strafraumes den Ellbogen voll ins Gesicht. Entscheidender in diesem Fall jedoch war, wie Toni sich anschließend benommen hat. Wäre er hingegangen zu Battistion, als der am Boden lag und hätte er sich um ihn gekümmert, der Vorfall wäre schnell vergessen gewesen. Und wenn es ihm auch schwer gefallen wäre, er hätte etwas schauspielern sollen.

Aber was er dann nach dem Spiel sagte, das war eine Frechheit. Er würde ihm die Jacketkronen bezahlen, weil Battistion zwei Zähne verloren hat. Nach einer solchen Entgleisung braucht sich ein Toni Schumacher nicht zu wundern, dass die Presse über ihn herfällt und ihn als »Mörder« bezeichnet.

> *Torwart Illgner foulte den heranstürmenden Stuttgarter Allgöwer. Der Kölner rammte außerhalb des Strafraumes seinen Körper dem schwäbischen Angreifer entgegen. Die Folge: Allgöwer verletzt am Boden mit einem Riss in der Schulter.* [21]

Jeder Torwart möchte bewusst ein Tor verhindern. Aber beim Illgner kann ich mir nicht vorstellen, dass er mit dem Vorsatz herausgelaufen ist, den Allgöwer zu verletzen. Das unterstelle ich keinem Torwart, auch nicht Toni Schumacher. Aber im Fußball wird es immer wieder Situationen geben, wo ein Torwart allein gegen einen Stürmer herausläuft und sich beide außerhalb des Sechzehners treffen. Beide haben das gleiche Ziel: Ihre Mannschaft soll gewinnen. Die einen erreichen dieses Ziel durch ein Tor, die anderen dadurch, dass man es verhindert. Und weil es im bezahlten Fußball immer um viel geht, kommt es auch vor, dass von beiden Seiten kompromisslos mit Körpereinsatz gespielt wird.

Heute sind die Schiedsrichter jedoch sehr schnell mit der roten Karte zur Hand. Und das ist auch gut so. Es darf nicht sein, dass ein Spieler durch einen anderen bewusst oder unbewusst so hart attackiert wird, dass er über Wochen verletzt ist oder sogar seine Karriere beenden muss. Der Körper ist das Kapital des Profis.

Schiedsrichterentscheidungen

Ende der Saison 1991/92 wurden die Stuttgarter deutscher Meister, weil Frankfurt in Rostock 1 : 2 spielte und zwei Punkte abgeben musste. Und dieses Ergebnis war, glaubt man dem Verantwortlichen, regelwidrig.
»Ich glaube, ich habe einen Fehler gemacht mit dem Elfmeter«, gab Schiedsrichter Berg zu und meinte den Strafstoß zu Gunsten der Rostocker, der die Mainstädter den Titel gekostet hat.
Wenig später gesteht der Schiedsrichter vor laufenden Kameras »einen möglicherweise entscheidenden Fehler« ein, weil er »das Foul an Ralf Weber fünf Meter vor dem Rostocker Tor übersehen hat«. Uli Stein in »Halbzeit«.

Es kommt selten vor, dass ein Schiedsrichter einen Fehler zugibt. Abgesehen davon, dass nicht gesagt ist, ob der Elfmeter drin gewesen wäre, kann und darf es nicht sein, dass man nach einem Spiel die Tatsachenentscheidung vom Verband revidieren lässt. Und probeweise hätte man diesen Elfmeter natürlich auch nicht schießen lassen dürfen. Wo kommt man da hin? Schließlich möchte in Zukunft jeder, der verloren hat, seine Tatsachenentscheidung abgeändert sehen. Dann haben wir ein Spiel und zwei oder drei Wiederholungsspiele. Es sollte dabei bleiben, dass man die Entscheidungen des Schiedsrichters als gegeben akzeptiert. Auf die Saison hin gesehen gleichen sich eventuelle Ungerechtigkeiten aus.

Das trifft natürlich nicht zu, wenn es im letzten Spiel geschieht. Und dann kann es passieren wie in der oben genanten Begegnung, dass eine Mannschaft wegen einer möglicherweise falschen Entscheidung deutscher Fußballmeister wird.

Anhang Quellen

[1] »Spiegel« 10/87
[2] Schumacher, »Anpfiff«, S. 87
[3] SAT 1, 9. Mai 1993
[4] »Kicker«, Nr. 60, 1993
[5] »Sport Bild«, Nr. 20, 1993
[6] »Sport Bild«, Nr. 32, 1993
[7] »Playboy«, April 1993
[8] »Penthouse«, August 1990
[9] »Spiegel«, 20/91
[10] »Spiegel«, 21/91
[11] »Sport Bild«, 19. 8. 92
[12] »Bild« 27. 4. 93
[13] »Spiegel«, 10/87
[14] »Spiegel«, 10/87
[15] »Bild« 13. 8. 1992
[16] »Playboy«, 4. 93
[17] ZDF Sport-Studio, 6. 11. 93
[18] Schuhmacher, »Anpfiff«, S. 157
[19] »Sport Kurier«, 44/93
[20] »Rhein-Main Presse«, 3. 6. 93
[21] SID, 22. 6. 93

Personenregister

Filmbücher im Europa Verlag

Adolf Heinzlmeier
Marlene
Die Biografie
Frz. Broschur, 3-203-84102-9

R. Dirk/C. Sowa
Teen Scream
Titten & Terror im neuen
amerikanischen Kino
Frz. Broschur, 3-203-84106-1

Phillip Drummond
Zwölf Uhr mittags
Mythos und Geschichte
eines Filmklassikers
Frz. Broschur, 3-203-84104-5

David Thomson
Tote schlafen fest
Mythos und Geschichte
eines Filmklassikers
Frz. Broschur, 3-203-84105-3